高等院校公共基础课特色教材系列

跟党学创业

百年党史中的创新创业智慧

◎主编 于成文

◎副主编 尹兆华 吕朝伟 王丽红

清华大学出版社
北京

版权所有，侵权必究。举报：010-62782989，beiqinquan@tup.tsinghua.edu.cn。

图书在版编目（CIP）数据

跟党学创业：百年党史中的创新创业智慧/于成文主编．—北京：清华大学出版社，2024.5
高等院校公共基础课特色教材系列
ISBN 978-7-302-65267-0

Ⅰ.①跟… Ⅱ.①于… Ⅲ.①创业—高等学校—教材 Ⅳ.①F241.4

中国国家版本馆CIP数据核字（2024）第041995号

责任编辑：王如月
装帧设计：李 嵘 张 超 周玉灿 胡新荷
责任校对：王凤芝
责任印制：丛怀宇

出版发行：清华大学出版社
网 址：https://www.tup.com.cn, https://www.wqxuetang.com
地 址：北京清华大学学研大厦A座 邮 编：100084
社 总 机：010-83470000 邮 购：010-62786544
投稿与读者服务：010-62776969, c-service@tup.tsinghua.edu.cn
质量反馈：010-62772015, zhiliang@tup.tsinghua.edu.cn

印 装 者：三河市天利华印刷装订有限公司
经 销：全国新华书店
开 本：185mm×260mm 印 张：17.25 插 页：2 字 数：330千字
版 次：2024年5月第1版 印 次：2024年5月第1次印刷
定 价：88.00元

产品编号：095557-01

本书编委会

主　编：于成文

副主编：尹兆华　吕朝伟　王丽红

编　委：（按姓氏笔画排序）

王　涵	王开清	王艺婷	王未卿	王语辰	戈誉阳	文京慧
邓立治	邓张升	冯　梅	冯宜辉	全晓虎	刘　澄	刘昕桥
刘诗语	许少冉	严茹洪	李世童	李佳蔓	李洁洁	李勇威
李晓辉	李涵坤	李紫玥	李嘉鹏	杨志达	杨雨含	杨国庆
杨童恩	肖　可	肖　雪	吴佳谕	吴秋樾	何颖欣	宋金涵
张　宇	张　宇	张　博	张　静	张玥玲	张馨桐	陈艺心
陈驰宇	陈俊杰	陈既然	陈景鸿	林汇通	林素缘	郑　超
法振邦	宗　民	宗　瑞	赵晶晶	钟祚栋	段旭超	段瑾辉
姜宇晖	姜佳莹	耿珂欣	耿熙哲	栗时锋	徐　硕	黄雨笑
曹　霖	崔　睿	崔晓丹	董馨蕊	喻家奥	程子航	程子越
鲁乐萱	温子銮	谢嘉瑶	强光美	靳文悦	雷晨旭	熊　鑫
翟文洁	潘　礼	霍瑞雪	魏文静	魏丽华	瞿　楠	

顾　问：李凯城　曹　磊　黄成友

构建"思创融合"新模式,推动创新创业教育高质量发展

教育兴则国家兴,教育强则国家强。建设教育强国,龙头是高等教育。习近平总书记在中共中央政治局第五次集体学习时强调:"我们要建设的教育强国,是中国特色社会主义教育强国,必须以坚持党对教育事业的全面领导为根本保证,以立德树人为根本任务,以为党育人、为国育才为根本目标,以服务中华民族伟大复兴为重要使命,以教育理念、体系、制度、内容、方法、治理现代化为基本路径,以支撑引领中国式现代化为核心功能,最终是办好人民满意的教育。"这一重要论断,深刻阐释了新时代建设教育强国的重大战略意义,为高等教育发展指明了前进方向,为课程思政建设、创新创业教育提供了根本遵循。

经过近十多年发展,中国高校创新创业教育已经进入改革深水区。高校教育工作者进行了积极的探索和尝试,但仍有很多难题有待破解。比如:如何使起源于西方管理学的中国高校创新创业教育走向真正本土化?如何化解大学生创新创业面临生存和发展的矛盾?为何高校科技成果转化、原始创新相对国外始终偏少?这些问题背后是我们的创新创业教育需要扎根中国大地、聚焦国情民生、助力复兴梦想,其内在灵魂是绵延深厚的中国思想智慧和精神文化血脉。在中国共产党成立100周年之际,北京科技大学以党史学习教育为契机,提出了"思创融合"理念,从中国共产党百年奋斗史中汲取创业智慧,构建根植于中国土壤的创新创业教育新模式,推进高校创新创业教育高质量发展。

推进"思创融合"是落实立德树人根本任务的创新探索。 办好中国式创新创业教育,最根本的是要全面贯彻党的教育方针,解决好培养什么人、怎样培养人、为谁培养人这个教育的根本问题。中国共产党立志于中华民族伟大复兴的千秋伟业,必须培养一代又一代拥护中国共产党领导和我国社会主义制度、立志为中国特色社会主义事业奋斗终身的有用人才。过去的创新创业教育存在"重技能、轻价值"的问题,基于"思创融合"的创新创业教育将更加注重学生的思想引领和价值塑造,鼓励和引导学生在"跟党学创业"中坚定理想信念、厚植家国情怀、争做时代新人，提升创新创业教育的育人价值。

推进"思创融合"是提升学生原始创新创业能力的有效路径。 加快建设中国特色、世界一流的大学和优势学科，要大力加强基础学科、新兴学科、交叉学科建设，瞄准世界科技前沿和国家重大战略需求推进科研创新。创新创业教育与思想政治教育的有机融合是推进创新创业教育发展的战略选择。将党史知识、管理学、政治学、心理学等多学科全方位融入创新创业教育中，拓宽了创新创业教育的内涵和知识体系，创建了多学科交叉融合的人才培养机制，更好地服务高质量创新人才培养。

推进"思创融合"是新时代"大思政课"建设的生动实践。 近年来，教育部在更大范围、更高层次、更深程度开展"青年红色筑梦之旅"活动，推动创新创业教育与思想政治教育相融合，打造全国最大的思政课大课堂。北京科技大学响应教育部号召，深挖钢铁思政育人元素，在国内率先成立"思创融合"工作室，打造了"研究、教学、宣传、巡讲、实践"五位一体育人平台，创新开设"跟党学创业"课程，是全国最早将中国共产党史作为案例系统性地融入创新创业教育的高校。学生课后投入"青年红色筑梦之旅"活动和竞赛，将课程所学运用于创新创业实践，在真学真做真体验中感悟真力量。课程成功入选北京市就业创业金课，课程配套教材也即将成书付梓。希望本书能够为高校推动创新创业教育内涵式发展提供借鉴参考，培养更多听党话、跟党走、有理想、有本领、具有为国奉献钢筋铁骨的高素质人才。

2023年12月，北京科技大学联合多所高校建立了"'跟党学创业'思创融合育人共同体"，旨在大力推进"跟党学创业"跨地跨校跨界的深入合作。我们热切期盼更多志同道合者携手并进、踔厉同行。

习近平总书记指出："今天，我们比历史上任何时期都更接近实现中华民族伟大复兴的光辉目标。"我们要谨记习近平总书记给青年创业者的寄语：扎根中国大地了解国情民情，在创新创业中增长智慧才干，在艰苦奋斗中锤炼意志品质，在亿万人民为实现中国梦而进行的伟大奋斗中实现人生价值，用青春书写无愧于时代、无愧于历史的华彩篇章。

北京科技大学党委书记

2024年1月18日

推荐序二

从百年党史中汲取智慧和力量

党的十八大以来,习近平总书记多次重要讲话时都寄语青年,强调青年是祖国的未来,青年兴则国家兴,青年强则国家强。党和人民事业的发展需要一代代中国共产党人接续奋斗,必须抓好后继有人这个根本大计。要坚持用马克思主义特别是当代中国的马克思主义教育和影响年轻一代,培养堪当时代重任的接班人。

培养青年一代马克思主义者不是新话题。改革开放以来,不少专家围绕这个话题展开过研讨,许多单位进行了积极探索。在相关部委支持下,团中央启动实施的"青马工程",就是典型代表。总的来看,这个事关"国之大者"的问题仍在寻找答案,一直是各级领导特别是教育主管部门关注的焦点。北京科技大学研发的"跟党学创业"课程,就是这方面足以让人眼前一亮的新成果。

每一代人接受马克思主义的路径和规律是不同的。当代大学生是在中国特色社会主义进入新时代的环境背景下成长起来的,思想更加解放,眼界更加开阔,学习积极主动,比较注重实际、实利、实惠。如果只是在课堂上向他们"灌输"马克思主义,寻章摘句,照本宣科,教师讲得再好,学生也未必接受,更难说入脑入心。北京科技大学从大学生创新、创业的实际需要出发,引导他们从党史中找答案,研究中国共产党人是怎样将马克思主义普遍原理与中国实际相结合,与优秀传统文化相结合,是如何勇于创新、艰苦创业的,真正变"要我学"为"我要学",教学效果会好得多。引导大学生"跟党学创业",从百年党史中汲取创新、创业的智慧和力量,有可能是新时代培养青年一代马克思主义者的有效途径之一,值得各级领导和有关部门高度关注。

其实,何止是大学生可以"跟党学创业",各行各业、各类人员都可以从百年党史中汲取智慧和力量。党员、干部不必说了,党史本来就是必修课。近几年,我们曾组织过数以千计的民营企业家追随伟人足迹,开展红色游学,先后到韶山、井冈山、古田、遵义、延安、西柏坡等地参观研学,深入研究"中国共产党为什么能,马克思主义为什么行,中国特色社会主义为什么好",教学效果也特别好。许多民营企业家表示,中国共产党是世界上最成功的创业组织，百年党史是丰富、生动的管理教科书。革命前辈留给我们的这笔巨大的精神财富，值得深入挖掘、认真学习、世代传承。

从百年党史中汲取智慧和力量是一个大课题。北京科技大学针对大学生需求研发的特色教材《跟党学创业：百年党史中的创新创业智慧》及相关课程，应该说仅仅是开始，本身仍有一些值得推敲和完善的地方。例如，怎么定义创业？是将百年党史视为一整部创业史，还是集中讲建党建军之初的情况？再如，要不要讲党在创业过程中走过的弯路及其经验教训，进而使大学生感悟"创业艰难百战多"，不经历失败和挫折，不可能取得辉煌的成功？又如，除了课堂讲授和文字表述外，能否充分利用现代传媒技术，开发出更为当代大学生喜闻乐见的教学模式？这些都值得继续探索。相信经过不断完善、更新迭代，本书及相关课程会成为创新、创业的精品，并且在新时代培养青年一代马克思主义者方面将产生越来越大的影响。

我热切期盼着本书的编者继续探索，期盼新的佳作。

中国管理科学学会副会长
2023 年 6 月 13 日

前言

大学生创新创业一度热火朝天,但面临着诸多现实难题。比如,创新创业项目选题方向不清晰,探索方向过分耗时耗力,缺乏扎实的社会调研,没有精准的用户定位,做出来的方案是"空中楼阁",不是市场所需、国家所需;创业团队矛盾难以处理,分崩离析普遍存在;团队成员误以为创业很"简单",以创业作为逃避学业、就业的借口;创业项目普遍倾向于商业模式的创新、科技含量不高;大学生在应对社会竞争时自信心不足、资源不足、竞争力不强,缺乏系统性思考;一部分大学生创业以赚钱为全部目的,误入歧途……

如何才能让创新创业这棵"大树"结出"硕果",使大学生创新创业能力真正得以提升?那就需要让大学生创新创业教育和实践更加科学、更有成效。回顾当前我国的创新创业教育,发现有三大问题亟待解决。

首先,创新创业教育理论是基本西化的。 创业基础理论如创业机会、创业团队、创业资源、市场营销、融资财务、风险管理等,大多源自西方理论;我们的产品设计理论如精益创业、设计思维、第一性原理、萃智理论等,也都是源自西方理论。西方的管理理论,更擅长"管物",而非"管人"。此外,西方的经济和管理理论,有一个基础的理论假设前提是"理性人""经济人",基于此假设会容易走进管理误区。

其次,创新创业教育理论是碎片化的。 在案例教学过程中,常常只学习成功创业家的只言片语,如"互联网思维""风口论""定位"等,但都无法在年轻有活力的创业者脑海里形成系统化思维,无法形成自洽的逻辑,无法形成可以认识现实、解答现实、改造现实的理论。

最后,创新创业教育理论是缺乏鲜明的价值引领的。 年轻创业者容易形成"金钱至上""利润最大化""流量为王""先挣一个亿"等有失偏颇的创业价值观。中国是社会主义市场经济体制,必须要认识到资本的道德属性两面性,必须坚持传统的"义利兼顾",明确价值导向:"创业为了人民"而不是"创业为了资本",坚持"人民统领资本"而不是"资本统领人民"。

我们感到一种使命感在召唤:高校的创新创业教育亟须树立正确的价值观导向,同时需要大量吸收本土化的、中国特色的实践案例和理论！然而中国改革开放不过四十多年，能经得起时间考验的创业型企业屈指可数。商海浮沉，星光点点。有没有时间跨度更长、影响力更大的"创业型组织"值得我们学习呢？

一封信跃入我们的眼中，如图1所示：

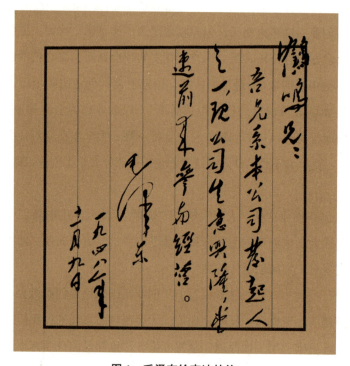

图1　毛泽东给李达的信

1948年11月，毛泽东在西柏坡给李达的一封信中写道："吾兄系本公司发起人之一，现公司生意兴隆，望速前来参与经营。"

信纸上巧心妙语，见信人心有灵犀。一代伟人将党的发展喻为公司，视同创业，后人观之，醍醐灌顶——从58人到9800多万人，从小到大，从弱到强，虽经曲折，善于迭代，百年大党，智慧无穷，若得其一，受益匪浅！——我们为何不"跟党学创业"？

为坚定青年的历史自信、增强青年的历史主动，北京科技大学于2021年4月成立了"思创融合"工作室，推动创新创业课程思政课"跟党学创业"研发。工作室由创新创业学院（原创新创业中心）和马克思主义学院牵头，以"中国共产党是最有先进性、最有领导力、最有创新精神与活力的创业组织"为切入点，探寻百年大党"创业"的成功经验，诠释中国共产党百年不衰的真谛，同时归纳出创新创业应具信念、应循规律、应备素质，让新时代青年在干事创业过程中树立正确社会主义核心价值观，从中国共产党的百年发展史中汲取奋斗智慧和力量。

党有哪些经验值得我们深入学习呢？中国共产党第十九届中央委员会第六次全体会议对一百年来党积累的宝贵的历史经验进行了高度总结：坚持党的领导，坚持人民至上，坚持理论创新，坚持独立自主，坚持中国道路，坚持胸怀天下，坚持开拓创新，坚持敢于斗争，坚持统一战线，坚持自我革命。会议强调，这十个方面，是经过长期实践积累的宝贵经验，是党和人民共同创造的精神财富，必须倍加珍惜、长期坚持，并在新时代实践中不断丰富和发展。党的二十大报告提出，要"坚持理论武装同常态化长效化开展党史学习教育相结合，引导党员、干部不断学史明理、学史增信、学史崇德、学史力行，传承红色基因，赓续红色血脉"[①]。"常态化""长效化"成为党史学习教育的两个重要要求。学习党史，不仅仅是中国共产党百年华诞时的一次学习热潮，更是要在下一个百年里常常学习、常常内化的重要任务。同时，要实现中国式现代化，需要中国智慧，要实现中国式现代化下的创新创业教育与人才培养，就需要中国式创新创业教育，尤其是需要由中国共产党和中国人民经过百年实践总结出来的先进理论，来夯实中国创新创业教育基础、来为中国创新创业教育注入活的灵魂！总之，学习党史，也将给创新创业教育带来全新的启迪。

在开始学习之前，我们需要特别正式地澄清这样几个问题：中国共产党创的是什么"业"？和大家通常理解的创业一样吗？我们"跟党学创业"到底要学什么？

从学术概念讲，"创业是一种思考、推理，并结合运气的行为方式，它为运气带来的机会所驱动，需要在方法上全盘考虑并拥有和谐的领导力。"[②]我们现在狭义创业的概念是生产经营活动，开创个体和团队的企业，包括独立创业、组织内创业，通常考虑的要素是投入、成本、回报、收益、风险……这些更多是以创业者利益为出发点的。广义创业的概念是"开展创造性的活动都是创业"。

然而，纵观中国共产党的发展历史，1927年大革命失败，仅1927年4月到1928年上半年，牺牲的共产党员、共青团员、工农群众和其他革命人士，多达31万人，平均每天就有近1000人牺牲。从1921年到1949年，竟有370多万名革命先烈牺牲，他们以生命和鲜血为代价所求的回报是什么？时至今日，乡村振兴、抗洪救灾……仍有很多党员冲锋陷阵、不畏牺牲，他们奋斗是为了什么？是为了自己或家人的利益吗？

---

① 习近平：高举中国特色社会主义伟大旗帜　为全面建设社会主义现代化国家而团结奋斗——在中国共产党第二十次全国代表大会上的报告，载《人民日报》，2022年10月26日。
② 杨雪梅等：《大学生创新创业教程》，北京，清华大学出版社，2021年，第3页。

没有任何一种特定的经济管理、商业意义上的创业能够达到中国共产党的这个崇高境界。没有任何一个团队可以如此不计投入、不求回报、不畏牺牲！习近平总书记在庆祝中国共产党成立100周年大会上的讲话中指出："中国共产党一经诞生，就把为中国人民谋幸福、为中华民族谋复兴确立为自己的初心使命。一百年来，中国共产党团结带领中国人民进行的一切奋斗、一切牺牲、一切创造，归结起来就是一个主题：实现中华民族伟大复兴。"①因此，我们讲中国共产党"创"的是"国家和民族大业""共产主义伟业"，这是一种超脱一般境界的"业"，是崇高的、光荣的、严肃的、伟大的。跟党学创业，是广义上的"创业"，不能用单纯的经济学理论去理解，更不能世俗化和庸俗化地去学习，我们需要抱有敬畏之心、谦虚之心、严谨之心去学习。

此外，我们也需要辩证地看到，在社会主义建设早期探索过程中，虽然经历了严重曲折，但党在社会主义革命和建设中取得的独创性理论成果和巨大成就，为在新的历史时期开创中国特色社会主义提供了宝贵经验、理论准备、物质基础。

因此，跟党学创业，不是简单地学习党史，生搬硬套创业理论、机械化地用于创业活动，而是透过党的百年历史，从它的奋斗史中汲取指导我们日常实践的精神、动力和科学方法，指导我们在任何岗位上坚定立场、担当重任、大胆创新、积极开拓，创造突破性的成绩，实现中国梦。

经过三年的学科交叉研究和授课反馈迭代，"跟党学创业"的整个逻辑框架构建如图2所示：以使命、愿景、价值观作为整个创业过程、创业要素的中心、出发点和落脚点，

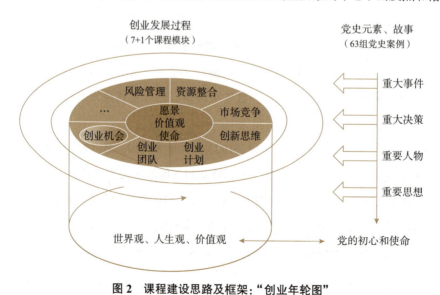

图2 课程建设思路及框架："创业年轮图"

---

① 习近平：在庆祝中国共产党成立100周年大会上的讲话，载《人民日报》，2021年7月16日，第1版。

基于创业核心"三要素"理论，从机会、人、资源进行扩展，第一章为创业机会，第二章为创业团队，第三章为创业计划，第四章为创新思维，第五章为市场竞争，第六章为资源整合，第七章为风险管理。每篇文章分为三个部分：第一部分为"创业知识小课堂"，提出一个创新创业常用概念；第二部分以党的重大事件、重大决策、重要人物、重要思想为案例带领读者沉浸式穿越时空，回顾史实；第三部分是"创业启迪"，为从党史中汲取创新创业智慧，这部分会有超越一般创新创业理论的知识点，将与大家探讨更新、更深的领悟。

本书作为"跟党学创业"课程的配套案例教材，以飨读者。党史百年，浩浩荡荡，英雄无数，慷慨激昂。鉴于课题组的研究时间、精力、能力有限，无法一一穷尽党史中全部的智慧，有些地方难免有疏漏，还望读者给以指出。

让我们一起"跟党学创业"，努力让中国式创新创业教育赋能中国式现代化！

北京科技大学
"思创融合"工作室
"跟党学创业"课题组
2023 年 7 月 1 日

目录 CONTENTS

推荐序一　构建"思创融合"新模式，推动创新创业教育高质量发展　III
推荐序二　从百年党史中汲取智慧和力量　V
前　　言　VII

CHAPTER 1 第一章　时代使命与机遇——
定方向：掌握规律与确立理想追求

第一节　从0到1，创业火种在哪里　3
　　一、万事开头难，把握大势找机会　3
　　二、他，如何成为发现机会第一人　7
　　三、人选择机会，机会也在匹配人　12
　　四、谋篇布局定纲领，一大、二大开新篇　17
第二节　洞见未来，寻找逆袭之路　20
　　五、井冈山里抢抓创业"机会窗口"　20
　　六、西安事变"化危为机"的创业智慧　24
　　七、工业革命的大船必须上　28
　　八、黑发人谈成白发人，只为登上世界舞台　32
思考训练　35

第二章 寻找志同道合者——
建队伍：打造强大有力的团队

第一节 创业者的核心素养 … 39
  一、跟毛泽东学"战略思维" … 39
  二、领导力：从"小平您好"，看创业者影响力 … 47
  三、信念凝聚力量：朱德，因为相信，所以看见 … 52
  四、用同理心铸造人民性：小岗村改革的勇气之源 … 55
  五、"长征精神"，永远的创业精神 … 58

第二节 创业团队的组建 … 61
  六、你需要这样的最佳拍档："刘邓大军" … 61
  七、组建优秀团队不止"5P"要素 … 65
  八、南飞的雁群，总要有一个领头雁 … 68

第三节 创业组织的管理 … 71
  九、如何集思广益又科学决策 … 71
  十、三湾中的组织变革 … 74
  十一、整风运动中的思想熔炼 … 77

思考训练 … 80

第三章 一张蓝图绘到底——
创模式：明确计划和发展模式

第一节 创业计划 … 83
  一、树立愿景目标——两个一百年 … 83
  二、设立阶段目标——五年规划 … 86
  三、定计划有时也要摸着石头过河 … 91

第二节 创业模式 … 94
  四、打土豪，分田地，人民战争要崛起 … 94
  五、自力更生的"南泥湾"模式 … 98

六、"一带一路"开启新发展模式　　101
　　七、精准脱贫任务艰，业务聚焦属关键　　103
思考训练　　106

CHAPTER 4 第四章　创新是进步的灵魂——
求突破：不断创新和持续发展

第一节　思维创新　　109
　　一、从教条主义到理论创新　　109
　　二、从局部思维到系统思维　　113
　　三、从闭门造车到拥抱变化　　116
　　四、从线性增长到组合创新　　119
第二节　科技创新　　122
　　五、技术创新照亮长征之路　　123
　　六、"两弹一星"，只有硬核技术才能挺起腰杆　　126
　　七、政府也在"云"上工作　　128
　　八、"天问"迈向星际时代　　131
思考训练　　134

CHAPTER 5 第五章　夺取新胜利——
拓市场：做好调研和竞争策略

第一节　深入一线调研　　136
　　一、用户画像的典范——《中国社会各阶级的分析》　　137
　　二、脱离群众需求的都是伪需求　　141
　　三、《中国的红色政权为什么能够存在》中的"调研智慧"　　144
　　四、寻乌调研纠正本本主义　　149

| 第二节 | 做好对手研究 | 152 |

五、《论持久战》中的竞争分析　　152

六、四渡赤水，因敌制胜的用兵奇迹　　157

七、为何一定要跨过鸭绿江　　159

八、谈判，不战而屈人之兵　　163

| 第三节 | 制定竞争策略 | 168 |

九、枪杆子里出政权——竞争策略不是规划出来的，是打出来的　　168

十、农村包围城市——寻找蓝海市场　　172

十一、唤起工农千百万——把好思想宣传"总开关"　　175

十二、被"抬"进联合国——合作多于竞争，得道者必多助　　179

十三、坚持人民至上——用户导向是最大的策略　　183

思考训练　　187

CHAPTER 6 第六章　集中力量办大事——
集资源：团结一切可以团结的力量

| 第一节 | 创业资源 | 190 |

一、团结一切可以团结的力量去"抗日"　　191

二、扩大"朋友圈"——政治协商的力量　　193

三、整合文艺资源——延安文艺座谈会　　196

| 第二节 | 创业融资 | 199 |

四、囊中羞涩，第一笔钱怎么来　　200

五、拿到融资就是好事吗　　202

六、中央红军的"借钱之路"　　205

七、得民心者得天下，百姓众筹淮海战役　　206

八、改革开放巧用外资　　209

思考训练　　211

CHAPTER 7 第七章 永葆青春不变质——
谋发展：创业者永远在路上

第一节	识别风险，做好防范	214
	一、看清"主要矛盾"，抓住创业痛点	215
	二、及时"纠错"，定期"复盘"	220
	三、永怀"赶考"之心，以应风险之考	223
	四、重温经典窑洞对，跳出"历史周期率"	227
第二节	控制风险，永葆青春	230
	五、不断自我革命，一直"走在路上"	231
	六、与时俱进，打造学习型组织	236
	七、最大的底气是"人民"	240
	八、最大的财富是"初心使命"	245
思考训练		249
后　记		251

第一章
CHAPTER ONE

时代使命与机遇

定方向：掌握规律与确立理想追求

本章导读

什么是"创业"?从广义的概念来讲,创业是指不拘泥于当前的资源约束,寻求机会进行价值创造的行为过程。①

简言之,就是指在条件有限的情况下,把一件有价值的事情从 0 到 1,从 1 到多做起来,并且这件事还能够可持续发展。本书讨论的"创业"就是这个广义的概念。

那么,这个过程中关键就是要解决好三大问题:干什么?谁来干?怎么干?而这三个问题正是蒂蒙斯创业三要素"机会""人""资源"的体现,如图 1-1 所示。

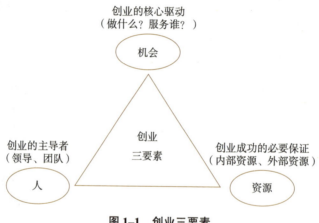

图 1-1　创业三要素

在这三个要素中,"机会"是创业的核心驱动力,"人"是创业的主导者,"资源"是创业成功的必要保证。"三要素"在创业的过程中,一切的缘起便是机会。没有好的机会,就很难走上正确的道路和方向,创业也就无从谈起。

在我们党的百年创业史中,客观上讲是把"三要素"运用和发挥到了极致。中国共产党从初创时的 58 人发展成如今 9800 多万人的伟大组织,一个重要原因就是在时代变革中,开辟了自己的方向道路,明确了奋斗的目标宗旨,在关键时刻把握住了一次次重大的历史机遇。

---

① 李家华,张玉利,雷家骕:《创业基础》,北京,清华大学出版社,2015 年,第 2 版,第 2 页。

第一节 从 0 到 1，创业火种在哪里

学习目标

1. 通过了解中国共产党成立初期的一些人物和故事，加深对"机会"的理解，并学会在动态事件中识别机会。
2. 通过学习中国共产党成立的时代环境，学会用科学的方法寻找、分析、把握创业机会。
3. 通过了解中国共产党早期开创者如何抓住机会的故事，了解机会与人之间存在的匹配关系。

一、万事开头难，把握大势找机会

创业知识小课堂 创业机会的特征

机会是创业的起点，识别出较好的创业机会对于每个创业者来讲非常重要。那么什么样的机会是好的机会呢？

一般认为，好的创业机会的特征是具有"吸引力、持久性和适时性，并可为使用者创造价值"。具体而言，它们是：

1. **吸引力**：指创业机会能吸引服务对象，抓住用户的注意力。

2. **持久性**：指创业机会必须在一个持续放大的"机会窗口"下，能在社会环境下行得通。

3. **适时性**：好的创业机会必须在"机会窗口"存在期间被实施，过早或过晚都不太行，"机会窗口"存在一个较短的有限时间。

4. **创造价值**：指创业机会带来的产品或服务是用户真正需要的，而不是被用户讨厌的。

> 中国共产党成立之前,中国人为了救亡图存这一目标,从上而下提出并实践了各种各样的解决方案,每个方案在提出之时,都是被看好的"机会"。然而,多则数年少则百日,绝大部分都宣告失败了。看来"创业机会"真没有那么容易找到呢!

时代是"出卷人"。1921年的中国纷繁复杂,给我们出了一道道看似无解的难题。鸦片战争以后,中国逐渐沦为半殖民地半封建社会,自此,国家蒙辱、人民蒙难、文明蒙尘,中华民族遭受了前所未有的劫难。无数仁人志士在各种主张和道路间上下求索,站在一个又一个"风口"上寻找救国机会,可是到底哪个主义可以救中国,哪条道路、哪个解决方案是真正的机会呢?答案没人知道,只能在实践中探寻。

洋务运动,失败了。19世纪60年代到90年代,晚清洋务派以"中学为体,西学为用"为指导思想,在"自强""求富"的口号下,轰轰烈烈地办起了军工厂、生产起新武器、组建了新式军队,力图"师夷长技以制夷"……一时间洋务运动风生水起。可谁想,一个甲午海战,就让30余年的洋务运动破产了。看看洋务运动的发起人,恭亲王奕䜣,重臣曾国藩、李鸿章、左宗棠、张之洞等,这些人哪个不是地位显赫、资源广博、号召力强大?然而,即使这样一群人去创业,机会也没有垂青他们。可见,机会对人们是相对公平的。

百日维新,失败了。日本的明治维新,让晚清维新派看到了希望。康有为、梁启超等人"公车上书"之后,光绪帝进行了一系列倡导学习西方、提倡科学文化、改革政治教育制度、发展农工商等资产阶级的改良运动。不曾想到,年过花甲的老佛爷,竟让光绪帝被囚,康有为、梁启超被迫逃离国外,谭嗣同等戊戌六君子被杀,变法仅维持103天就夭折了。这次创业犹如"昙花一现",时间之短暂令人唏嘘,也印证了创业的一种常态:"理想很丰满,现实很骨感"。可见,他人发现的好的创业机会并不容易复制成功。

辛亥革命,失败了。1911年10月10日武昌起义爆发,辛亥革命从此打响。辛亥革命在政治上、思想上给中国人民带来了不可低估的解放作用,开创了完全意义上的近代民族民主革命,推翻了统治中国几千年的君主专制制度,倡导主权在民,建立起共和政体。辛亥革命传播了民主共和理念,极大地推动了中华民族思想解放,以巨大的震撼力和影响力推动了中国社会变革。可谁想,一个袁世凯复辟,就让辛亥革命辛苦获得的成果被窃取了。可见,创业机会要成功不仅要碰上对的时间,还要碰上对的人。

为了救亡图存,20世纪初的中国大地上曾出现过300多个带有政党性质的组织,西方的各种思潮都曾被拿来尝试,君主立宪制、封建帝制、总统制、内阁制、议会制、多党制等各种政治体制轮番登场,却都无法解决中国人民寻求民族自由和独立解放问题,救国之路还需要继续探寻。

面对一次次的失败探索,面对纷繁多样的"新思潮",人们犹如隔着纱窗看晓雾,陷入了迷茫……就在这时,俄国十月革命的胜利,为我们送来了马克思主义,又一个看似伟大的历史机遇出现了!但马克思主义在中国真的可行吗?这是一次真的救国机会吗?谁能抓住这个机会呢?一群青年踏上了探索之路……

陈独秀创办了《新青年》,高举"德先生"和"赛先生"两面旗帜,大力倡导民主和科学,反对封建伦理对人的束缚。李大钊在暗夜里第一个高举马克思主义火炬,一首《青春》唤醒了无数青年人为国家前途而积极求索的青春斗志。毛泽东开始致力于研究"改造世界诸方法",从"教育救国"到建设"新村",从局部着手"改良"到"洗涤国民之旧思想,开发其新思想"。① 周恩来面对国家危难和人民困苦,决心"为了中华之崛起"而读书,誓言"险夷不变应尝胆,道义争担敢息肩",投身到五四爱国运动……②

就这样,一群进步青年于混沌中开始了艰难的探索救国之路……他们会成功吗?没人会知道,正如1916年9月孙中山先生领悟到资产阶级救国之路行不通之后发出的感慨:"天下大势,浩浩汤汤,顺之者昌,逆之者亡。"可是哪个主义、哪条道路、哪个机会才代表了真正的"大势"?

---

① 张太原:毛泽东的初心之路,http://dangshi.people.com.cn/n1/2018/0620/c85037-30067826.html,访问日期:2023年1月1日。
② 习近平:在纪念周恩来同志诞辰120周年座谈会上的讲话,载《人民日报》,2018年3月2日,第2版。

创业启迪

在今天这个飞速发展的时代，我们常常会遇到很多大家趋之若鹜的"风口"，如"互联网""共享经济""人工智能"等，但是风停之后呢？媒体的炒作、资本的追逐等泡沫被刺破的时候，很多看起来是"机会""风口"，实则并不是真正的机会。"机会"是有不可预测性的，是难以用科学方法计算出来的。近代早期诸多爱国志士每一次探索都看似是"机会"，实则昙花一现，并没有成为真正救亡图存的机会，它们是否都满足了"创业机会"的四个特征呢？

1. **没解决痛点，很难有"持久性"和"适时性"**。洋务运动失败的原因主要在于没有改变传统封建制度的弊端，企图用西方先进的科学技术来维护封建专制统治，这种手段和目的已然出现了矛盾，当然也就难以为继，不具备"持久性"。辛亥革命虽然推翻了清王朝统治，建立了中华民国，结束了统治中国两千多年的君主专制制度，但从当时中国经济发展程度看，资产阶级力量其实是非常薄弱的，在强大的帝国主义和封建主义势力面前暴露出了软弱性与妥协性，因此，资产阶级领导的革命不具备"持久性"，他们提出的资产阶级社会制度方案也不具备"适时性"，当时的外部势力不允许国内资产阶级发展壮大，错过了发展窗口。

2. **脱离了人民，很难"创造价值"和"有吸引力"**。创业机会很必要的一个特征是"吸引用户"和"为用户创造价值"，而救亡图存最大的用户就是"人民"。只有唤醒广大人民的意识、获得广大人民的支持、汇聚广大人民的力量，才能真正实现救国，而脱离人民群众的需求是不可能站上时代的风口的。戊戌变法、辛亥革命后面并未发动广大人民群众，就是只寄希望于没有实权的皇帝、袁世凯甚至外国侵略者，而独独忽略了人民群众，所以仅仅维持103天就以失败告终。

可见，真正的机会都是与所处的国情环境相匹配的，唯有识别大势，不断地往前探索，才有可能找到真正的"机会"。当然，这些探索虽然失败了，但是让早期的共产党人对当时政治环境有了更清晰、深刻的理解，催生了早期中国共产党领导人的思想体系。从某种程度上也可以说，如果没有中国早期各阶级的失败探索，也不会有无产阶级救国之路的诞生，从这个角度看创业是没有"失败"的。因此，作为新时代的青年学子，我们想要抓住时代机遇，不仅要对我们所处的时代有深入的了解，也要在机遇面前勇于尝试、敢于试错。

二、他，如何成为发现机会第一人

创业知识小课堂 创业机会的识别过程

发现好的创业机会需要进行不断的识别，机会识别过程并不是一蹴而就的。创业机会识别过程是指创业者与外部环境互动的过程。在这个过程中，创业者利用各种渠道和各种方式获取环境变化的一手或二手信息，并且利用掌握的事物发展规律，进行推断。机会识别过程一般分为：

1. **机会的搜寻，** 创业者会对整个环境中的各种方案、创意进行搜索、寻找，直到意识到某几个可能是潜在创业机会，就可以进入下一阶段。

2. **机会的识别，** 相对于第一步着眼于整体，这一步是对于某几个创业机会的筛选，会更进一步研判选择什么样的机会。

3. **机会的评价，** 在商业里，这里带有"尽职调查"的含义，也就是对某个企业进行非常详细的财务和背景调查，进行客观的评价。在这里，我们将它的含义扩展，引申为对某一机会的综合评价。

4. **机会的测试，** 指创业机会必须通过社会上潜在的用户等相关人员的检验，方知道机会是否真的存在。

那么，中国共产党的早期开创者们，尤其是被称为"马克思主义在中国传播的第一人"李大钊同志，是如何发现马克思主义道路的？这个机会识别经历了什么样的过程？

时代是"出卷人",我们是"答卷人"。1907年夏天,怀揣着努力于民族解放事业理想的李大钊考入天津北洋法政学堂。李大钊刻苦学习、积极实践,除了规定课程外,他还如饥似渴地研读《社会契约论》等西方资本主义民主法治方面的书籍,从此民主政治的种子在一个爱国青年的心中生根发芽。随着学问见识越发充实卓拔,李大钊开始发挥自身优势,以犀利的笔锋开辟舆论阵地,力求唤起民众力量。

一开始,他和许多先进分子一样,走的是向西方资本主义国家学习之路,因为他早年受康有为、梁启超、孙中山的影响较深,对他们探索的道路也有过研究。后来,李大钊又对达尔文的进化论、资产阶级人道主义、空想社会主义、资本主义社会制度等都进行过研究探讨甚至尝试。但他对国情进行深入理性的分析后,认为上述途径均解决不了中国的根本问题,可什么样的主义是救国良策,一时间也找不到合适的答案。

1913年夏,从北洋法政学堂毕业的李大钊,收到同学从日本寄来的邀请自己去日本留学的信函。此时的李大钊"仍感学识之不足",于是便有了东渡留学日本的念头。1913年冬,李大钊辞别妻儿前往日本留学,在日本度过了三年的求学生涯。

在日本留学期间,李大钊找到了转机。李大钊遇到了献身社会主义研究的安部矶雄。安部矶雄是日本著名社会主义学者,是最早把社会主义引入日本的先驱,他翻译了《共产党宣言》。虽然李大钊没有直接选修安部矶雄的课程,但他对于其所讲授的社会主义观点和都市问题很感兴趣,常在课后到教授的住处询问相关问题。与安部矶雄教授的交流是李大钊能够形成社会主义意识的原因之一。

对李大钊产生重要影响的另一位学者是京都帝国大学经济学教授河上肇。马克思的《资本论》已经被翻译成日文,这使李大钊能够接触到马克思的原著、学习马克思主义。通过河上肇,李大钊较早地了解到了马克思主义,也对在社会主义理论基础上发展而来的马克思主义理论体系有了一定的了解。

留学期间,发生了一件大事。1915年1月,日本政府提出了旨在灭亡中国的"二十一条"不平等条约。消息一出,天下哗然。在日本的中国留学生纷纷抗议,李大钊积极投入留日学生自发组织的反抗斗争之中,并撰写了短时间内被中国、日本传播开的《警告全国父老书》,呼吁:"凡有血气,莫不痛心,忠义之民,愿为国死。"[①]《警告全国父老书》字字泣血,振聋发聩,传遍祖国的大江南北。爱国心拳拳,报国志殷殷。

---

① 中国李大钊研究会:《李大钊全集》(第一卷),北京,人民出版社,2006年,第111页。

1917年，俄国十月革命的胜利震撼了全世界，使已经初步掌握马克思主义理论的李大钊意识到，在俄国取得胜利的社会主义，可以拯救中国。1917年12月，李大钊任职北京大学，担任图书馆主任兼经济学教授，并参加了《新青年》杂志编辑部的工作。

1918年，接受了马克思主义基本观点的李大钊先后发表了《法俄革命之比较观》《庶民的胜利》《布尔什维克的胜利》《新纪元》等文章，热情讴歌十月革命，宣传马克思主义，并运用马克思主义立场、观点和方法分析中国的革命问题。1919年5月，李大钊在《新青年》上发表了《我的马克思主义观》一文，第一次较系统地分析了马克思主义的三个组成部分——唯物史观、政治经济学和科学社会主义，指出"阶级竞争说恰如一条金线，把这三大原理从根本上联络起来"[1]。

从此，他开始由革命民主主义者转向共产主义者，从一个爱国的民主主义者转变为一个马克思主义者，成为我国最早的马克思主义传播者。他抛弃了进化论，接受了阶级论；否定了唯心史观，接受了唯物史观；批判了资产阶级民主主义，接受了无产阶级社会主义。他开始运用马克思主义的宇宙观来观察中国的命运。他深刻认识到帝国主义国家不允许中国走资本主义道路，中国封建势力不甘心退出历史舞台，中国民族资产阶级软弱，没有能力领导民主革命彻底取得胜利。基于此，他认为要把中国从半封建半殖民地的国运中解救出来，创建青春中华，只有依靠马克思主义真理，走十月革命指引的路，在无产阶级领导下，来一次彻底的大变革，才是唯一的出路。"社会主义之来临，乃如夜之继日，地球绕日之一样确实。"[2]对于这个人类社会发展客观规律，我们"只能拥抱，不能抗拒"。就这样，一个伟大的历史机遇被发现了。一个人发现机会通常是不容易的，李大钊信仰马克思主义同样不是一蹴而就的，而是经过这一系列深入研究与实践，才提出了中国必须走社会主义道路的科学论断。

李大钊不仅信仰马克思主义，更是用行动传播马克思主义，成为在中国传播马克思主义的第一人。五四运动后，李大钊以《新青年》为阵地，以卓越前瞻的眼光掀起了马克思主义理论传播的新浪潮。尽管在北洋军阀反动统治环境下传播马克思主义非常艰难，但在以李大钊为代表的一大批革命家没有退缩，通过艰辛的努力，他们成功地吸引了一大批进步青年接受马克思主义并走上革命道路。

---

[1] 中国李大钊研究会：《李大钊全集》（第三卷），北京，人民出版社，2013年，第14页。
[2] 中国李大钊研究会：《李大钊全集》（第四卷），北京，人民出版社，2013年，第316页。

1919年5月4日,五四运动爆发。工人阶级第一次作为独立的政治力量,登上历史舞台,李大钊敏锐地感受到了一股时代新的潮流脉动,那就是应该积极推动马克思主义与中国工人运动相结合——这是中国未来应该走的道路和方向。于是,李大钊开始了更多的实践活动。

1920年1月,在李大钊号召和组织下,北京一些先进知识分子到人力车工人居住区进行实地调查。工人悲惨的生活状况使他们大为震惊。调查回来,大家相顾失色,极为伤心,心中不平。

同年,李大钊等人在北京大学图书馆成立"共产主义小组"。在李大钊的帮助和指导下,邓中夏等人成立了北京共产主义青年团。青年团的成员到长辛店办工人补习学校,把《工人周刊》等杂志带到学校,帮助工人识字,认清社会现实,建立工人组织。5月1日这天,李大钊做了三件事:一是在《新青年》发表了文章《"五一"MayDay运动史》,详细介绍了五一劳动节的斗争史,号召中国的工人阶级要为自身解放而斗争,希望中国工人把它看成觉醒的日子。二是担任北大工友和学生500多人在北京大学二院礼堂举行的纪念大会主席,并在会上发表讲话。他撰写的《五月一日北京劳工宣言》被广泛散发。三是派人专程赶到唐山在开滦矿区发动组织五一纪念活动,以扩大影响。在活动中,工人高呼劳工神圣等口号,提出实行八小时工作制的要求。1922年,长辛店铁路工人举行大罢工,并得到唐山等地工人的支持。工人作为一种重要的力量登上了中国的历史舞台,改变了中国革命的面貌。

"要想把现代的新文明,从根底输入社会里面。"[①]为此,知识阶级必须与劳工阶级打成一气。这是李大钊积极引导共产主义知识分子将马克思主义和工人运动结合起来的表述。正是他的坚持与努力,推动马克思主义与工人运动密切结合,为中国共产党的诞生奠定了坚实的思想基础。

创 业 启 迪

机会的识别和把握,通常需要在实践中不断地学习与发现,并且要以先进的、科学的理论作为指引。现在有一种说法是创业不需要懂专业,其实恰恰相反,创业是最需要专业性的。创业机会的识别,专业是前提基础,青年学子想在某个领域有所成就,前提就是要对这个领域有深入的研究和了解。

---

① 中国李大钊研究会:《李大钊全集》(第二卷),北京,人民出版社,2013年,第304页。

李大钊等无产阶级革命者不断思考探索，从稚嫩到成熟，抓住马克思主义的机遇，大致经历了创业机会的搜寻—学习、创业机会的识别—比较、创业机会的评价和测试—实践等阶段。

也就是说，创业机会的识别过程就是与时俱进，学习、比较、实践的过程如图1-2所示。

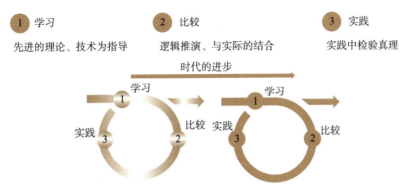

图1-2 "学习—比较—实践"创业机会识别飞轮模型

1. **学习：要对所从事的领域有深入的研究**。李大钊为什么能成为在中国传播马克思主义的"第一人"呢？其实，马克思主义理论的哲学是非常复杂的，如真理和价值的辩证统一等内容，只有具备广泛专业知识背景的人才能读懂，李大钊就是其中一员，而当时中国这样的人并不多。李大钊在北洋法政学堂读的是政治经济学，在日本早稻田大学读的是政治学，同时还学了法律、社会学等，知识面非常广，对于马克思主义的理解是非常深刻和准确的。同时要了解各种各样的主义、道路，才能具备对各种主义的一些感性认识和理性认识。所以，机遇把握的起点是深入学习，对所从事的领域有深刻理解。

2. **比较：要带着批判性思维去思考**。当时中国人对资本主义道路是非常推崇的，但是早期马克思主义者们对资产阶级民主政治和文化采取保留态度。十月革命的胜利，使他们看到了民族解放的新希望……当时各种观点在各种报刊上纷然杂陈，中国先进分子经过反复比较、推求，才选择了马克思主义的科学社会主义。因此，青年人要想发现创业机会，更需要具有批判性思维，这样才可以拓宽思路，避免盲从，探求真知，透过问题的表象看到本质，才能更好地洞悉机会。

  3. **实践：在实践中测试、选择真理。** 李大钊积极指导学运和工运，并且创造性地提出和执行了党的统一战线理论，促成了首次国共合作的实现，一系列的实践，让他找到了依靠工人阶级变革社会，将马克思主义和工人运动相结合的道路与方向。通过一系列调研与实践，李大钊越来越坚定信仰马克思主义。机会只有通过行动落地后才能成为真正的机会，否则只能是空想。青年人要想把握创业机会，一定要多实践多尝试，在不断的试错中找到正确的方向。

  "国人无爱国心者，其国恒亡。"① 李大钊对机会的追寻过程，除了让我们看到扎扎实实的每一步外，还告诉我们要有发自内心的爱国精神。爱国之心，给了他追求真理的不竭动力；爱国之心，也让他得以在追求真理的路上去伪存真；爱国之心，也让他在中华大地的实践中、在与工人朋友的交往中，全身心地付出，和工人们打成一片。爱国精神，也是我们创新创业、企业家精神必不可少的、首要的要求。

三、人选择机会，机会也在匹配人

> **创业知识小课堂**　　"机会"与"人"的动态互相匹配
>
>   新的机会每天都会出现，为什么有人能借此成就一番伟业，有人却只能碌碌无为呢？
>
>   我们有时会说：某人特别幸运，机会总是垂青于他。这是因为人在选择机会的同时，机会也在匹配人。机会在一些人眼里是机会，在其他人眼里却不是。反过来，有的人发现了机会，并由此成就自己，而有的人短暂地被机会青睐之后，却又因为自身局限而在下一个关口被机会抛弃。由此可见，机会与人的关系是不断变动和发展的。

---

① 中国李大钊研究会：《李大钊全集》（第一卷），北京，人民出版社，2006年，第136页。

> 那么，创业者身上哪些特质会影响自己对机会的把握呢？创业者特征包括创业警觉性、认知学习能力、创业动机、资源禀赋、先验知识、自信、个人特质、社会网络等八个方面。
>
> 优秀的创业者不仅能够发现别人没有发现的机会，还能够认清机会发展的趋势和走向，顺应潮流，不断提升和完善自己，从而符合抓牢机会的要求。

机遇是不断发展变化的，在时间的洗礼和沉淀下，一些不适合的人就会被慢慢淘汰出局。正如党的发展过程中，也有一些创始人没能坚持走到最后，如党的早期创始人陈独秀。

陈独秀1879年出生，成长于清王朝统治的末期，那时候中国风雨飘摇、动荡不安，再加上幼年丧父，小时候的陈独秀表现得比同龄的孩子更加坚强，在学习这一方面更是下了不少的苦功，对社会的感同身受让他有了拯救百姓于水火、挽救民族于危难的理想抱负，也使他有了超出常人的追求和见识。

为了探寻中国衰弱的原因，他决定前往日本留学，之后更打算前往欧洲，去亲眼看一看那时在清王朝面前咄咄逼人的欧洲列强。在出发前，他给自己刻了一个小印章，上面写着"女嬃小弟"。女嬃是我国古代著名爱国诗人屈原的姐姐，陈独秀自诩爱国热忱不输屈原，足可见其忧国忧民的情怀之深。

十月革命之后，陈独秀看到了民族独立和人民解放的希望。为了改造人民的思想，他创办了《新青年》，通过宣扬"德先生"（英文"民主"之意）和"赛先生"（英文"科学"之意）来宣扬新的革命理论与思潮。1919年，一战结束后，巴黎和会召开，中国以战胜国身份出席和会，政府代表在谈判中的态度表现及中国的劣势地位通过报纸报道传入中国后，陈独秀与李大钊一道带领青年学生发起五四运动，想要借此宣扬无产阶级革命的理论，进一步加快推动无产阶级革命的步伐。但是很快学生运动就遭到了北洋军阀的无情镇压，而他也因宣传"不正当言论"这一荒谬理由被逮捕。虽然最后在社会各界有识之士的奔走相助下，被北洋军阀政府释放，但陈独秀充分认识到一个事实——要开展革命，只靠手无寸铁的学生是远远不够的，还要团结那些力量更为巨大的无产阶级群众。

基于这样的思考，陈独秀决定效仿苏俄，创立一个领导无产阶级革命运动的组织来实现中国无产阶级革命的目标,于是他找到了好友李大钊,相约建党。在陈独秀、李大钊等一批先进分子的努力下,1921年中国共产党成立了,从此中国的革命事业有了一支全新的、不同于软弱的资产阶级的强大革命力量。而极富威望的陈独秀自然而然地当选为党的总书记。作为党的早期领导者,他积极为国家和民族找出路,先后促成了国共两党合作、推进了北伐战争、领导了五卅运动和上海工人武装起义等新民主主义革命中影响深远的运动,为民族的独立和人民的解放做出了巨大贡献。

让我们一起穿越时空:
陈独秀在大会上建议把枪交出去
(来源:电影《建军大业》)

在全国的革命形势一片大好,在革命浪潮不断涌起的大势之下,陈独秀被这些短暂的胜利冲昏了头脑,在面对以蒋介石为首的国民党反动派的压力之下,陈独秀犯了"右倾"机会主义的错误。在1926年12月的中共中央特别会议上,陈独秀在政治报告中指责湖南工农运动"过火""幼稚""动摇北伐军心""妨碍统一战线"等。他认为当前最主要的危险是"一方面民众运动勃起之日渐向'左',另一方面军事政权对于民众运动之勃起而恐怖而日渐向'右'。这种'左''右'倾倒继续发展下去而距离日远,会至破裂联合战线,而危及整个的国民革命运动"①。为此,会议规定的党的主要策略是:限制工农运动发展,反对"耕地农有";同时扶持汪精卫取得国民党中央、国民政府和民众运动的领导地位,用以制约蒋介石的军事势力,完全放弃了无产阶级的领导地位。

陈独秀这段大起大落的历史反映出"创业艰难百战多"。创业需要的不只是抓住一次机会,而是在一次又一次的机会面前持续性地做出正确的选择。经历千淘万漉筛选出的创业者才是机会真正的宠儿。然而,陈独秀没能在革命风暴中持续抓住机会,犯了"右倾"机会主义错误,葬送了第一次国内革命战争的胜利,使我党损失惨重。在革命失败之后,陈独秀被迫辞去了总书记这一职务。同时也由于各种原因不得不退出我党。

后来陈独秀也曾写信希望回到党中央。党中央基于对我党发展历史负责的态度,对陈独秀的请求进行了认真研判,认为应该再给陈独秀一个机会,但也提出了条件。由毛泽东和张闻天给陈独秀写了一封信,信中表示了对他来延安的欢迎,但是首先要承认错误,写书面检讨,并保证服从党中央的决定与领导。

---

① 中央档案馆编:《中共中央文件选集》(第二册),北京,中共中央党校出版社,1989年,第569页。

在收到党中央的回信之后,陈独秀陷入了深深的沉思,虽然他也认识到了自己之前的一些错误,但公开承认自己的错误,对他来说是十分困难的。因为他性格倔强,又有身为文人知识分子的所谓"傲骨",再加上他在一些理念上与党中央的路线不符。种种原因都使得他不愿意公开承认自己的错误,最终拒绝了党中央的好意,没有去陕北,放弃了回党参加工作,选择了和妻子潘兰珍前往四川江津度过余生。

在陈独秀晚年之时,周恩来前去拜访再度劝他放弃自己的错误成见,写一份检讨,然后回到延安去参加工作。但陈独秀仍拒绝了周恩来的好意。

1942年5月的一天,在四川江津的一座小院内,曾经的中国共产党缔造者、党的首任总书记陈独秀在贫病交加中与世长辞。

创 业 启 迪

一个人找到创业目标非常难,能够为实现创业目标找到正确的路径同样很难。所以我们常说创业是创业者的想象,而要让"想象"落地,机会是"敲门砖"。陈独秀作为党的早期创始人之一,曾经满怀希望,做出过很多成绩,但是随着时间的推移,党的事业的发展,他的局限性也逐渐显露出来。在党选择路线的关键节点,陈独秀作为领导者领导路线的错误,使得我党接连遭受了惨痛的损失,不得不离开党中央。从陈独秀的身上,我们可以看出机会会选择怎样的人呢?

1. **有经验的人**。机会总是留给有准备的人。当我们深耕一个领域之后,才更容易发现常人难以察觉的机会。陈独秀、李大钊等人在举起中国共产党的伟大旗帜之前,便长期学习和研究各种革命理论、参加各种社会活动,有着相当丰富的社会革命理论底子和政治运动经验。因此,在十月革命成功的消息传入中国后,两人才能迅速地捕捉马克思主义这个机会信息,并以此为基础在恰当的时间组建了无产阶级政党,在阴云密布的中华大地上竖起一面赤红的旗帜。可见,作为一个合格的创业者,一定是少不了要深入一个领域广泛调研,充分把握这一行业的历史和现状。只有在这两个方面做足了功课,才有望在这一领域有所开创,成就一番事业。反过来，由于当时中国共产党处在年幼时期，理论储备和革命经验均不足，陈独秀在重大决策上也犯了"右倾"机会主义错误。

2. 强认知力的人。 认知也就是我们通常说的创业嗅觉。认知力强的人，往往不需要系统性搜索，可以见一叶而知秋，仅仅从某件偶发事件上便感知到机会的来临。十月革命胜利的消息传入中国后，很多人都对此进行了思考，但唯独陈独秀、李大钊等人察觉到了其中潜藏的属于中国的机遇——共产主义道路。正是沿着这条路线，陈独秀将广大无产阶级团结起来，适时借助国民党的力量发起北伐战争，极大打击了国内盘踞的落后势力。不过遗憾的是，在大革命后期，在国内形势和政治局势已经深刻变动的情况下，客观的形势已经超出了彼时陈独秀的认知，他没能察觉资产阶级与无产阶级的矛盾已经日益凸显从而尽早做出准备，使得我党蒙受了成立以来空前惨痛的损失。自此，陈独秀离开了党中央领导核心。这一前一后的成功与失败告诉我们提升认知能力的重要性。而想要提高认知能力，创业者应该在长期的学习和思考中不断提高知识的广度与深度，并随着局势的变化努力学习和思考，在成败的经验中提升自己对变化的敏锐度。

3. 创造力强的人。 创造力就是在现有路线的基础上产生能够适应新形势、新变化的理念和知识的能力。创业机会的识别在很大程度上是一个重新创造、提炼的过程。马克思主义在中国早期实践中有过不少因领导人思想僵化、对苏联成功经验照搬照用导致我们党在发展过程中遭受重大失败的例子。而我们党之所以能够再续星火，并绵延至今，正是因为毛泽东、邓小平等极具创造力的伟大人物成为我们党的领袖。他们在理解和实践马克思主义的过程中，不拘泥守旧，坚持守正创新，将马克思主义与中国的实际相结合，常变常新，带领我们结束了列强胁迫下近百年的屈辱和分裂，建立起了属于人民的国家，并带领人民群众过上了和平、幸福的生活。对于创业者来说，创造性是保持企业生命力的关键。而培养创造力的关键是保持一颗年轻的、不断接纳新事物的心。

四、谋篇布局定纲领，一大、二大开新篇

> **创业知识小课堂** 机会的实现需要科学计划
>
> 前面我们讲到要想抓住机会，还得为机会找到可行的落地方案，否则就只是空想。那什么是可行的落地方案呢？简单地说，就是弄明白第一步要做什么事。陈独秀、李大钊等人在明确了马克思主义信仰之后，积极探索无产阶级革命的具体救国举措，第一步就是要成立一个政党，于是就有了"南陈北李，相约建党"之说。建立组织通常是创业路上的第一步，但建立组织不是简单地敲锣打鼓、宣布成立就行，还需要制定目标、明确计划、完成具体任务。

1921年3月以前，中国还没有一个统一的共产主义组织，最早的党员们在北京、广州等地，不得不同无政府主义者一起共事。为了阐明共产党人的宗旨、原则和策略，把无政府主义分子从组织中清除出去，在俄共远东局和共产国际的建议与支持下，1921年3月召开了各地共产主义组织的代表会议。这次会议发表了关于共产主义组织的宗旨和原则的《宣言》，并制定了临时性的《纲领》。《纲领》确定了共产主义组织的工作机构和工作计划，表明了共产主义组织对社会主义青年团、同业公会、行会、文化教育团体和军队的态度，也表明了共产党对工会的态度。这次会议为党的成立做了必要准备。

1921年7月23日，中国共产党第一次全国代表大会于上海法租界望志路106号开幕。当时参加大会的代表有13名，来自7个地方，代表50多名党员。一大的召开并不顺利，其间由于会场受到暗探注意和法租界巡捕房搜查，最后一天的会议改在浙江嘉兴南湖的游船上举行，这条船后来象征党梦想起航的地方，被称为"红船"。

中国共产党第一次全国代表大会的召开，标志着中国共产党正式成立。自此，在古老落后的中国出现了新式的、以马克思列宁主义为行动指南的、以实现社会主义和共产主义为奋斗目标的统一的无产阶级政党，这在中国历史上是开天辟地的大事变。会上代表们一致通过了中国共产党第一个纲领和中国共产党第一个决议。此外，党的

一大确定党的名称为"中国共产党",明确"革命军队必须与无产阶级一起推翻资本家阶级的政权""承认无产阶级专政,直到阶级斗争结束""消灭资本家私有制"以及"联合第三国际"。中国共产党一经成立,就旗帜鲜明地把社会主义和共产主义确定为自己的奋斗目标,坚持用革命的手段实现这个目标。①

中国共产党是为了共同的理想信念走到一起的,它不是因为利益结成的政治团体。我们党之所以叫共产党,是因为从成立之日起就把共产主义写在自己的旗帜上,作为矢志不渝追求的远大理想。

创业从来就不是一件容易的事,中国共产党自成立之日起就面临重重困难。刚刚成立的中国共产党,最重要的任务是学习运用科学理论来观察和分析中国面对的实际问题。当时中国最突出的问题就是帝国主义势力操纵下愈演愈烈的军阀混战。如果不先推倒祸国殃民的大小军阀及帝国主义,一切美好理想的实现都无从谈起。

次年7月,中共二大在上海公共租界南成都路辅德里625号召开,出席大会的代表共12人,代表全国195名党员(其中工人党员21人)。尽管危机四伏,但中共二大还是对中国经济政治状况深入分析,创造了党史上的多个"第一":第一次提出了明确的反帝反封建的民主革命纲领;第一次提出了组成民主主义的联合战线的主张;第一次以全国代表大会名义公开发表了党的第一个宣言《中国共产党宣言》;通过了党的历史上第一部正式的《中国共产党章程》;第一次明确了中国共产党与共产国际的组织关系;第一次明确阐释了党的民主集中制原则的基本思想;第一次喊出了"中国共产党万岁"的口号。

党成立不过一年,就明确提出了反帝反封建的民主革命纲领,采取了民族资产阶级、小资产阶级的政党和政治派别没有采取过,也不可能采取的革命方法——群众路线的方法,充分地发动群众,开始了轰轰烈烈的革命斗争。

好的开始是创业成功的推动力,好的行动指南是把握机会的重要保证。中共一大之后,中国出现了一个完全崭新的、以马克思列宁主义为其行动指南的、统一的无产阶级政党,中国的革命从此焕然一新。中共二大规定了中国革命的最高纲领和最低纲领,指明了中国人民革命斗争的方向,表明了共产党已经接受了列宁关于殖民地革命的理论,并将这一理论与中国的革命实际初步结合起来,为党确立新民主主义革命的基本思想奠定了基础。

---

① 中央党史和文献研究院:《中国共产党简史》,北京,人民出版社、中共党史出版社,2021年,第14页。

创 业 启 迪

创业不仅要发现机会，更要为实现机会制订计划，制定发展线路图。中国共产党在成立之初就明确了中国革命的目标和任务，从中共一大开始，就坚持用革命的手段走社会主义和共产主义道路，同时在中共二大提出反帝反封建的民主革命纲领，确立了群众路线。可见，创业机会的把握不能只靠热情，还需要为目标制订可执行的具体方案。

1. 明确目标。脑海要有大格局。所谓大格局就是对所处行业有深入的、清晰的认知。比如，哪里已经开始了激烈的竞争，哪里发展机会刚兴起却没有人觉察等。要花足够的时间去开展调研并搜索大量信息，不断在脑海里做推演判断，进行深入的、挖掘式的自我思考和集体讨论，最终确定创业目标。在历次党代会中，党员代表们充分地交流思想、碰撞火花、总结过去、规划未来，明确不同阶段的奋斗目标。

2. 构思路径。构思路径的最佳方法是层层剥笋。根据目标去剖析路径，像庖丁解牛那样，对实现目标的路径一刀一刀地层层解剖，把握关键环节找到解决方法，把"目标-路径-方法"这三个概念有效组合在一起，一步步画好路线图。如中共二大在明确反帝反军阀的革命目标的基础上，提出了必须联合全国一切革命党派，联合资产阶级民主派，组成民主主义的联合战线的路线和主张。

3. 盘点资源。资源就是路径中所需要的各种要素，因此资源和路径要统一。如果资源是小米加步枪，路径则是游击战、持久战；如果资源是原子弹，路径或许可"不战而屈人之兵"。拥有什么样的资源，某种程度上也反作用于实现目标的路径制定。如中共二大明确了中国共产党与共产国际的组织关系，承认中国共产党为国际共产党之中国支部，这一路线的制定也是受当时中国共产党的资源条件所限。

第二节　洞见未来，寻找逆袭之路

> **学习目标**
>
> 1. 了解建立井冈山革命根据地、西安事变、工业化和加入世界贸易组织等事件的背景与意义。
> 2. 了解"创业机会窗口"的概念和意义。
> 3. 学习在动态事件中识别机会。

五、井冈山里抢抓创业"机会窗口"

> **创业知识小课堂** 把握机会"窗口期"
>
> 机会是有"窗口期"的，即创业机会有开始时间和持续时长的要求。机会窗口往往指机会的起飞点。例如一个产品，如果进入市场太早，"机会窗口"还没打开，市场还不成熟，创业者花费大量的人力、物力以培育市场，最终很可能"为他人做嫁衣"；如果进入太晚，先进入者的体量已经基本满足需求，后期竞争环境会非常恶劣，抢夺市场的机会就变得很少，意味着"机会窗口"已经关闭。
>
> 如果把"大城市"看作革命的市场，那么面对力量悬殊的国民党，中共在国共第一次合作破裂后的"机会窗口"就在于"敌人力量薄弱之地区"。1927年的中国，国民党已经在很多中心城市占据主导地位，这时候"攻占大城市"这一"机会窗口"显然已经关闭。那么面对此种困境，中国共产党是怎样破局，找到新的"机会"的呢？

1927年，由蒋介石和汪精卫控制的国民党右派不顾以宋庆龄为代表的国民党左派的坚决反对，宣布与共产党决裂，发动了"四一二""七一五"反革命政变，公开叛变革命，直接导致第一次国共合作破裂。

反观当时的中国共产党——创业之初经验不足，面对国民党的镇压只能向苏联老大哥学习，坚持把主要战略方向指向中心城市，这不可避免

 让我们一起穿越时空：
1927年，毛泽东率队即将上井冈山，却收到中央来信，他将如何处理？
（来源：电影《秋收起义》）

地遭遇了巨大挫折。共产党在大城市的根基遭到严重破坏，眼前的"创业机会"越来越渺茫，眼看红旗就要被打倒，革命又将如何继续呢？

以毛泽东领导的秋收起义为例，攻打长沙遭遇挫折，战损四分之三兵力。在这万分紧急的当口，毛泽东一下子冷静了下来，命令各部放弃攻打长沙，兵退浏阳文家市，再作计议。

9月19日夜晚，这部人马残部先后抵达文家市，毛泽东立即在里仁小学主持召开了前委会议，讨论下一步的行动。现场的讨论非常激烈，头脑发热的指挥员仍在高喊"进攻长沙！"。但毛泽东对于当前严峻的局势和敌我悬殊的实力对比的认识已经很清晰，认为目前至关重要的是保存自己的实力，面对强大的敌军，更应尽快避其锋芒。

首先，毛泽东以古代兵法中的《百战奇略·退战》中的一席话来开导大家："凡与敌战，若敌众我寡，地形不利，力不可争，当急退以避之，可以全军，是为知难而退。古往今来，许多兵法名家不正是采取了以退求进的军事策略，才创造出光荣的战绩吗？"毛泽东不禁脱口而出："如果要使我们强大起来，就应避开强敌，到敌人最少的地方去，发展、壮大我们的队伍，这就叫'打得赢就打，打不赢就走'。"

当大家质疑难道要到深山老林去当山大王的时候，毛泽东接着说："当'山大王'有什么不好？我看历史上就从来没有消灭过'山大王'。我倒是很认真地想过，要到崇山峻岭中去当武装割据的'山大王'，红色'山大王'！"此话一出，会场的议论更加沸沸扬扬了。

然而毛泽东气定神闲，从容不迫地站了起来，环顾周遭，款款道来："走，不是逃跑主义，不是临阵退缩，今天我们处在劣势的时候实行战略退却，正是为了明天更好地进攻敌人。长沙不是不要，而是现在不能要。中心城市，敌强我弱，广大乡村，敌弱我强。如果死抱着昨天的决定不放，主张拿弱小的力量到大城市去与强敌硬拼，搞中心城市暴动，势必葬送我们这支队伍。"

接着毛泽东又从理论的高度解释道："半殖民地半封建的社会特点，决定了中国革命的实质是农民革命。我们工农革命应当深入广大农村，一边

游击敌人,一边发动群众,成立革命政权,创建革命根据地,点燃革命的星星之火,使之形成燎原之势,这样,就有可能把旧社会烧个精光。这就是我们'走'字的真正意义。"

毛泽东越说越开了,还打了一个形象而有深刻的比方:"参天大树之所以枝繁叶茂,就是因为它的根扎土很深;水上浮萍之所以随风飘动,就是因为它的根没有扎进土地、敌人在农村控制的力量薄弱,就有利于我们去找个落脚点,深深扎下根来,发展壮大我们的队伍,以农村包围城市,用武装夺取政权。至于那些大城市,只要我们力量强大了,命令一声,所有的大城市都会归我们所有。我们有马列主义武装,又有广大群众拥护,军队与群众如鱼之于水,在群众中生了根,这就是胜利。"

毛泽东这一长篇发言立论精当,句句在理,把中国革命的战争及战略问题说得头头是道,同时又分析得透彻无比。使得在场的各路指挥员们心服口服,一下子就心明眼亮了,大家众口一词地同意了毛泽东有关实行战略退却的用兵策略。①

部队决定放弃中央原定的"取浏阳直攻长沙"的作战部署,改为从文家市出发,向罗霄山脉南段进军,最终根据实际情况选择了新的目的地——井冈山。从自然条件上来说,井冈山属于罗霄山脉的中段,此山脉北段比较靠近敌人的大城市,贸然把我军主力放在那边不合适;南段群众基础不太好,而恰巧在井冈山这一带有村庄、有水田,另外还有一定的群众基础,地形也相对有利。最主要的一个条件是敌人力量相对薄弱!井冈山位于湘赣边界,"接合部、两不管"的特点使得对于两省军阀来说,此地并非他们的利益关切点,所以就出现了真空地带,这恰恰为我们党保存革命力量、点燃革命火种提供了重大机会。

毛泽东专门到最贫穷的人家走访了几户。从他们那里了解到:罗霄山脉的井冈山已驻有袁文才、王佐两支绿林武装。其中,袁文才有200人,60多条枪。王佐有120多人,40多条枪。

毛泽东选定的部队落脚之地已有人占领,这是他始料未及的。如今,部队迂回转战近千里,眼看井冈山已近在咫尺而不能落脚。这向指战员们怎么解释?如果再漫无目的地重新寻找落脚之地,未免会使部队产生厌烦情绪,此外,部队还带着很多伤员急需医治。于是,他决定先派人

让我们一起穿越时空:
面对袁文才的婉拒,毛泽东如何应对?
(来源:电视剧《大浪淘沙》)

---

① 柏桦:《毛泽东兵法》,海口,海南出版社,1996年,第20—22页。

到井冈山附近打探情况。

毛泽东会见了袁文才派来的代表陈慕平。会面后，毛泽东赠送了100支枪给袁文才，作为"敲门砖"。面对难得的"机会窗口"，毛泽东用三湾改编"人走枪留下"的缩编政策节省下重要军事资源打消了袁文才的顾虑。袁文才深受感动，表示一定为革命"掌握好枪杆子"，并慷慨地回赠600元大洋给毛泽东用于工农革命军的给养。毛袁二人可谓相见恨晚，会面后袁文才当即表示愿意联合起来建立根据地，与反动派开展斗争。面对毛泽东"打土豪分田地"等扎实的根据地建设思路，同是穷苦出身的袁文才表示他接受整编，愿竭尽全力参与创建井冈山革命根据地。

创 业 启 迪

如果说李大钊等人选择并传播马克思主义是一次重大历史机会的选择的话，那么毛泽东打破思想禁锢和教条主义束缚选择井冈山建立革命根据地则是一次具体的、生死存亡关头的机会把握。在上山前，毛泽东对形势的应对、机会的识别、意见的统一，都是对创业"机会窗口"捕捉的经典案例。那么，他是怎么发现并且抓住这个机会窗口，给创业的启示有哪些呢？

1. **实事求是，直面机会窗口关闭，避免"与龙王爷比宝"**。创业者要实事求是、认清形势，处于弱势地位的竞争者如果跟远高于自己的强势对手进行不自量力、以卵击石的对抗，结果就是覆灭。对当时的红军来说合适的大城市"机会窗口"已经关闭，毛泽东形象地称之为"叫花子与龙王爷比宝"。他把自己从常规思维中解放出来，保持开放的心态，不沉迷于红海市场的内卷竞争，转而去研究新事物、新行业、新的痛点。毛泽东在攻打大城市失败后，没有陷入下一次的城市战，而是打破思维局限，选择在敌人薄弱的地区寻找新的发展机会。

2. **保持有生力量，生存为先，快速行动**。既然无法继续攻打大城市，或者说短期内无法继续攻打大城市，那么就需要解决队伍的生存问题。常言道"留得青山在，不怕没柴烧"，只要团队在，创业就还有希望。尽管某一个机会窗口关闭了，但是只要葆有创业团队的有生力量，就还能找到下一个机会窗口，扭转乾坤。毛泽东明智地把生存作为当务之急，不盲目去"抄袭"他人成功经验，在明知不可取胜的情况下保住队伍生存，在绝境之处寻找希望，勇于开辟新路，鼓舞了士气，获得了重生。

3. 变与不变之中，咬定机会窗口不放松。对于大城市的暂时放弃是一种"变"，当来到井冈山附近发现已被占领却坚持上山是一种"不变"。之所以"变"，是因为认清了短期内的敌我态势对比悬殊无法改变；之所以"不变"，是因为井冈山的地形优势与绿林武装存在革命化的可能性。这就体现了创业者对大势的判断和对现状的灵活应对，体现了创业者对敌人、朋友的性质判断。创业机会窗口有大有小，需要我们清晰地认清形势，进而采取正确的策略和行动。

六、西安事变"化危为机"的创业智慧

创业知识小课堂　"危机"特点与处理原则

"危机"一词，由"危险"和"机遇"构成，"危"中有"机"。变局中，通常危与机同生并存，每一个看似"危"的变化往往孕育着新的机遇。根据危机理论，危机具有突发性、聚焦性、破坏性、信息资源紧缺性和不确定性五大特点。创业者据此准确判定现实情形，遵循危机处理原则，正确把握机遇，才是关键所在。危机处理应该遵循的原则：道德原则，勇于承担责任原则，真诚沟通原则，快速反应、迅速行动原则，权威证实原则。

一个创业组织在发展过程中，必然会遇到各种各样的危机，每次危机都充满巨大的未知数，创业者只要遇事不怕事，迎难而上，就能打开局面，让事业再上升一个台阶。党在百年艰苦创业中，不乏"转危为机"的优秀事例。面对西安事变，中国共产党沉着冷静，有大格局、大胸怀、大智慧，力挽狂澜，化危为机。这是一次完美化解政治危机事件的典范，不仅标志着国内和平的基本实现，为抗日民族统一战线的建立提供了基础，也成为国内战争走向抗日战争的重要转折点。

1936年12月12日，张学良、杨虎城两位将军在苦苦劝谏蒋介石停止内战、一致抗日无效后，发动兵谏扣押了蒋介石等人，并通电全国要求停止内战、联共抗日。这就是震惊中外的"西安事变"，又称"双十二事变"。后应张、杨邀请，中共中央派遣周恩来、叶剑英、林伯渠等前往西安，同张、杨二人一起与蒋介石及南京方面的代表谈判。后来，蒋介石终于承诺"停止剿共，联红（军）抗日"，十年内战基本结束，西安事变得以和平解决。在此博弈过程中，充分体现了危机处理的五项原则：道德原则，勇于承担责任原则，真诚沟通原则，快速反应、迅速行动原则和权威证实原则。毛泽东同志在中共七大做《论联合政府》的报告时曾指出："西安事变的和平解决成了时局转换的枢纽：在新形势下的国内的合作形成了，全国的抗日战争发动了。"①

　　细细翻看历史，我们不难发现，这一"机会"的把握其实并不是一气呵成的，而是几经波折，先后经历了"审蒋罪行""保蒋安全""释蒋抗日"三个阶段，共产党和张、杨二人对蒋的态度也在不断发生着变化。

　　西安事变发生的第二天，中央政治局召开会议对西安事变进行讨论。有人提出，要"罢免蒋介石，交人民公审""除蒋废蒋""以西安为中心领导全国、控制南京"等要求。蒋介石对共产党犯下的罪行罄竹难书，通常人们在情感上都对其恨之入骨，巴不得除之而后快。然而，中国共产党作为真正的创业者，站在了更高的道德价值立场上，即超越两党之争、站在了民族大义上，表现了卓越的大局观。以周恩来同志为代表的共产党人首先提出"不宜推翻南京政府另起炉灶""不在西安成立任何形式与南京对立的政权"②的观点。毛泽东对时局进行分析后，总结道："我们不是正面反蒋，而是具体指出蒋介石个人的错误，不把反蒋抗日并列。应该把抗日援绥的旗帜突出起来。"③

　　随后，中共中央派周恩来为代表，于12月17日前往西安与张学良展开会谈。周恩来为张学良分析了对蒋介石的不同处置方法可以导致西安事变有两种截然不同的前途：如果能说服蒋介石停止内战，一致抗日，就会使中国免于被日寇灭亡，争取一个好的前途；如果宣布他的罪状，交付人民审判，最后把他杀掉，不仅不能停止内战，还会给日本帝国主义造成进一步灭亡中国的便利条件，这就使中国的前途更坏。历史的责任要求我们为中国争取一个更好的前途，即力争说服蒋介石，只要他答应停止内战、一致抗日的条件，就释放他回去。蒋介石实际统治着中国的大部分地区，迫使他

---

① 毛泽东：《毛泽东选集》第三卷，北京，人民出版社，1991年，第1037页。
② 张培森：《张闻天研究文集》，北京，中共党史出版社，1990年，第220页。
③ 中共中央党史研究室著：《中国共产党历史》第一卷上册，北京，中共党史出版社，2002年，第269页。

走上抗日的道路，还拥护他做全国抗日的领袖，有利于发动全面的抗日民族解放战争。周恩来提出这样明确的意见，加强了张学良和平解决西安事变的决心。

然而，南京政府中以何应钦为首的亲日派，打着营救蒋介石的幌子，企图派兵讨伐张、杨，轰炸西安，乘机蒋于死地然后取而代之；社会各界人士出于激愤，也纷纷要求杀掉蒋介石。此外，东北军、西北军内部也有一些人投靠南京政府。面对如此错综复杂的紧张局势，如何处置蒋介石才是对中国共产党的一个巨大问题考验。

这种情况，是大多中共领导人始料不及的。面临严重的内战威胁，亟须调整战略决策，灵活应对危机。12月19日，中共中央再次召开政治局会议，毛泽东在会上首先发言指出："西安事变后南京一切注意力集中在捉蒋问题上，把张、杨一切抗日的主张都置而不问，更动员所有部队讨伐张、杨。"党内"负总责"的张闻天在会上提出：我们应把抗日为中心，对于要求把蒋介石交人民公审的口号是不妥的。[①] 这次会议统一了对党内外的决策，明确表示承认南京政府为全国性的中央政权，从而否定了在西安另立政府的设想，同时也承认对蒋介石生命安全的威胁只会造成严重的内战前途，否定了审蒋杀蒋等的可能。这事实上也成了中共对西安事变决策的转折点，确立了和平解决西安事变的方针。毛泽东在会上就指出，"现在发表的通电与前次的通电是有区别的，更站在第三者的立场说公道话""在抗日派和亲日派之间，我们应争取中间的一派"争取"变国内战争为抗日战争"。[②]

12月21日，中共中央致电周恩来，第一次明确提出释放蒋介石的主张，并围绕"停止内战、联合抗日"这一根本问题列出了具体的谈判条件。至此，中共完成了由"审蒋罪行"到"保蒋安全"，最终向"释蒋抗日"的根本转变，使得中共和平解决西安事变的决策最终成熟并得以确定。这一决策的重大转变，直接保证了此后谈判的顺利进行，并有力地促进了西安事变"化危为机"。

中共在西安事变中，把握"机会窗口"期使其和平解决，表现出中国共产党在应对突发事件、化危为机时的英明决断和杰出智慧，以及时刻把民族利益和国家存亡放在首位的博大胸怀。在全面抗战的八年，中国共产党深入群众，赢得了人民的支持与信任，把握了发展的重要机遇，使得自身越来越成熟、越来越壮大，发展为能为中华民族谋复兴、为中国人民谋幸福的伟大创业政党。

---

① 郭洪涛：我党和平解决西安事变的前前后后——纪念西安事变60周年，载《人民日报》，1996年12月9日，第11版。
② 张培森、程中原、曾彦修：张闻天与西安事变，载《党的文献》，1998年，第3期，第7-8页。

创 业 启 迪

危中有机，机与危并存。优秀的创业团队善于在危机中育先机、于变局中开新局，抓住机遇，应对挑战，趋利避害，奋勇前进。中国共产党解决西安事件的过程，就可以给我们很多有效处理突发事件的启发。

1. **观大局，勿锢于"零和博弈"**。运筹学有个概念叫"零和博弈"，也常常被用在创业竞争中，即一方的收益必然意味着另一方的损失，博弈各方的收益和损失相加总和永远为"零"，故双方不存在合作的可能。但是，当面对实际危机和冲突时，如果总抱着这样的想法，往往不能化解矛盾，而会升级矛盾，因此创业者往往要有更大的格局、更高的道德和更长远的目标，以免受锢于"零和博弈"，从而获取更加长远的效益。中国共产党在西安事变中，不单纯以情感、意识形态、利益得失来决策，而是跳出了"零和博弈"的非此即彼思想，从全国人民和中华民族的利益出发寻求"国共合作"的可能。对于创业者来讲，若只计算自身的利益得失，只关注自身与竞争者之间的博弈关系，而忽略真正的核心要素——"用户需求"，往往会错失良机，甚至受阻于此。

2. **定原则，协调各方力量**。面对冲突或危机，优秀的创业者往往不依照自己单方主张来决策，而是在坚持基本原则的前提下充分协调各方主张，从而加深决策的可行性、稳定性、适用性等，达到提高决策成功率的效果。例如，张学良想早日和平解决西安事变的决心和行动、杨虎城对蒋介石不能抗日和日后报复的顾虑、蒋方对须在释放蒋介石后执行谈判条件的坚持、南京国民政府讨伐派的内战威胁等，都对西安事变的和平解决产生了极大影响。中共决策的成功之处就是协调各方的力量，审时度势地在协调中灵活地贯彻自身的基本原则，即推动抗日统一战线的形成。作为创业者，在面对涉及多方利益的冲突时，要学习党的解决方式，以灵活的态度、坚持原则的底线来协调多方主张，方能找到问题的最佳解决方案。

3. **重反馈，及时调整策略**。面对冲突或危机，我们不能拍脑袋或僵化地制定决策，而是要密切关注事态的发展情况，掌握一线的具体信息并依据实情不断调整决策。在西安事变中，周恩来等人作为中共中央代表，直抵事变现场，不断反馈西安及各界人士最新思想变化，及时提出决策意见及建议，促进了中央决策的不断转变。同时，他们还在西安与各方的接触、谈判中，很好地掌握了各方力量的顾虑和需求，根据实际情况及时调整对话策略，最后促成西安事变的和平解决。如今在创业中亦如此，创业者需要对当下社会发展状况、国家最新政策调整以及国际经济走向等不断观察，思考是否需要相应地做出调整，以置身于历史大势所趋之洪流。

七、工业革命的大船必须上

> **创业知识小课堂** 科技发展带来的"机会"
>
> 纵观人类历史，无论政治文化环境如何发展变化，科技发展所推动的人类社会进步从未受过阻挡，这种变革摧枯拉朽，从不以人的意志为转移。同时，科技革命的更迭也会带来世界格局的变化。谁能抓住工业革命的机会，谁就能走在世界的前列。创业机会可分为以下三类。
>
> 1. <u>趋势型机会</u>：洞悉事物发展的动向规律，客观分析并掌握时代背景机遇。
>
> 2. <u>问题型机会</u>：深入探究现实中尚未被解决的问题而产生的创业机会。
>
> 3. <u>组合型机会</u>：将现有的两项以上的技术、产品、服务等因素有机整合于一起的机会。
>
> 抓住创新创业的机会，要尊重时代发展大势，尊重科技发展大势。

第一次工业革命是 18 世纪 60 年代到 19 世纪中期,起源于英国的蒸汽机革命,是人类技术发展史上的一次巨大革命,它开创了以机器代替手工劳动的时代。第一次工业革命极大地提高了生产力,巩固了以英国为代表的资本主义国家的统治地位。

第二次工业革命发生于 19 世纪 60 年代到 20 世纪初人类社会进入了"电气时代"。德国、美国、日本等资本主义国家快速发展,推动生产社会化。企业间竞争加剧,生产和资本进一步集中,少数采用新技术的企业挤垮大量技术落后的企业,出现了跨国垄断性企业。

第三次工业革命发生于 20 世纪 40—50 年代,是人类文明史上继蒸汽技术革命和电力技术革命之后科技领域又一次重大飞跃。以原子能、电子计算机、空间技术和生物工程的发明与应用为主要标志,是一场由美国等国家主导的涉及信息技术、新能源技术、新材料技术、生物技术、空间技术和海洋技术等诸多领域的信息控制技术革命。

这三次工业革命有一个共同的特点——全部是西方率先产生的,其结果就是让西方国家一直保持生产力的领先地位。先进的生产力带来了经济、军事等领域的领先,也使其在全球市场的争夺中占据先机,至今美、日、德等国家的工业产品都受到人们的青睐。这种现象不仅源于其自身技术先进,也与每次工业革命中所带来的影响有关。反观中国,没有完整地抓住人类社会的前两次工业革命,所以生产力落后,经过多年努力仍然是发展中国家。由此可以看出一个巨大的趋势——谁抓住了新一次工业革命的机遇,谁就掌握了几十甚至上百年的国运,谁就能走在世界的前列。

中国共产党一直认识到科技是发展趋势所在,要把科学技术掌握在自己的手中。早期也是艰难起步。这里想分享两个故事:一个是原子弹,另一个是高铁。

1956 年和 1958 年,毛泽东就研制原子武器的战略意义发表讲话,他说:"在今天的世界上,我们要不受人家欺负,就不能没有这个东西。"[①] 在 1959 年 10 月 1 日新中国成立十周年阅兵庆典上,赫鲁晓夫在天安门城楼上对毛泽东说准备撤回在华的核武器专家,不再提供相关的技术帮助,主席听到淡淡回复"那也好"。此时他已下定决心,中国要自力更生造原子弹。5 年后,我国的第一颗原子弹在罗布泊爆炸,霎时举国欢腾。中国共产党正是以国家富强为出发点,以洞察时代背景和顺应历史潮流为原动力,抓住"核技术"这个趋势型"创业机会",才能打破列强核垄断,跻身成为世界第五个拥有核武器的国家。

截至 2020 年年底,全国铁路营业里程 14.6 万公里,我国高速铁路运营里程达 3.79 万公里,稳居世界第一位。当今中国高铁已然成为一张亮丽的国际名片,在世界之林

---

① 中国核工业 40 年的光辉历程,载《人民日报》,1995 年 1 月 27 日,第 11 版。

中脱颖而出，为中国树立了全新的大国形象。那么中国是如何完成如此华丽的逆袭的呢？转折点还得从 1978 年邓小平访问日本说起。10 月 26 日，访问团要由东京前往京都，距离是 370 公里，日方当即邀请小平同志一行乘坐日本的"新干线"前往。当时日本是世界上唯一拥有高速铁路的国家。当时的日本，是全世界唯一拥有两条高速铁路线的国家。这趟旅程，对国家领导人的冲击和震撼无疑是巨大的。新干线高速、便捷、轻盈，小平同志感慨万千地说："就感觉到快，有催人跑的意思。"①回国后他坚定信念，要造出属于我们的高铁，经过几代人的不懈努力，"中国速度"已成为高铁领域的代名词。

由于历史的原因，中国错过了第一次工业革命和第二次工业革命。改革开放前的 30 年，我们艰苦奋斗、筚路蓝缕，为中国崛起奠定了基础。改革开放以来，中国开始腾飞，我们几乎是以每十来年完成一场工业革命的速度，一路追赶过来。从 20 世纪 80 年代到 90 年代初的 10 多年，我们通过大力发展乡镇企业，完成了以纺织业等轻工业为主的第一次工业革命。从 20 世纪 90 年代初到 21 世纪初的 10 多年，我们大致完成了以电力、内燃机、家用电器、石化工业和中高端基础设施等为主的第二次工业革命，并与西方几乎同步地进入了以信息化和通信产业为代表的第三次工业革命，起初是追赶，然后是逆袭，现在已经成为第三次工业革命的佼佼者。今天世界正处于从第三次工业革命转入第四次工业革命的转折期，以大数据、人工智能、量子通信等为代表的第四次工业革命将极大地改变人类生活和运作的方式。应该说，中国已经进入这场新工业革命的"第一方阵"。②

在全体中国人民的努力下，中国终于在第四次工业革命中走向了世界舞台中央。这与中国共产党洞悉社会发展规律，从民族振兴、国家富强与人民幸福的现实诉求出发做出的科学谋划密不可分。我党在不断创新、修正、再创新、再修正的实践循环中走出一条具有中国特色的工业化发展道路。

2019 年是新中国成立 70 周年，工业和信息化部发布了我国的工业化发展数据，"我国已成为全世界唯一拥有联合国产业分类中所列全部工业门类的国家，工业增加值从 1952 年的 120 亿元增加到 2018 年的 30 多万亿元，按不变价计算增长约 971 倍，年均增长 11%。"③中国有三个工业指标在世界没有争议：第一，中国的工业规模特别大，制造业总产值于 2010 年超过美国，2016 年超过美国和日本之和，2018 年超过美

---

① 历史转折——文献纪录片《旗帜》解说词（第五集），载《人民日报》，2011 年 6 月 24 日，第 8 版。
② 张维为：这就是中国（第 14 期），东方卫视，2019 年 4 月 15 日。
③ 成就举世瞩目，发展永不止步，载《人民日报》，2019 年 9 月 21 日，第 4 版。

国、日本、德国三国之和。有专家预测，2030年，中国制造业占全世界的比例一定会超过50%。第二，中国的工业体系特别完整。第三，中国人学习能力超强。

70年来，我国成功走出了一条中国特色的新型工业化发展道路，走过了发达国家几百年的工业化历程，创造了人类发展史上的奇迹。

创 业 启 迪

我们都很熟悉《中国共产党章程》中的一句话"中国共产党代表先进生产力的发展要求"，先进生产力存在的意义，就是要取代落后生产力，这是趋势带来的发展机会。中国共产党正是尊重历史发展规律，尊重科技发展力量，才能提前布局谋划，抓住新工业革命的历史机遇，成就今天中国完善的工业体系。工业革命带来的社会发展是不可逆的，科技创新的星辰大海更是令人心潮澎湃，青年学子要善于发现并把握科技革命和产业变革带来的巨大机遇，洞悉事物发展的动向规律，客观分析并掌握时代背景机遇，做创新创业的先锋。那么，我们怎样发现科技创新的机会呢？

1. **要有接受高新科技的开放心态**。很多人并非不接受新鲜事物，只是不太愿意迈向陌生的领域，尤其善于商业模式创新的人往往有意无意地忽略了科技。中国共产党人就是因为看到了世界发展大势，看到了西方国家工业革命的巨大力量，才能走出有中国特色的工业化道路。作为新时代青年学生，要以更开放的心态、更广阔的视野，面向世界科技前沿、面向经济主战场、面向国家重大需求、面向人民生命健康，不断向科学技术广度和深度进军。

2. **要有坚持独立自主的不懈韧性**。想要抓住科技创新的机遇，仅仅有开放的视野是不够的，更要坚持独立自主，有钻研的耐心。从中国工业化发展的起点来看，国弱民贫的中国在西方资本主义工业化的世界体系中处于极端边缘的位置，想要依靠西方支持来独立发展自身工业犹如天方夜谭。于是，新中国成立初期，我们就吹响向科学进军的号角，初步建立了由政府主导和布局的科技体系。改革开放后，我国先后实施了"863计划""火炬计划"等一系列高科技研发计划，为我国综合国力的提升提供了重要支撑。党的二十大报告提出，必须坚持创新是第一动力，深入实施创新驱动发展战略，开辟发展新领域新赛道，不断塑造发展新动能新优势。因此广大青年学子要在创新创业过程中坚持独立自主，发展属于自己的技术，不能抱有依赖的思想，要敢为人先，将个人理想结合于时代机遇中。

3. <u>立足人民、立足本土</u>。改革开放后，党和国家的工作中心转移到经济建设上来，通过采取一系列政策措施，极大地增强了经济活力，工业发展规划目标基本实现。但是在工业化进程中，我们出现了工业单方面推进，但生态环境保护、科技创新相对滞后等问题。经过党的十八大以来在理论和实践上的创新突破，党成功推进和拓展了中国式现代化。党的二十大报告指出，中国式现代化是中国共产党领导的社会主义现代化，既有各国现代化的共同特征，更有基于自己国情的中国特色。中国式现代化的五大特征：人口规模巨大的现代化，全体人民共同富裕的现代化，物质文明和精神文明相协调的现代化，人与自然和谐共生的现代化，走和平发展道路的现代化。每个阶段，我们党都结合中国实际情况一步步探索，走出有别于西方国家的一条崭新的现代化发展道路。

八、黑发人谈成白发人，只为登上世界舞台

创业知识小课堂 趋势型机会

洞悉事物发展的动向规律，客观分析并掌握时代背景机遇，趋势型机会会带来巨大的发展机会。不仅仅先进的科技里蕴藏了趋势型机会，全球化里面也有非常大的趋势型机会。趋势型机会意味着更大的价值、更大的前景、更大的市场。创业者只有走上大舞台，才能抓住机遇走到舞台中央。

那么，处于改革开放时期的中国，更大的机会是什么呢？如何才能抓住更大的创业机会呢？

改革开放以后，中国共产党再一次研判世界大势，抓住了经济全球化的机遇。

自冷战结束后，经济、科技全球化进程加快，逐渐成为世界经济发展的主流。而邓小平同志很早就提出"关起门来搞建设是不能成功的，中国的发展离不开世界"[①]。后来，随着改革开放的深入，越来越多的跨国企业来中国投资办厂，也有越来越多的中国产品出口世界各地，中国的跨国贸易日益频繁。要想更好地开展全球贸易，复关入世就成为必经之路。就像一个体育运动员，在其运动生涯中，不仅要争取参加全运会、亚运会，还要争取参加奥运会，即使搏不到奥运奖牌，也有助于提高自己的规则意识与竞技能力。

然而复关入世谈何容易，加入WTO（世界贸易组织）是一条荆棘遍布、充满坎坷的漫漫长征路。中国讲了很多年"计划经济"，但WTO的游戏规则是以"市场经济"为基础的，怎么在市场经济与计划经济之间找到平衡是一个大难题。有一种观点认为，市场经济将意味着大量外国产品长驱直入，直接冲击中国经济；也有一种观点认为，市场经济可以享受全球多边贸易投资利益，出口、就业、GDP（国内生产总值）都会提高。紧紧围绕"要搞市场经济还是计划经济"这一个问题，中国就花了整整6年时间。直到小平同志提出社会主义条件下也可以搞有计划的市场经济体制，才有打开新大门的机会，迈出了入世谈判的关键一步。

当时，中国总体上国内产业素质和竞争力与国外差距甚大，因此谈判的核心就是市场开放的速度和力度，而底线是前者必须与我国的经济发展水平相一致。江泽民同志亲自定了三条原则：WTO没有中国参与是不完整的；中国必须作为发展中国家加入；坚持权利与义务的平衡。最终在多边谈判中，中方通过不懈努力，最大限度地做到了在不违背国际惯例的前提下对我国有利，如在农业扶持政策上，中方据理力争，直至2001年6月才与WTO成员达成共识，同意我国补贴允许水平为8.5%，这一结果为我国政府今后加大扶持农业发展保留了较大的政策空间。

入世谈判是一场拉锯战，谈了15年，坚持了15年，山重水复，几代人相继接棒，终于在2001年12月实现目标。时任总理朱镕基曾感慨地说："我们已经谈了15年……黑发人谈成了白发人。"[②]

习近平总书记曾讲过"中国的发展离不开世界，世界的繁荣也需要中国"[③]。抓住入世机遇，我们实现了经济总量位居世界第二：从世界第九大经济体快速成长为第

---

① 邓小平：《邓小平文选》（第三卷），北京，人民出版社，1993年，第78页。
② 商务部外贸发展事务局：20年前的今天发生的里程碑事件，这个展览这样展示！，https://www.tdb.org.cn/jchg/6690.jhtml，访问日期：2024年4月3日。
③ 习近平：中国的发展离不开世界，世界的繁荣也需要中国，载《人民日报》，2000年5月9日，第1版。

二大经济体。中国制造热销全球：因加入WTO带来的大量订单，令中国制造繁荣起来，中国企业走向世界。百姓物质需求提高：如奇瑞、吉利得到了合法的"准生证"，政府不再对汽车限价，令汽车越来越快地"飞入"寻常百姓家，中国一跃成为全球汽车第一产销国。学会按国际规则办事：客观上倒逼政府管理部门加快改革进程，逐步与国际接轨，建立开放公平的竞争环境。企业处理国际纠纷更加成熟。悄然更新的发展观念：保护知识产权、环保意识等，令当年谈判很害怕的条款，现在已经深入人心，不再是荆棘。

创 业 启 迪

创业者要想抓住机会，一定要融入趋势型机会、一个大舞台。大多数优秀的创业者或团队，都不是一天两天就能发展起来的，都是10年或20年前选择了一个对的赛道、一个大的舞台。

1. **要抓住趋势型机会，最难的是先过自己认知这一关。**"在社会主义条件下搞有计划的市场经济体制"便是对自身观念的一个大突破。从多年的传统的计划经济思维里面解放出来，去接受一个新鲜事物，打破固有观念的束缚。但是当我们意识到未来的全球化是一个趋势型机会的时候，便要打破各种思想的障碍去选择尝试。

2. **要抓住趋势型机会，还要实事求是、坚持原则。**在我们要开放接轨的时候，不能因为想要加入WTO就全盘接受对方的规则，这样反而会对自身产生过大的冲击，必要时候还需要根据我国的实际情况来采取一些保护措施。

3. **要抓住趋势型机会，还要有咬定青山不放松的坚韧意志和持续不断的努力。**作为青年学子，未来干事创业，要把眼光放得更远，要站得更高，要融入世界，看到更多机遇和挑战。习近平总书记在国际重要会议多次提到"构建人类命运共同体"，就是要让全世界共享中国发展机遇，推动全世界一道共同创造美好幸福生活，而这也为青年创业者提供了更多机遇。

思考训练

请完成以下思考训练题目：

1. 百年前的中国处于怎样的政治格局？中国共产党如何抓住了时代的机会？

2. 第四次工业革命给中国带来了什么？中国共产党抓住了哪些新的机会？

3. 如果你发现了创业机会，如何识别其是否有前景？如何判定其是否适合自己？

4. 结合实例，归纳创业过程中会遇到怎样的突发事件，应当如何处理这些事件？

5. 结合新时代科技浪潮，分析并规划自己职业生涯的方向。

第二章
CHAPTER TWO

寻找志同道合者

建队伍：打造强大有力的团队

本章导读

习近平在庆祝中国共产党成立 100 周年大会上的讲话中指出:"100 年来,我们取得的一切成就,是中国共产党人、中国人民、中华民族团结奋斗的结果。"[①] 任何创业一个人是难以完成的,都需要一个强有力的团队。

中国共产党从一个只有 58 人的组织发展为拥有 9800 多万名党员的世界性大党,带领中国从一无所有到 GDP 100 万亿元人民币,位居全球第二的大经济体,人民从贫困到全面小康,从低收入到中等收入水平,从动荡与战争困扰的一盘散沙到中华民族伟大复兴。中国共产党创造的伟大历史成就离不开"党的建设"这一法宝,对解答"如何打造精干组织""如何打造创业团队"等问题大有裨益。

回看党的百年发展史,一段段荡气回肠的故事让人感动至深,一个个鲜活的人物形象跃然纸上。中国共产党的先驱们创建了中国共产党,他们目标远大、理想坚定;他们极富战略思维,深刻理解和运用马克思主义辩证唯物主义;他们扎根中国大地,深刻感知人民关切;他们勇于自我反思和自我革新;他们团结一心,不断学习创新;他们不畏困难,勇于奉献……他们有坚定的理想信念,他们有不竭的精神源泉,他们有强大的组织力量……这一切造就了一支了不起的"创业团队"。

100 多年风雨兼程,党的先驱们筚路蓝缕,砥砺前行;栉风沐雨,不忘初心,始终坚持在正确的道路上前进。行走在这条大道上的"创业者们"身上都有哪些品质值得我们学习?"创业者们"又是如何走在一起汇聚成强大力量的?让我们一起进入本章的学习。

[①] 习近平:在庆祝中国共产党成立 100 周年大会上的讲话,载《人民日报》,2021 年 7 月 2 日,第 2 版。

第一节　创业者的核心素养

> **学习目标**
>
> 1. 了解中国共产党早期领导人的思想建立过程；学习共产党人面对困难坚定的意志与攻坚克难的精神。
> 2. 了解战略思维、乐观主义等思维和思想。
> 3. 初步学会实地调研的基本方法；学会运用用户思维影响创业决策。

一、跟毛泽东学"战略思维"

> **创业知识小课堂　发展战略与思维**
>
> 发展战略就是关于团队如何发展的理论体系，就是一定时期内对团队发展方向、发展速度与质量、发展点及发展能力的重大选择、规划及策略，它的特点是从全局、长远、大势上做出判断和决策，立足长远的利益、更大的利益，而不拘泥于当下的利益、局部的利益进行思考。当然这种预见不是拍脑袋，而是基于掌握的理论知识、思维和方法，通过周密细致的分析、判断、推理而做成的一种理性的决策。由于有了这样的判断和决策，团队可以及时采取行动，避免困境或危机，从而实现高效率运作。具有战略思维的人在决策或分析问题时往往具有以下特性。
>
> 1. **预见性**。预测到趋势和未来的变化，预测到竞争对手可能采取的措施，进而制定措施。
> 2. **关键性**。具有发现问题矛盾点、发现因果关系的能力。
> 3. **全局性**。具有系统性分析问题的能力，能够从局部反观整体。

> 对于创业者来说，如果发展战略正确清晰，那么即使遇到一些挫折低谷，团队也能迎难而上；但是，如果战略制定错误，那么失败则是难以避免的。中国共产党的成功，离不开正确的战略决策，而说起中国共产党中的"战略家"，毛泽东首屈一指。

🔊 让我们从沙盘视角看：
25 岁的毛泽东从长沙到北京，见了哪些人、做了哪些事、形成自己的思维的底层逻辑
（来源：视频《沙盘上的战争》）

1910 年，年少的毛泽东离家求学时，曾改写一首诗赠予父亲："孩儿立志出乡关，学不成名誓不还。埋骨何须桑梓地，人生何处不青山。"① 这首诗是少年毛泽东走出乡关、奔向外面世界的一份宣言书，让我们看到了这位青年领袖胸怀天下、志在四方的远大抱负，这也是他能成为一名当之无愧的战略家的最好见证。毛泽东在领导中国人民进行革命和建设的过程中，善于在调查研究的基础上进行科学预测，善于从全局出发、从长远出发，最大限度地为中华民族赢得利益。

（一）"全局观"是战略思维的出发点

战略思维的出发点是什么？对于革命前辈来说，是把握中国革命的全局、整体面貌，进而才能把握正确的、独特的革命形势。

1927 年大革命失败后，中国共产党领导的革命斗争进入了最艰难的时期，而反革命力量却异常强大。蒋介石的南京国民政府建立后，用各种手段残酷镇压革命运动。许多优秀的党员干部，成千上万的工人、农民、知识分子倒在了血泊之中。面对这种敌强我弱的严峻局面，时任红四军第一纵队司令员的林彪以及党内其他一些同志对红军的前途感到悲观失望，发出了"红旗到底能打多久"的疑问。

毛泽东于 1930 年 1 月 5 日写信给林彪（就是以后收入《毛泽东选集》（第一卷）中的《星星之火，可以燎原》），他除对右倾悲观思想做了批评外，更多的是阐发关于中国革命要"以乡村为中心，以农村根据地促进全国革命高潮"的思想。毛泽东写道："他们这种全国范围的、包括一切地方的、先争取群众后建立政权的理论，是于中国革命的实情不适合的。他们的这种理论的来源，主要是没有把中国是一个许多帝国主

---

① 吴齐强、颜珂、申智林：湖南深化中小学思政课改革创新——让革命旧址成为"红色教室"，载《人民日报》，2024 年 1 月 2 日，第 11 版。

义国家互相争夺的半殖民地这件事认清楚。"①认清了这一点,"就会明白相应于全世界只有中国有统治阶级内部长期混战的一件怪事而产生出来的另一件怪事,即红军和游击队的存在和发展,以及伴随着红军和游击队而来的,成长于四围白色政权中的小块红色区域的存在和发展(中国以外无此怪事)"。他强调指出,红军与无产阶级领导下的农民苏维埃"无疑义地它是促进全国革命高潮的最重要因素"②。

不难看出,当国内局势被无数人唱衰时,甚至自己人都看不清、看不懂之时,毛泽东并未随波逐流。他抽丝剥茧般指出了中国革命的实情,点明了中国革命形势目前存在"有统治阶级内部长期混战""红军和游击队的存在和发展"等一系列独特之处。正是对这些"特殊情况"的把握,共产党方能在艰苦的斗争过程中一次次坚定信念、勇往直前、化危为机。于是,有了这样的对话:站在树下能看多远?有的战士说"可以看到江西",有的战士说"可以看到湖南",而毛泽东说:"站在井冈山,不仅要看到江西、湖南,还要看到全中国、全世界。"③

这些精准定位、全局思考、科学预见,无疑为当时的党注入了一针强心剂。历史已经证明,中国革命的胜利,正是走了毛泽东所领导的"工农武装割据"的道路。如果没有毛泽东这种科学预见,就不能回答当时广大党员心中的疑惑,就不会有后来中央革命根据地和四次反"围剿"的胜利,也不可能使中国革命在符合本国实际情况的条件下胜利发展。

毛泽东同志在信中还说道:"马克思主义者不是算命先生,未来的发展和变化,只应该也只能说出个大的方向,不应该也不可能机械地规定时日。但我所说的中国革命高潮快要到来,决不是如有些人所谓'有到来之可能'那样完全没有行动意义的、可望而不可即的一种空的东西。它是站在海岸遥望海中已经看得见桅杆尖头了的一只航船,它是立于高山之巅远看东方已见光芒四射喷薄欲出的一轮朝日,它是躁动于母腹中的快要成熟了的一个婴儿。"④坚持全局思考、战略思维,才有科学预见,这是值得我们每个创业者学习的。

(二)立足实际,坚持从实际出发

战略思维需要坚持一切从实际出发。毛泽东是我们党重视立足于实际的杰出代表。早在青年学生时代,他就开始了实打实的调查研究。1917年、1918年,毛泽东

---

① 毛泽东:《毛泽东选集》(第一卷),北京,人民出版社,1991年,第97–106页。
① 同上。
③ 同上。
④ 同上。

先后到湖南长沙、宁乡、安化、益阳、沅江、浏阳等地进行了"游学"式的考察，这加深了他对中国国情的认识，激发了他的革命热情。1926年，他通过调查研究获取了大量的第一手资料，撰写调查报告《中国佃农生活举例》。他与佃农张连初促膝长谈，了解了佃农的基本生活：支出部分食粮共七十二元，猪油共三元，盐三元一角二分；收入部分：每亩年获稻谷四石，十五亩共获六十石，交租四十二石；最后得出收支相抵，亏空十九元六角四分五厘五……通过这些确凿的数据，毛泽东最终得出这样的结论："中国之佃农比牛还苦"，而这也是"许多佃农被挤离开土地变为兵匪游民之真正原因"。①这本12页的小册子，毛泽东用了大量的数据来说话，从支出、收入、结论三个方面来展示了当时中国佃农生活比牛还苦这样一种状况，同时也从理论上进一步说明了土地革命的重要性和必要性，被作为"中央农民运动讲习所"生动的教材。

随着中国革命形势的不断变化和发展，毛泽东反复强调调查研究问题。在井冈山时期，毛泽东先后进行了宁冈、寻乌、兴国等8次较大的调查研究。他在1930年5月撰写的《反对本本主义》一文和1931年4月起草的调查通知中，相继提出了"没有调查就没有发言权""不做正确的调查同样没有发言权"等著名论断。②也正是因为有了深入的调研，毛泽东才能够把马克思主义与中国实际很好地结合起来，实现马克思主义中国化的伟大创新。

深入实践，以事实为基础来说话，是每个创业者必须要具备的思考习惯。创业初期，我们会面临很多不确定的突发情况，如果不了解、不调查实际情况，就往往会根据自己固化的、旧有的思维去做出判断。那么结果就是，或对形势判断过于乐观，或对形势判断过于悲观，进而失去了用客观理性的观点去处理各种问题的能力。

（三）着眼大局、胸怀全局

1947年，就在中国人民解放军即将转入解放战争战略进攻之际，蒋介石做出了对中共中央所在地、被誉为"革命圣地"的延安实行"犁庭扫穴，切实占领"的决定。当时在陕北战场的人民解放军不论是在数量上还是在装备上与进攻的国民党军队相比都处于绝对劣势。面对来势汹汹的敌人，该怎么办？

经过对形势的分析，毛泽东认为，蒋介石在其进攻能力快要枯竭的时候，下这么大力气来占领延安，自以为得计，实际上完全无损人民战争胜利的大局，并不能挽救

---

① 中央党史和文献研究院等：《百炼成钢：中国共产党的100年》，第八集《谁主沉浮》解说词。
② 王合清：不做正确的调查同样没有发言权，载《光明日报》，2011年2月28日，第4版。

其走向灭亡的命运。但同时应该看到，此次进攻延安，蒋介石是下了赌注的，不仅投入了自己的大量嫡系部队，还在西安集中了近100架飞机，这些飞机占到了国民党空军的3/5。而陕甘宁边区，人民解放军无论是在人数上还是在武器装备上，都和敌人相差甚大。经过认真研究，中共中央、毛泽东决定放弃延安，将人民和军队全部撤出，留下一座空城。

当时延安的许多军民都想不通，感情上也不能接受，当地的老乡更是想不通，毛泽东就用通俗的语言耐心做他们的工作。他说："譬如有一个人，背个很重的包袱，包袱里尽是金银财宝，碰见了个拦路打劫的强盗，要抢他的财宝。这个人该怎么办呢？如果他舍不得暂时扔下包袱，他的手脚很不灵便，跟强盗对打起来，就不会打赢，要是被强盗打死，金银财宝也就丢了。反过来，如果他把包袱一扔，轻装上阵，那就动作灵活，能使出全身武艺和强盗对拼，不但能把强盗打退，还可能把强盗打死，最后也就保住了金银财宝。我们暂时放弃延安，就是把包袱让给敌人背上，使自己打起仗来更主动，更灵活，这样就能大量消灭敌人，到了一定的时机，再举行反攻，延安就会重新回到我们的手里。"① 这就是——存地失人，人地皆失；存人失地，人地皆存。

"创业"二字，并不像看起来那么简单。创业者会面临来自四面八方的挑战，也常常需要在紧张的局势下做出正确的判断。因此，创业者更需要放宽眼界，不仅要深入了解本行业、本领域的信息，还要对相关行业、国际经济发展态势有全面的认识，要能够着眼大局、胸怀全局，不能只盯着局部，只有这样才能够不因小失大，正如毛泽东所说："没有全局在胸，是不会真的投下一着好棋的。"②

（四）关键时刻，能科学预见

创业时，关键几步棋往往能扭转乾坤，决定大局。当历史悄悄地发展到一个转折关头时，一般人即便模糊地有一些感觉，也往往仍局限于自己原有的看法，很难立刻敏锐地察觉到这个转折时刻已经来临，更难立刻认识到伴随这种新局面而来的一系列新的情况和问题。毛泽东却能比一般人更早地看清楚这一切，并且在深思熟虑后立刻提纲挈领地提出在这种新局面应该采取的方针和政策，这就是伟大创业者过人的战略思维。

毛泽东曾经说："预见就是预先看到前途趋向。如果没有预见，叫不叫领导？我说不叫领导。坐在指挥台上，只看见地平线上已经出现的大量的普遍的东西，那是平

---

① 谢春涛等：解放战争毛泽东放弃延安：把包袱让给蒋介石背上，https://www.chinanews.com.cn/cul/2014/02-12/5829113.shtml，访问日期：2023年11月4日。
② 毛泽东：《毛泽东选集》（第一卷）.北京，人民出版社，1991年，第221页。

平常常的，也不能算领导。只有当还没有出现大量的明显的东西的时候，当桅杆顶刚刚露出的时候，就能看出这是要发展成为大量的普遍的东西，并能掌握住它，这才叫领导。"[1] 敏锐的观察力、迅捷的决策力以及对局势的深入洞见，这可谓是对战略思维的最好诠释。

1919年7月28日，毛泽东预言：日本与德国将会危祸世界。毛泽东以其神奇的观察力洞悉德国和日本两个法西斯、军国主义国家必然相互勾结，提前近20年准确地判断了第一次世界大战以后的国际局势，第二次世界大战的爆发印证了这一判断。1945年5月，毛泽东判断：国共和谈谈拢的希望一丝一毫也没有。抗战结束后的国共两党，已成一山二虎之势。1946年6月，《双十协议》和"政协决议"都被蒋介石撕毁，全面内战爆发，毛泽东在中共七大上预见的局面再一次被历史印证。

预见性还有一个重要的体现就是对危机的预见，也叫危机意识。危机来自外部与内部，危机意识是指对紧急或困难关头的感知及应变能力。未来永远充满了变数，只有时刻保持居安思危的心态，正视缺点、不断创新、永不放弃，才有可能使基业长青。毛泽东在这方面有深刻的理解，对全党也有振聋发聩的警示。抗日战争时期，毛泽东并没有停留在党在诸多战役中取得的成绩上，而是持续关注在大量扩充军队、脱产人员比例高情况下暴露出的种种矛盾和问题，论证"精兵简政"政策对矛盾调和以及威胁处理的重要性，并指出"精兵简政"是一个牵涉到军民关系、军事建设、行政效能、工作作风、财政政策等各方面的政策，关系到根据地的存亡。解放战争时期，毛泽东常常以李自成审视自己，时刻告诫自己警惕骄傲，关注周边环境，及时对局势和危机做出反应。因此，毛泽东称中共中央入驻北平是"进京赶考"[2]，时刻提醒自己要保持忧患意识。中国共产党自成立至带领人民取得新民主主义革命胜利的过程中，无时无刻不在经受着或明或暗的威胁，而领导团队的居安思危正是一次次带领队伍提前规避危险、扭转局势、保存力量的关键。

这些科学预见，为中国共产党提供了行动先导，指引着中国人民看清了前进的方向。作为开创者，毛泽东的很多预先判断，绝不是盲目臆测，更不是偶然巧合，而是基于丰富的阅历、渊博的学识、超凡的洞察力、深入的调查研究、缜密的分析判断等，所做出的科学预判。

---

[1] 中共中央文献研究室：《毛泽东在七大的报告和讲话集》，北京，中央文献出版社，1995年，第200–201页。
[2] 朱洪园、樊江涛：《"进京赶考"由此出发》，载《中国青年报》，2021年2月3日，第3版。

创业启迪

创业者不仅需要具备超强的领导能力、沟通能力、组织能力、合作能力、表达能力等显性能力,更重要的是要具备战略思维,即洞察力、判断力等看不见的能力。战略思维的培养不是一朝一夕的,它需要不断积累在学习和实践中取得的间接或直接经验,在一次又一次解决问题的过程中培养出辩证的思维和心态。结合战略思维的特点和毛泽东的故事,我们不妨从以下"战略思维雷达图"的四个轴标签来培养自己的战略思维,如图2-1所示。

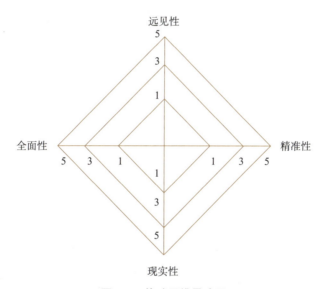

图 2-1　战略思维雷达图

轴标签1：让战略思维远见性更"远"一些。创业者在思考问题时,要能够从未来更长的时间去考虑团队发展,将视野打开。既要能从空间时间延伸上对事物发展的阶段有所认识,又要对事物发展的状态做尽可能的预判。正如毛泽东说过的,我们革命者就是要站得高看得远,"站在井冈山,不仅要看到江西、湖南,还要看到全中国、全世界"①。

---

① 张太原：“如果要看前途,一定要看历史”——兼论“四史”学习与中国共产党人的历史思维和战略思维,载《光明日报》,2021年1月20日,第11版。

轴标签2：让战略思维全面性更"全"一些。 "全"就是指全局性，即看问题要从整体利益出发，把握全局观，跳出个人视角，形成对一件事情或一个团队的整体性见解。如毛泽东在1947年主动率军撤离延安，就是基于当时国内的革命形势做出的大局性决策。因此，在决策时，应着眼全局，而不能死守着某个局部，"收回拳头是为了下一次更有力地出拳"。

轴标签3：让战略思维现实性更"实"一些。 好的决策一定是扎根现实的，只有考虑了事实基础，才不会盲目照抄照搬产生水土不服问题。在这点上，毛主席可谓是卓越典范。他之所以能做出正确判断，就缘于他广泛的调研，深入人民群众，方能走出一条中国特色的社会主义的道路。

轴标签4：让战略思维精准性更"准"一些。 要想对事物做出准确判断，重点是要学会抓主要矛盾。正如毛泽东在《矛盾论》中所讲："在复杂的事物的发展过程中，有许多的矛盾存在，其中必有一种是主要的矛盾……抓住这个主要矛盾，一切问题就迎刃而解了。"[1]创业者也可以在日常学习和生活中培养从复杂事件中抽丝剥茧找到主要矛盾的能力。一旦具备这种能力，在关键时刻甚至是危急时刻，创业者也能下意识做出最切中要害的决策，化解危机。

当然，战略思维这一理论的深度与广度因篇幅原因难以详述。但对创业者来说，战略思维离开了基础理论层面，最后留下的，或许是更高层次的指引，即承担社会责任。中国共产党人之所以能够开创伟业，就是因为他们始终站在为人民谋幸福、为民族谋复兴的高度上思考问题，正是这样对崇高目标的追求，才使得共产党的领导团队在决策过程中始终能站得高看得远。

---

[1] 毛泽东：《毛泽东选集》（第一卷），北京，人民出版社，1991年，第299—340页。

二、领导力：从"小平您好"，看创业者影响力

创业知识小课堂 领导力

领导力是指在管辖的范围内充分地利用人力和客观条件，以最小的成本办成所需的事，提高整个团体的办事效率的能力。领导力与组织发展密不可分。领导力在领导系统中是一个根本性、战略性的范畴，是领导者凭借其个人素质的综合作用，在一定条件下对特定个人或组织所产生的人格凝聚力和感召力，是保持组织成长和可持续发展的重要驱动力。当今时代，领导力已经成为综合领导能力不可缺少的构成因素之一。领导力可以分为以下几种类型。

1. 变革型领导力。变革型领导力具有强适应性、高可塑性、强灵活性等特点，它能够使团队及团队在快速变化、具有高不确定性的经济环境中更高效地生存与发展。

2. 愿景型领导力。理论的重点不在领导者对追随者的关怀与支持，而强调领导者本身如何在了解员工的前提下建立组织共同奋斗的愿景。因此被命名为愿景型领导理论。

3. 交易型领导力。这是一种传统的领导方式，将领导者和下属之间的关系定义为交换关系，基于这种关系，领导者通过明确角色和任务要求，运用奖励绩效、赏识成就等情境奖励手段和对各种差错进行管理的例外管理等方式，来指导或激励下属朝着既定的目标前进。

4. 安全型领导力。这是一种专注于组织内部安全管理的领导风格和实践活动能力。它强调领导者对成员安全、健康和工作环境的重视以及对安全文化的建设和维护。

5. 无形领导力。一般包含共同的驱动目标、个体成员对目标的崇高信仰和感情投入、汇聚集体力量的人力资源、超越个人利益的意愿等方面的含义。

领导力会使人感受到其"人格魅力",这是一个人内在知识和修养的自然流露,是一个人态度、个性、气质、人品、能力、经历等特征的总和。创业者身上的"人格魅力"无疑会使他对整个团队产生影响力。一个优秀的创业者往往具有独特的人格魅力,他的一举一动、一言一行都代表着组织形象,悄无声息地向内向外释放着魅力与领导信号。

中国共产党历代领导者都有独特的人格魅力。其中,邓小平作为中国共产党的奠基人之一,一生为革命奋斗70多年,可谓波澜壮阔,多姿多彩,就连外国人都亲切地称他为"永远打不倒的小个子"[1],新中国成立35周年国庆游行中北京大学学生自发打出"小平您好!"的横幅,足见其威望和影响力。那么,作为青年创业者,我们能从小平同志身上学习到怎样的人格魅力呢?

(一)逆境中出成就,因为"有勇有谋"

在革命战争年代,邓小平同志以不可动摇的坚定信念和钢铁般的意志,不畏艰险,勇挑重担,为中国革命胜利立下了赫赫战功,充分展现了伟大革命家、战略家的雄伟气魄和非凡胆略。解放战争爆发后,国民党军队对解放区发动全面进攻被粉碎,转为向陕北和山东解放区发动重点进攻。党中央和毛泽东同志纵观全局、运筹帷幄,做出了"以主力打到外线,将战争引向国民党统治区"的战略决策。[2]毛泽东给刘伯承、邓小平发出密级极高的电报,表示"现陕北情况甚为困难",希望刘邓大军休整后,下决心不要后方,以半个月行程,直出大别山。邓小平和刘伯承同志感到情况紧急,立即复电:"决心于休整半个月后出动,以适应全局之需""直趋大别山"。[3]刘邓二人深感此次命令之重要,实际上不到10天时间,刘伯承、邓小平同志就率领12万大军出动,兵分三路,蹚着浅至膝盖、深可齐腰的积水泥沼艰苦跋涉,先后突破黄泛区、沙河、汝河、淮河重重阻隔,冲破国民党军队层层包围,千里挺进大别山,并创建了巩固的大别山根据地。

邓小平同志无疑是优秀的军事家,他带出的第二野战军军纪严明,上下一心,而经"刘邓大军挺进大别山"一役立下了赫赫战功。在革命战争时期,主将的模样就是军队的模样;在新时期,创业者的领导是怎样的,那么团队最终呈现出的就是怎样的。创业者在领导创业的过程中,遇到逆境时,能够有勇有谋当机立断做出决策;身处顺

---

[1] 中国青年报官微:邓小平的八张面孔,https://news.cyol.com/situo/2020-08/22/content_18745568.htm,访问日期:2023年11月4日。
[2] 罗平汉:毛泽东的战略决策与领导艺术,载《人民政协报》,2021年5月31日,第11版。
[3] 改变你我命运的那些瞬间 | 千里跃进之挑战不可能,https://politics.gmw.cn/2021-07/06/content_34974564.htm,访问日期:2023年11月5日。

境时，则不骄不躁认真钻研谋求机遇，那么团队的发展态势必然势如破竹。

（二）逆境中开天地，因为"敢为人先"

领导力还体现在与时俱进、开拓创新，敢发前人所未言、敢做前人未做事的创新精神上。邓小平善于从理论与实践的结合上大胆创新，堪称我党历史上改革创新的光辉典范。

粉碎"四人帮"之后，我国各项事业百废待兴，而人们的思想还被"两个凡是"所束缚。邓小平同志明确指出："一个政党，一个国家，一个民族，如果一切从本本出发，思想僵化，那就不能前进。"[①]面对世界的新变化，他进一步指出："世界形势日新月异，特别是现代科技发展很快。现在的一年抵得上过去古老社会几十年、上百年甚至更长的时间。不以新的思想、观点去继承发展马克思主义，就不是真正的马克思主义者。"[②]他大胆创新，走出了一条独特的中国特色社会主义道路。

1978年12月，党的十一届三中全会在北京召开，党的中心工作开始转移到经济建设上来。11月10日的中共中央工作会议开始前，邓小平请国务院政治研究室为他起草一篇在该会议上的讲话稿，中心思想是阐明为什么要把党和国家的工作着重点从"以阶级斗争为纲"转移到社会主义现代化建设上来，并成为该会议讨论的中心议题。中央工作会议的前一段，邓小平没有参加，他于11月5—14日出访泰国、马来西亚、新加坡，当他回国后出席中央工作会议时，与会同志对党和国家的工作着重点转移问题已经统一了认识。这时，邓小平就要求国务院政治研究室重新为他起草讲话稿，他还亲自草拟了讲话提纲，主要是讲打破僵化、解放思想的问题。全篇讲话分为四个部分：一是解放思想是当前的一个重大政治问题；二是民主是解放思想的重要条件；三是处理遗留问题为的是向前看；四是研究新情况，解决新问题。邓小平迅速且科学的决断背后，是敢为人先的创新精神，更是卓越领导力的体现。

在党的十一届三中全会这一历史转折点之后，我国的改革开放正式拉开序幕。邓小平作为我国社会主义改革开放和现代化建设的总设计师，提出和阐明了诸多重要改革思想。他推行家庭联产承包责任制，进而促进生产力大幅提升；全面推动经济体制改革，为生产力的大幅提升注入动力；同时他也坚定指出"市场经济不等于资本主义""计划和市场都是经济手段"等鞭辟入里的改革理念[③]；他全方面推行改革，在文艺领域也鼓励创作者"百花齐放，百家争鸣"。历史已经证明这些改革措施的正确性，

[①] 习近平：在纪念邓小平同志诞辰110周年座谈会上的讲话，载《人民日报》，2014年8月21日，第2版。
[②] 邓小平：《邓小平文选》（第三卷），北京，人民出版社，1993年，第291–292页。
[③] 邓小平：《邓小平文选》（第三卷），北京，人民出版社，1993年，第373页。

也正是得益于这些极富创新色彩的改革举措，我们才见到这样一个高速发展、展现出蓬勃朝气的中国。

邓小平领导的改革开放创造了举世瞩目的"中国速度"，彰显了社会主义制度的显著优势。从改革中，我们看到邓小平革故鼎新、一往无前的勇气，极富创造性的思维以及善于打开新局面的锐气。这些精神品质非常值得青年创业者们学习。

（三）逆境中打不倒，因为"乐观自信"

邓小平总能乐观地相信未来，背后是对待矛盾、对待生活和对待历史的辩证法，即不认为事物和环境会一成不变。不管是年少时在法国勤工俭学的时光，还是日后革命时期，乐观自信都是他坚强领导力的重要组成部分。

张新吾、李立娥在《邓小平的斗争思想：态度·原则·策略》一文中写道[1]：

> 邓小平认为，在强敌和困难面前，除了敢于斗争外，还要树立胜利的信心。1954年，邓小平在党的七届四中全会上指出："我们全党的所有共产党员和所有干部，以百倍的信心和饱满的士气，奔赴前线。这是取得全国胜利的根本原因之一。"1984年，他在会见时任日本首相中曾根康弘时谈道："我一生最痛苦的当然是'文化大革命'的时候……前几年外国朋友问我为什么能度过那个时期，我说没有别的，就是乐观主义。"可以说，正是乐观自信的斗争精神帮助他度过了那段艰难岁月。1986年，他在答美国记者迈克·华莱士问时说道："我们过去干革命，打天下，建立中华人民共和国，就因为有这个信念，有这个理想。"中国革命曾经受了大革命失败，第五次反"围剿"失败的严峻考验，这两次失败使革命力量濒临覆灭的危险，如果没有中国共产党人对革命前途的信心，就不可能战胜困难开创革命斗争的新局面。1988年，为了进一步深化改革，邓小平指出："我们的改革有很大的风险，但很有希望成功。有了这样的信心，才能有恰当的决策。"他告诉人们，在风险、困难面前没有斗争胜利的信心，就不可能做出正确、果断的决策。

20世纪90年代初，当社会主义在世界范围内陷入低潮，有人对社会主义前途缺乏信心，对改革开放产生怀疑时，邓小平满怀信心地指出："我坚信，世界上赞成马克思主义的人会多起来的，因为马克思主义是科学。"[2] 这充分体现了他作为伟大革命

---

[1] 张新吾、李立娥：邓小平的斗争思想：态度·原则·策略，载《邓小平研究》，2022年第1期，第46–56页。
[2] 邓小平：《邓小平文选》（第三卷），北京，人民出版社，1993年，第382页。

家、政治家、军事家具有的乐观、自信的风范和积极、无畏的人格魅力,闪耀出伟人的光辉,也让我们看到了广大人民群众对他的爱戴和拥护。

创 业 启 迪

创业从来就不是一帆风顺的,过程中的困难、坎坷、挑战屡见不鲜。创业重在"创"字,要敢于开拓、敢于突破,要能在逆境中学会破局,有所成就,哪怕有失败也能不骄不馁。这就需要创业者有过人的创业能力、笑对逆境的强大精神力以及独辟蹊径的创新能力。

1. 出众的能力。古往今来,谈及领导者以何服众,无外乎"德""才"二字。一如邓小平,正因为有着卓越的军事才能,所以第二野战军战无不胜,如利刃出鞘;又因为他的博闻强识,改革开放后外交、教育、文艺等文化领域也越发繁盛。创业者创业恰如领军打仗,如果希望自己所带领的团队能令行禁止,高效率履行要求,那么服众就是创业者最先需要完成的工作,也是对创始人的基本要求。

2. 敢于创新的勇气。创业者决策时一定要干脆果断,在各种机遇面前要敢于做第一个吃螃蟹的人,犹豫畏缩往往难以成事。邓小平25岁时只身一人从上海前往广西百色参与革命,领导了百色起义,创建了一支革命军队,足见其强大魄力。在邓小平的很多决策中,无论是创办经济特区,抑或是实行改革开放,或者推行教育改革,这在当时那个时代无疑是惊人之举,很多人都表示担忧,但邓小平却说:"要杀出一条血路!"[1]干事创业者,就是需要这种敢闯敢干、敢为天下先的魄力,才能享受到独属于创新者的行业红利。

3. 乐观自信的好心态。创业过程中的失败与顿挫可谓常事。但面对挫折,有人越挫越勇,有人却一蹶不振,区别就在于是否有好的心理素质和好的心态。创业是一项开拓性的工作,一定是逆境比顺境多、困难比坦途多,创业者必须要经得起风雨、顶得住压力。现在有个词叫"逆商",

---

[1] 郑剑:新的历史条件下马克思主义的新发展——访中共中央文献研究室常务副主任冷溶,载《人民日报》,2002年11月8日,第6版。

即一个人在逆境中的生存能力,逆商越高的人越容易成功。创业者应始终以乐观自信的心态面对坎坷和问题,将困境视为人生中的催化剂,既然不能躲过,就勇敢乐观地面对它、挑战它。正如邓小平所言:"如果天天发愁,日子怎么过啊?"[①]创业者们也应学习这种豁达乐观的心态,在被困难"打倒"时,依然能坚持信念、心怀希望,最终必然见到红日初升、其道大光的创业辉煌。

三、信念凝聚力量:朱德,因为相信,所以看见

> **创业知识小课堂** 理想信念
>
> "革命理想高于天。"理想信念是一个人价值观在奋斗目标上的集中体现。对于大多数人来讲,对一件事或一个人的看法是"因为看见,才去相信";但是对于有着坚定理想信念的人来说,尤其对于开创伟大事业的创业者来说,是"因为相信,所以看见"。
>
> 要进行真正的伟大的"创业",不是因为看见了已有事实,才去相信自己所要开创的事业;而是因为相信真理的存在、相信社会的发展规律、相信自己的团队、相信人民是创造历史的英雄,才去不懈追求,并在不断的拼搏努力中,努力使自己看见未来能够创造的新世界。
>
> 对创业者来说,信念有三大重要功能:创业前的激励与激发、事业造就中的坚定与稳定,以及团队建设中的力量凝聚。党的百年奋斗史中不乏信念坚定的案例,我们党也始终把理想信念教育作为党性教育的首要任务。

"听党话、跟党走"是人民军队的优良传统和信念之基,只有听党指挥,人民军队才能真正为人民造福,为国家奉

让我们从沙盘新视角看:
被陈独秀婉拒的朱德,最终如何入党?
(来源:视频《沙盘上的战争》)

---
① 邓小平:《邓小平文选》(第三卷),北京,人民出版社,1993年,第55页。

献。这一优良传统是从建军之初就一以贯之的,是党和军队每一代领导集体共同维护与传承的。

朱德是中国共产党和人民军队第一代主要领导人之一,也是人民军队的主要缔造者。为什么朱德能成为红军总司令、人民解放军总司令、十大元帅之首？他身上深刻地体现出了创业者的一个重要特质,就是信念的力量——"因为相信,所以看见"。

起事之前,理想是规划与动力,是激励人干事情的动力,激发人想办法的活力。1927年8月1日,决心武装反抗反动统治的周恩来、贺龙、叶挺、朱德、刘伯承等率领部队举行了著名的南昌起义,打响了武装反抗国民党反动派的第一枪。经过4个多小时的激战,军队占领了南昌城。朱德在南昌起义中发挥了关键作用。

由于敌我实力悬殊,在南昌起义中我军很快就陷入了被动挨打的局面,部队被打散,很多人都坚持不住了,各级干部都纷纷离队甚至不辞而别,而朱德在三河坝激战3天后,仍率仅存的800多人顽强抗争。当时队伍中也有人建议:"现在部队不行了,一碰就垮;与其等部队垮了当俘虏,不如现在穿便衣,到上海另外再起炉灶。"① 如果当时朱德脑子一热同意了,中国共产党的革命创业史恐怕要更艰难。

越是危急关头、局势混乱,越需要领袖和英雄。坚定的信念首先激发了朱德内心的力量,从而又借助决断力、领导力和影响力动员了整支部队。朱德咬紧牙关、力排众议,率领部队边阻击边突围,尽全力保住了革命火种。10月,部队到达了天心圩,那时官兵仍然穿着单衣,有的甚至还穿着8月初在南昌起义时的短裤,打着赤脚,连草鞋都没有。这支孤军,一无给养,二无援兵,很多人都在想未来该何去何从,部队面临顷刻瓦解、一哄而散的可能,南昌起义留下的火种,有立即熄灭的可能。就在这关键时刻,朱德站了出来——

在天心圩动员大会上,朱德严肃且坚定地说:"大家知道,大革命是失败了,我们的起义军也失败了。但我们还是要革命的！同志们,要革命的跟我走,不革命的可以回家,不勉强。"② 但是,"大家要把革命的前途看清楚。1927年的中国革命,好比1905年的俄国革命。俄国在革命失败后,是黑暗的,但黑暗是暂时的。到了1917年,革命终于成功了。中国革命现在也失败了,也是黑暗的。但黑暗也是暂时的,中国也会有个'1917年'的。"③ 朱德同志用了一个多小时,向同甘苦共患难的起义弟兄们讲明白了革命的前途和"保存力量、继续革命"的道理。

---

① 少华:邂逅:粟裕与陈毅(之一), http://dangshi.people.com.cn/n/2015/0212/c85037-26555957.html, 访问日期:2023年11月5日。

② 庹平:影响深远的"赣南三整", http://cpc.people.com.cn/n1/2022/0807/c443712-32496272.html, 访问日期:2023年11月5日。

③ 同上。

其实，当时参军的这些人，没有几个人知道什么是俄国革命，但朱德坚定的话语，让大家愿意相信革命并且愿意坚定地跟着他干革命，这就是领导者的力量，这就是信念的感召力。

一个有坚定理想信念的人，他的信心和激情能像火焰一般传播给其他人。理想信念是一种激情，更是一种力量。这种激情一旦在人们当中传播，有共同坚定理想信念的人就组成了一支无坚不摧、无往不胜的具有凝聚力的团队！正是因为"相信"二字，朱德才可以在一片浓雾之中看到前途的光明；正是在朱德同志这800人的"残军"中，走出了陈毅、林彪、粟裕、杨至诚等对党和军队建设做出重大贡献的人物，用保留下来的火种点燃了革命的热潮。

创 业 启 迪

理想信念是中国共产党人的精神支柱和政治灵魂[①]，也是共产党人精神上的"钙"。对于创业者来讲，理想信念也是其奋斗的源泉和动力，理念坚定才能在困难面前不轻易低头。大多数人因为看见而相信，只有少数人因为相信而看见，而这少数人恰是真正的领导者、创业者，因为他们心中更有信念感。那么，这些信念感是如何产生的呢？

1.**理想信念感来自科学的思想**。朱德经历了辛亥革命、护国战争、护法战争，成为滇军名将后，发现这些胜利并没有使中国摆脱黑暗。后来他阅读各类进步书籍，在接触共产主义理论和马列思想后，认定只有共产主义才能救中国，自此对共产主义心生向往。后来朱德远渡重洋去法国，寻找救国之道。可见，正是有了科学的思想，才能坚信自己所选择的事业。

2.**理想信念感来自过硬的本领**。俗话说"没有金刚钻，难揽瓷器活"，创业者不一定是专业上的最强者，但一定要对团队能力有综合的把握。朱德出生于一个佃农家庭，从小成绩优秀，1909年考入云南陆军学堂，并被选送特别班，提前毕业后进入滇军，在辛亥革命、护国战争中屡立战功，31岁就担任了滇军旅长，能力可见一斑。离开滇军后，他赴德国学习了社会学和哲学，又转道苏联学习马列理论和军事，这使他能够将国内军事

---

① 信念坚定对党忠诚实事求是担当作为 努力成为可堪大用能担重任的栋梁之才，载《人民日报》，2021年9月2日。

实践与西方现代军事理论完美结合、进化。正是因为有过硬的本领，朱德才有勇气和能力选别人没有走过的路。

3. 理想信念感来自于明确现状和坚定意志。朱德的意志力来源于对革命前途的信心、对革命团队的信任以及对革命事业的坚定。理想信念之源不可依托激情，要有扎实的本事，而理想信念之坚不赖于个人能力，而在于对事业的认识和认同。创业者有能力是基础，有理想信念才是难得。

四、用同理心铸造人民性：小岗村改革的勇气之源

> **创业知识小课堂** 同理心
>
> "同理心"，又称换位思考、共情，具体来说指的是站在对方立场设身处地思考的一种方式。与之相辅相成的是"现实感"，这是指实际生活的经验和对客观存在事物所具有的细节的熟悉。
>
> 在创业的过程中，尤其是在同合作伙伴或者顾客打交道的过程中，拥有同理心尤为重要。在尊重现实细节的基础上，设身处地在现有场景中为对方着想，这是创业者必备的一种态度与能力。
>
> 通俗来讲，实事求是代表了对实情的把握和探索可行方案的行动趋势，而设身处地为对方着想表现的是态度和情感层面的认同。

改革开放的人潮最先在农村兴起，中国共产党在领导新民主主义革命时期做出的伟大成就也是从"农村包围城市"开展的。据考证，"大包干"这一生产组织形式的改革最早在四川和安徽的农村都有萌芽，但是最令我们熟知的还是安徽凤阳小岗村的"十八个红手印"带来的生产组织形式变革。

1978年改革开放前夕，安徽省遭遇了百年难遇的特大旱灾。那时的凤阳县小岗村，是出了名的"三靠村"——吃粮靠返销，生产靠贷款，生活靠救济，已然是"泥巴房，泥巴床，泥巴锅里没有粮"，人民群众的生存条件十分艰苦。1978年冬的一个

夜晚，安徽省凤阳县小岗村的 18 户村民凑在一起，讨论小岗村的前途，并形成了统一的意见：搞分田到户的"大包干"，每户户主都在写下的契约上签了字盖了章，并承诺如果这条路能让大家活下去，每户保证完成每年的上交公粮任务，不再向国家伸手要钱要粮。如果"大包干"不成，全村人也要将带头的 18 户村民的孩子养到 18 岁——他们已经做好了最坏的打算。[①]

这一"瞒上不瞒下"的大变革，其起因就在于小岗村生产队队长和副队长的"同理心"。凤阳花鼓全国闻名，但是全村父老乡亲都要靠唱花鼓戏去乞讨谋生，队长严俊昌和副队长严宏昌眼里看不下去，心里过意不去。基层工作中，他们对人民群众的同理心是发自肺腑的，应当是基层干部能够亲身体会到的。因此他们"敢闯、敢试、敢为人先"，先是尝试"包产到组"，但仍然无法调动大家的生产积极性。出于对农民设身处地地思考，二人最终下定决心，带头"大包干"，冲破藩篱。

纸里包不住火，这一自发的变革最终在全国掀起一场关于"大包干"性质和可行性问题的大讨论。1977 年，时任中共安徽省委第一书记万里初到安徽，就深切感受到了百姓疾苦、生活艰难的压力。听闻"大包干"的事迹，万里多次深入基层听取老百姓的意见；在逐渐了解"大包干"的成效后，他顶着舆论和政治上的压力支持省农委、凤阳县，用实际成果展开论战，坚持只要能真正对百姓有益，那就是对集体和国家有益，"批准你们干三五年"，干出了成效，就不愁百姓没粮草，不愁没人给带头的撑腰——事实上这一解放思想、解放劳动力的试点工程确实获得了成功——小岗村 1979 年当年粮食总产量 66 吨，相当于 1966—1970 年 5 年总和！

之后"大包干"的模式上报到了中央，引起了中央领导干部的关注和讨论，邓小平也听到了不同的声音。经过深思熟虑，小平同志用"解放思想"高度评价了小岗村敢为人先的实践。在那样一个特殊的时期，如何走出"两个凡是"的禁锢，实现思想解放，是影响大批老中青三代党员干部至关重要的问题。在几年时间的论战当中，党员群众都逐渐认识到"大包干"符合改革开放的大方针，符合人民群众的根本利益，有利于极大地提升人民生活水平。

不管是基层的干部，还是以万里为代表的省市县领导和以邓小平、陈云为代表的中央领导集体，在如何对待"大包干"的问题上都秉持对党员群众的同理心。他们立足实际发现了问题，倾听人民声音意识到了问题的严重性及现有解决措施的意义，同时用同理心真切感受到了人民群众对于农业改革的殷切希望，以及各级领导干部对解放思想的渴求，最终促成了"大包干"成为全国推进的"家庭联产承包责任制"。

[①] 田先进：小岗村 18 户村民："大包干"带头人，载《共产党员》，2021 年第 1 期，第 114 页。

创业启迪

党的宗旨是"全心全意为人民服务",这也就决定了一名真正的党员要能站在服务对象的立场角度来思考、来感受,才能有内心认同的"人民性"。万里等看得到、想得到人民的感受,才有了切实为人民的行动和举措,同理心就在这里发挥很重要的作用,直接影响了一个组织的决策和人民的福祉。有了同理心才能更好地理解他人,也更容易获得团队内部、外部和服务对象的信任,拉近人与人之间的关系。一个人的同理心是需要培养的,而创业者更加需要拥有同理心、培养同理心,那么有哪些方法可以帮助我们培养自己的同理心呢?

1. **认识自我**。创业者在关注用户的感受之前,应该看清自己的内心,学会倾听自己内心的感受。如果创业者连自己的感受都没有办法很好地理解,又怎么能去体会别人的感受呢?所以对于那些自我认知相对而言比较困难的伙伴,应当先学会正面地看待自己的内心。只有先认识自己,了解自己,才能更加深刻地体会别人的感受。

2. **学会倾听**。在充分地了解认识了自己以后,创业就要把目光聚焦到他人身上,包括对团队、对用户。学会倾听是非常重要的一点。万里同志多次深入基层用心倾听老百姓的意见,进而换位思考,肯定了老百姓的做法。所以在他人向自己倾诉的时候,要学会认真、耐心地倾听,这样才会让他人感觉到自己说的话是在被认真地接收着,从而产生信任感。

3. **产生共鸣**。在倾听他人声音后,创业者又该怎么做呢?这时就是换位思考的最后实践了。万里在倾听过百姓的心声和感受到"大包干"的实效后,表示支持,遇到压力还能继续坚持,出于自己"为人民服务"的坚定内心,不断向上争取支持,最后取得高层的认同,将想法落到了实处。这启发创业者绝不能敷衍了事,随意应对,要学会从内心和对方的情感引起共鸣,体会他人的内心感受,产生共鸣后要形成下一步的行动,这就会让创业团队和用户形成良好的互动、获得对方的支持。

创业者要想真正实现用户的价值,就一定要了解用户、学会站在用户的角度来看问题,要学会设身处地,将心比心。

五、"长征精神",永远的创业精神

> **创业知识小课堂** 创业精神
>
> 创业精神是指在创业者的主观世界中,那些具有开创性的思想、观念、个性、意志、作风和品质等。激情、积极性、适应性、领导力和雄心壮志是创业精神的五大要素。创业精神具有高度的综合性、三维整体性、超越历史的先进性、鲜明的时代特征这些基本特征。
>
> 创业者需要强大的精神动力,并且能形成上下一心的团队精神文化,精神引导所能够提供的凝聚力与行动力远高于物质激励,如果创业团队上下都对其创业精神有所认可,那么整个团队的效率与成就必然会事半功倍。

100多年来,中国共产党在长期奋斗中构建起了中国共产党人的精神谱系,包括井冈山精神、苏区精神、长征精神、遵义会议精神、延安精神、抗战精神、红岩精神、西柏坡精神、抗美援朝精神、"两弹一星"精神、改革开放精神、特区精神、抗洪精神、抗震救灾精神、脱贫攻坚精神、抗疫精神等伟大精神。这些精神时刻激励着一代代共产党人矢志不渝地奋斗,也为后世的创业者提供了宝贵的精神财富。这些精神的背后不仅是无数优良品质,更是无数共产党人的实干与行动。这些行动让理论精神落到了实处,充满了能量,以致跨越百年,为如今的创业者做出指引。

长征"是人类战争史上的一次伟大奇迹"。长征途中,红军进行了600余次战役战斗,跨越近百条江河,攀越40余座高山险峰,行程约二万五千里,平均每行进1公里,就有3名到4名战士壮烈牺牲。①

让我们从沙盘视角看:
长征中最惨痛一次战役减员超50%,如何发生
(来源:视频《沙盘上的战争》)

一个年轻的政党带领一支年轻的军队,在缺衣少粮、缺枪少弹、缺钱少药的情况下,到底是靠什么完成了这样的创业壮举?答案不仅体现在伟大的领导团队身上,也体现在每一位英勇的红军战士身上。

---

① 中央党史和文献研究院:《中国共产党简史》,北京,人民出版社、中共党史出版社,2021年,第63—64页。

在翻越大雪山的途中，有同志因穿着单薄被冻死，指挥员让把军需处长叫来，想问问他为什么不给这个被冻死的同志发棉衣，而队伍里的同志告诉他，被冻死的就是军需处长。一个管棉衣的同志宁愿自己冻死，也要保证其他人的温暖……

部队进入草地后，由于环境、气候非常恶劣，行军十分艰难。而更要命的是缺衣少食，不少同志因此长眠在草地上。眼看掉队、牺牲的同志越来越多，朱德命人将自己的坐骑杀了，分给通信班、警卫班的同志做口粮，还向身边的同志发起了"尝百草"的倡议，号召大家在茫茫草地上，冒着中毒危险，尽可能多地寻找出一些无毒、可以食用的野菜、野草，渡过饥饿的难关。

在爬雪山、过草地的过程中，红军战士身体消耗已到了极限。一路上一直都有同志牺牲，但队伍却永远在前进，哪怕同志越来越少，哪怕环境恶劣难以忍受。站在后来者的角度思考，为何红军能够创造出这一奇迹性的长征，答案指向长征精神。在饥饿、受伤、中弹、寒冷、沼泽，甚至是死亡的种种困难折磨下，红军战士绝不低头，绝不屈服，因为他们始终坚持一个信念：坚持到底，革命终究会胜利。当胜利会师的时候，中国共产党所领导的这些红军战士，不仅谱写了长征这样举世罕见的伟大史诗，更是铸就了无与伦比的精神丰碑。

让我们从沙盘视角看：红军三大主力如何艰辛会师，打开新局面

（来源：视频《沙盘上的战争》）

伟大长征精神，就是把全国人民和中华民族的根本利益看得高于一切，坚定革命理想信念，坚信正义事业必然胜利的精神；为了救国救民，不怕任何艰难险阻，不惜付出一切牺牲的精神；坚持独立自主、实事求是，一切从实际出发的精神；就是顾全大局、严守纪律、紧密团结的精神；紧紧依靠人民群众，同人民群众生死相依、患难与共、艰苦奋斗的精神。习近平总书记指出："不论我们的事业发展到哪一步，不论我们取得了多大成就，我们都要大力弘扬伟大长征精神，在新的长征路上继续奋勇前进。"① 创业路何尝不是长征路，困难与挫折如同雪山草地般难行，但有了长征精神的指引，无数革命前辈跨过去了，如今的创业者又怎能轻言放弃。

当一个创业团队，无论是核心成员还是普通成员，每个人心中都燃烧着必胜的火焰时，那么他们必然会胜利。毛泽东有诗云："五岭逶迤腾细浪，乌蒙磅礴走泥丸"，生动地体现了长征路上红军藐视一切困难、乐于吃苦的精神。每当夜晚来临，到达宿营地后，红军战士们总要点起篝火，驱赶行军的疲劳和寒冷。有的唱歌，有的讲故事，有的吟诵自己编的顺口溜和诗歌，好像忘记了疲劳和饥寒。簇簇篝火，映红夜空，映

---

① 习近平：在纪念红军长征胜利80周年大会上的讲话，载《人民日报》，2016年10月22日，第2版。

红战士兴奋的脸庞。阵阵歌声，流淌着战斗的音符，冲破长夜，汇成一曲曲雄壮的大合唱。真正的英雄、真正的创业者就是这样，即使在艰苦的环境中，依然能够笑看风云、保持乐观无畏，笑着走出一条光辉大道。

创业启迪

作为创业者要学习和发扬革命精神。不论是始终"坚持党的绝对领导"的井冈山精神，或是"开天辟地，敢为人先"的红船精神，或是上文详述的长征精神，都能够为创业者形成自己的创业精神提供借鉴。

长征精神，是中国共产党人和人民军队革命风范的生动反映，是中华民族自强不息的民族品格的集中展示，是以爱国主义为核心的民族精神的最高体现。长征精神为中国革命不断从胜利走向胜利提供了强大精神动力。继承和发扬长征精神，对于建设中国特色社会主义，实现中华民族伟大复兴的强国梦，具有重大意义。长征精神蕴含着深邃的科学内涵，大学生创新创业精神正是长征精神的一种时代体现。

1. **学习长征精神，激励我们要坚定理想信念**。在长征中，英勇的红军战士怀揣着无比坚定的理想信念，紧紧围绕在中国共产党周围，听党指挥、艰苦作战，克服一个又一个困难，创造一个又一个奇迹，谱写了可歌可泣的历史赞歌。面对当前如火如荼的创业实践，我们青年人同样不能瞻前顾后，畏惧困难，缺乏勇气和胆识，没有远大理想和抱负，更不能逃避选择艰辛的创业探索。

2. **学习长征精神，激励我们要不畏艰苦**。在长征中，红军面对数倍于己的国民党军的围追堵截，虽然取得了最终胜利，但也付出了巨大牺牲。"长征前红军三十万人，到陕北剩下二万五千人。"[①] 今天，我们的创业虽不需要做出如此惨烈的牺牲，但同样需要付出非一般的艰辛和汗水，同样需要吃苦耐劳、迎难而上、克服困难的勇气和魄力。

---

① 姜廷玉：解读长征（16）：红军长征最后保留下多少兵力？，https://wcm1.cnr.cn/pub/en_US/js2014/ycdj/20160902/t20160902_523106511.html，访问日期：2023 年 11 月 5 日。

3. **学习长征精神，激励我们要团结一致**。在两万五千里长征途中，团结成为最刻骨铭心的记忆。在异常艰难条件下，红军克服重重困难并最终取得胜利，除了红军始终保持大无畏的革命英雄气概和艰苦奋斗精神之外，还与红军顾全大局、团结友爱的精神密切相关。创业同样需要团队成员相互协助，相互配合，共同进步。

第二节 创业团队的组建

学习目标

1. 了解党的领导人如何协作配合；了解党的组织建设经验。
2. 了解创业团队"5P"基本要素。
3. 学习组建初创团队的基本方法；学会科学地识别、挑选合作伙伴；将自己锻炼成可值得依靠的人。

六、你需要这样的最佳拍档："刘邓大军"

创业知识小课堂 创业团队

在成就大事业的过程中，创业者需要一支团结协作的创业团队，心往一处想，劲往一处使，朝着共同的目标不断前进。

创业团队的合伙人之间，不是上下级的关系，不存在直接命令关系，需要在行为上形成彼此影响的交互作用、在心理上意识到彼此相互归属的感受和工作精神。创业合伙人更需要互相信任、换位思考、齐心协力，各自发挥好在团队中的作用。历史上刘伯承和邓小平就组成了优秀的创业团队，带领部队取得了一个又一个胜利。

刘伯承和邓小平是党史上优秀的"黄金组合"之一。刘、邓二人的配合有多好？刘伯承和邓小平不间断地并肩指挥部队长达 13 年，这在人民解放军军政主官合作历史上是少见的。

邓小平讲过，他跟刘伯承生活在一起、工作在一起、感情非常融洽。邓小平曾在法国和苏联留学，他渊博的知识和理论，都应用在了战争当中。而刘伯承，也曾经在苏联军校进修，他的军事作战经验和理论，在八路军的作战序列当中名列前茅，就连国民党的很多高官，都被他卓越的能力所深深折服。

刘伯承和邓小平先是共同抗日，抗战结束后又在解放战争中一起打败国民党，他们密切配合。邓小平自己也讲："在我们两人心里，也觉得彼此难以分开。同伯承一起共事，一起打仗，我的心情是非常愉快的。伯承善于与同志团结共事的高尚风格，在今天仍是我们领导干部的表率。"[1] 刘伯承有善待部下的名声，邓小平则对部下要求严格。刘邓之间合作互补，密不可分，作战协调。

（一）团结信任，密不可分

刘伯承和邓小平共事始于 1938 年 1 月，那时，邓小平任一二九师政治委员，刘伯承任一二九师师长，他们两人在工作中密切配合。"我们偶然也有争论，但从来没有哪个固执己见，哪个意见比较对，就一致地去做。"[2] 作为军事主官，刘伯承的军事经验、军事理论、军事造诣和指挥艺术，在解放军将帅中屈指可数，甚至连国民党军高级将领也为之折服。所以，刘伯承在重大军事决策形成、实施过程中的主导作用是客观存在的，也符合当时的军政工作分工实际。作为政治主官，邓小平和刘伯承一起，制定了一系列重大军事决策，提出了许多至关重要的意见，并身体力行付诸实施。

刘邓大军能够战无不胜的重要原因之一，就在于二人所带领的部队非常团结、坚如磐石。抗战结束后不久，国共内战爆发，刘伯承和邓小平奉命率领军队进入大别山。一位跟随刘邓大军的老同志曾这样说，即使是在大别山因为斗争的需要而分成两个指挥所，部队接到的战略战术指示，仍然是出自一个刘邓司令部，历史既然以自己的行程形成了这种情况，我们也就难以把刘邓的指挥艺术和作战谋略完全分割开来了。

刘伯承和邓小平的合作是思想与意志一致的合作，是真诚的合作。在一二九师工作过的同志都知道，只要邓小平表过态的事情，你去问刘伯承，刘伯承一定说："按

---

[1] 傅高义：《邓小平时代》，北京，生活·读书·新知三联书店，2012 年，第 48 页。
[2] 邓小平：《邓小平文选》（第一卷），北京，人民出版社，1994 年，第 30 页。

邓政委讲的办。"同样，凡是刘伯承说过的话，再去请示邓小平，邓小平也必定说："照刘师长讲的办。"①刘伯承和邓小平共同发起陇海战役，指挥晋冀鲁豫野战军向国民党发起攻击，歼灭国民党军一万六千余人，有效打击了国民党军的南线作战计划，减轻了中原军区部队的负担并配合了华东地区部队的作战。在陇海战役取得巨大胜利后，刘邓二人又针对国民党的行动立即召开作战会议，对作战形势进行了细致的分析。邓小平在会上提出了两个方案，邓小平说："我的意见是以第二方案为好。"刘伯承说："我完全同意你的意见。"②

刘邓是军事指挥上的并肩者、换肩者和分担者，他们一起创造了内线作战"七战七捷"的赫赫战绩，指挥定陶战役、巨金鱼战役等多个战役的经验均得到了中央军委和毛泽东的重视与肯定，一次次粉碎了国民党军的计划。

（二）军政兼施，共谋攻心

《孙子兵法》云："不战而屈人之兵，善之善者也。"刘伯承、邓小平十分重视以军政兼施两手，通过攻心为上，达到不战而屈人之兵的目的，二人最经典的案例，便是著名的"高树勋运动"。高树勋原是冯玉祥西北军的一名高级将领，后被蒋介石改编。抗日战争爆发后，他率所部积极参加抗战，对共产党领导的八路军表示赞佩，同时他对蒋介石在国民党军队内部重嫡系、轻杂牌、排斥异己，尤其是对蒋阴谋部署、挑起内战，表示不满和反感。针对高树勋的情况，刘邓迅速做出积极的反应。刘伯承亲自给高树勋写信，欢迎他派人和我党联系，并希望他不断进步，为革命、为人民做出贡献。邓小平指示中共地下党员王定南："为了打退蒋介石进攻，使其在政治上陷入孤立，必须在国民党军队中开辟新的战线，首先要争取受蒋排挤、歧视的非嫡系部队，争取一切可能争取的国民党将领，站到和平、民主的旗帜下面来。"并让他转告高树勋，希望两方不断联系。同时，邓小平和刘伯承一致决定，一方面致电中共中央，请中央电令新四军军长陈毅派人将高树勋夫人从徐州接出，以解除高树勋的后顾之忧；另一方面派李达作为两人的代表前去与高树勋面谈。③最终经过二人的不断努力，高树勋率领一万多部将宣布起义！

---

① 缅怀开国元帅刘伯承："刘邓大军"名扬天下　千里跃进大别山，http://dangshi.people.com.cn/n/2015/1203/c85037-27886109.html，访问日期：2023年11月5日。
② 邓榕：第56章全面内战的爆发（2），http://cpc.people.com.cn/n1/2016/0115/c69113-28057795.html，访问日期：2023年11月5日。
③ 中共中央文献研究室：《邓小平传：1904—1974》，北京，中央文献出版社，2014年，第596页。

邓小平回忆："平汉战役应该说主要是政治仗打得好，争取了高树勋起义。如果硬斗硬，我们会伤亡很大。"[①]中共中央和毛泽东高度赞赏刘邓的这一创举，特意发出通知号召在全国范围内普遍开展"高树勋运动"。[②]纵观世界战争历史，这样的案例是非常罕见的，刘邓大军一手抓军事，一手抓政治，做到了两手都要抓，两手都要硬，为解放战争的胜利做出了巨大贡献。

不仅刘邓之间高度信任，他们与部下之间也同样互相信任，他们的团结从未中断。二人一起主持召开各项会议，研究部署练兵工作、指导训练。

创 业 启 迪

创业伙伴需要一起战斗，一起经历一个又一个战役。因此，创业者不仅要关注项目的进展，更要用功在团队关系的培养上面。须知强大的团队凝聚力，本身就是战斗力。互补的创业搭档之间往往拥有不同的性格底色，正因为两人的差异，才让双方冷静清醒地看到对方的优点和缺点，刘邓之间的配合正给我们很好的示范。在一个人头脑发热时，另一个人能保持足够的清醒；当遇到一个人不擅长的问题时，另一个人可能恰恰可以轻而易举地解决。同样，我们在组建创业团队时，也要选好自己的搭档。

1. **要有一致的理想和信念**。道不同不相为谋。创业是很艰辛的事情，最开始的合伙团队一定要有非常坚定、一致的目标和信念，如同刘邓二人，他们都是坚定的马克思主义者，都是对革命有坚定信念的人，都是有一致目标的人，这些因素让他们走到了一起。

2. **保证内部互补**。团队成员之间要有明确的分工、充分的权限和相应的利益，因此在组建团队时要选择同自己在性格、能力等方面互补的搭档。

---

① 邓小平：《邓小平文选》（第三卷），北京，人民出版社，1994年，第337页。
② 韩晓梅：瓦解敌军的"高树勋运动"，载《解放军报》，2023年1月29日，第8版。

3. **保持内部平衡**。团队内部要善于倾听，求同存异，维系内部平衡，这就需要创业搭档有着共同的目标和前进的方向，在合作中相互理解和包容。

七、组建优秀团队不止"5P"要素

> **创业知识小课堂** 创业团队的构成
>
> 对于组建一个优秀的创业团队，我们常常用"5P"理论来分析。
>
> "5P"理论，指团队构建时，要关注"目标（Purpose）、计划（Plan）、人（People）、定位（Place）、权责（Power）"这五个要素。
>
> 具体来讲就是一个优秀的创业团队往往具有明确的目标、有效的计划、匹配的人、准确的定位和清晰的权责。
>
> 中国共产党在发展过程中不仅很好地诠释了5P要素，而且表现出远远超越5P要素外更多的优秀团队所具备的特质。

团队目标表明了团队存在的理由，能够为团队运行过程中的决策提供参照物，同时能成为判断团队进步的可行标准，而且为团队成员提供一个合作和共担责任的焦点，在党的发展历程中，一次又一次的实例，为创业团队指引了方向。

中国共产党从一开始就没有局限于小目标，而是立志于改造中国、扭转民族命运；为中国人民谋幸福，为中华民族谋复兴的大目标。在不同历史时期，无论取得多少个重大胜利，广大共产党人仍能坚守初心，继续根据人民意愿和事业发展需要提出富有感召力的奋斗目标。

对于一份初创事业来说，制订一套完善的计划尤为重要。发展计划要远远高于一般人员招募、产品设计、上下级关系确定等事项。发展计划明确的事业能够经受组织混乱和创业者无能等困难所带来的考验，而再完善的控制系统和组织结构也无法弥补计划上的缺陷。

共产党人区分了未来的"大愿景"和阶段性的"小目标",提出了"反帝反封建"的革命纲领,最终开辟了"农村包围城市,武装夺取政权"的革命道路。经过28年的艰苦奋斗,带领人民在1949年建立了中华人民共和国,后来又以一个个具体的"五年计划"指引着前进的方向。

人是最重要的资产,也是一个组织可持续发展最核心的生产力。人是组成团队最核心的力量,如果没有了人,团队也就不复存在。在一个创业团队中,需要有人提出想法,有人制订计划,有人负责实施和协调。

一人虽去,万人继起。从1921年到1949年,在中国共产党这28年的革命历程里,有名可查的为我党事业献出生命的党员同志就有370多万名。在中国近现代史上,各种主义、信仰都一度大行其道,但只有中国共产党带领人民赢得了最后的胜利。这是因为在各种信仰理念的碰撞中,无数共产党人始终坚持"勇往直前以赴之,断头流血以从之,殚精竭虑以成之"。时至今日,在习近平总书记的带领下,广大党员信守"我将无我,不负人民"的承诺。信仰不只是文字和声音,不只是少数人思想中的空中楼阁,而是一个个具体鲜活的目标,宏大而接地气,使中国老百姓离美好的生活越来越近。从58人到如今的9800多万人,从上海望志路106号、嘉兴南湖的红船到如今的巍巍巨舰,从毛主席带领人民打江山到如今的习近平同志带领人民走向社会主义现代化,变的,是党带领人民取得的一个个成就;不变的,是共产党人为人民服务的初心。与时俱进,自我革命,对广大党员的制度管理是这支创业团队基业长青的重要秘诀。

团队在整个项目中处于什么位置?谁来选择并决定团队的成员?成员在团队中扮演什么样的角色?概括起来,这里所说的定位主要是团队定位和个人定位,这些都是在创业团队组建时所要考虑的问题。

授权的目的是让被授权者拥有足够的职权能顺利地完成所托付的任务,授权首先要考虑应实现的目标,然后决定为实现这一目标下属需要有多大的处理问题的权限。只有目标明确的授权,才能使下属明确自己所承担的责任,盲目授权必然带来混乱。

授权他人,就要做到大胆放手,用人不疑。毛泽东授权部下,知人善任。在战争年代,毛泽东发给前方将领的电报和指示,许多都写有"请酌办""望见复""望机断行之""请按实情决定"。淮海战役时,毛泽东曾电示总前委:"情况紧急时机,一切由刘邓临机处置,不要请示。"①他相信和依靠指战员的思想觉悟与创造能力,充分发

---

① 十、向毛泽东学知人善任,http://dangshi.people.com.cn/n/2013/1203/c85037-23732694-2.html,访问日期:2023年11月5日。

挥他们的聪明才智，一定能够取得最终的胜利。善于授权、敢于放权、勇于分权，这是毛泽东的用人秘籍。事实证明，他是成功的，真正避免了唐代陈子昂提出的"用人四忌"，即好贤而不能任，能任而不能信，能信而不能终，能终而不能赏，虽有贤人，终不可用矣。①

创业启迪

"5P"理论最早是由密歇根大学的杰罗姆·麦卡锡教授提出的，其理论的文化土壤是西方。与西方文化不同，中国团队除了目标、计划、权责等概念外，更注重思想、精神、情感上的统一。因此中国共产党的团队组建过程远超于这"5P"要素，从思想、精神、能力、任务落实、情感等多个层面体现出了中国优秀团队应该具备的特质。

1. **有共同的思维方式**。很多时候，团队的组建只重视目标的统一，但是各自思维方式的天然差异，往往被忽略。党的创始团队不但每个人的目标相同，而且思想准则也相同，那就是统一的马克思主义理论。创业团队要实现这一点很不容易，因为前提是要有一套较为成熟且为大家所接受的思想方法论。有志于建立数十年或百年企业的创业者，要注重建立自己的思想方法论，也可以适当引进一些方法论。实践证明，马克思主义、毛泽东思想等，都可以应用到创新创业实践中去。

2. **有通才、有专才**。团队成员之间能力要互补，从创业"三人组"毛泽东、周恩来、朱德三人来看，他们性格不同，各有所长：毛泽东博学多才，通晓古今，对理论和实践都有全面的认识，负责对党的路线方针的制定；周恩来承担大量组织协调工作，能力高超，使党的事业臻于完善；朱德擅长军事指挥，具有坚决斗争精神，革命必胜的信念，"度量大如海，意志坚如钢"。创业团队正需要这样的组合，领导者是通才，方方面面都需要懂一些，而且能将各个领域的人才凝聚在一起工作；分管各项工作的成员则需要有某方面专才，可以在技术或核心业务等领域独当一面。

---

① 陈文峰：向毛泽东学知人善任，载《解放军报》，2015年9月16日，第6版。

3. 有感情、有默契。 湘江战役中，在红军突破敌军最后一道封锁线的危急时刻，负责指挥部队抢渡的周恩来，也一直坚守在东岸渡口等待毛泽东渡江。周恩来是上级领导，但对毛泽东没有丝毫怠慢，这源于两人间的信任和感情。毛泽东和周恩来是相处近 50 年的老战友，他们彼此信任、长期合作、互相支持、互相关心的革命情谊，更是有口皆碑。成员彼此之间的感情也是凝聚力的重要来源。感情有一种神奇的力量，它能激发大家团结一致直面失败，它所孵化出的力量能鼓舞士气。很多时候，面临未知的选择，创业团队无法清晰判断方向，曾经的感情基础，将为团队团结一心、避免分散提供强大的向心力。

八、南飞的雁群，总要有一个领头雁

> **创业知识小课堂** 创业核心成员
>
> 核心成员是在组织发展中承担具有战略意义的重要工作的角色，是组织核心竞争优势的基础。核心成员一般具有较高的知识或技能，对组织的发展至关重要。
>
> 核心成员往往具有组织方向独特的视野和认知，是能为组织提供核心动力、带领团队不断提高竞争力的关键人物，也是能力挽狂澜、扭转局势的关键人物。

一支团队有没有核心成员，往往决定后续创业发展的成败得失。初创之时的中国共产党，也曾经面临这样的问题。由于没有形成坚强的领导核心，党的事业一度遭受挫折，甚至面临失败的危险。

创业团队的核心人物，决定创业团队的竞争力。百年大党的关键领袖，决定千年伟业的成败得失。一代伟人毛泽东，便是在风雨飘摇时期将人民军队团结在一起的凝聚之力，是在数个危急关头和存亡之际引领革命队伍与人民军队的关键人物，更是带领人民不断奋进、最终取得胜利的伟大领袖。

长征初期，由于毛泽东处于"靠边站"的状态，中央红军受到王明"左"倾教条主义错误所控制，第五次反"围剿"失败和湘江战役结束后，中央红军由长征出发时的8.6万人锐减至3万人。一时间，广大红军指战员中弥漫着一种失败的情绪，士气极为低落，他们对博古、李德的错误指挥"明显地滋长了怀疑不满和积极要求改变领导者的情绪""湘江战役，达到了顶点"。①

与此同时，作为党中央主要领导的周恩来、王稼祥、张闻天等，在红军长征后军事上不断失利的教训中，对毛泽东的领导和军事指挥才能有了进一步的认识，纷纷站到了毛泽东这一边。周恩来到苏区后，从革命斗争的实践中认识到了毛泽东的主张和战略战术原则的正确性，开始对李德、博古执行的"左"倾军事路线提出怀疑和批评，并在行动上进行抵制，转而肯定毛泽东。在周恩来、王稼祥、张闻天、朱德等人的支持下，1934年12月12日，毛泽东应邀参加了中革军委在湖南通道召开的一次紧急会议。1935年1月，在中共党史上被誉为"挽救了党、挽救了红军、挽救了中国革命"的遵义会议顺利召开。②会上，周恩来全力推举由毛泽东领导红军今后的行动，得到与会大多数人的支持。

毛泽东也没有辜负中共中央的信任，最终领导人民军队取得了抗日战争、解放战争的一个又一个胜利。毛泽东在遵义会议后，指挥带领红军跳出国民党军队的层层包围圈，爬雪山、过草地，最终保存了人民军队的有生力量，再次建立革命根据地，使得人民革命再次焕发生机；毛泽东在长征路上提出多个正确战略构想，也促成了日后抗日民族统一战线的形成，奠定了抗日战争和解放战争胜利的基础。

核心领导是创业的主心骨。对此，邓小平同志这样说道："任何一个领导集体都要有一个核心，没有核心的领导是靠不住的。第一代领导集体的核心是毛主席……第二代实际上我是核心。因为有这个核心，即使发生了两个领导人的变动，都没有影响我们党的领导，党的领导始终是稳定的。进入第三代的领导集体也必须有一个核心，这一点所有在座的同志都要以高度的自觉性来理解和处理。"③

---

① 张良、田胜平：真正懂得独立自主是从遵义会议开始的，网址：http://dangshi.people.com.cn/n1/2016/0613/c85037-28429081.html，访问日期：2023年11月5日。
②《中共中央关于党的百年奋斗重大成就和历史经验的决议》，载《人民日报》，2021年11月17日，第1版。
③ 邓小平：《邓小平文选》（第三卷），北京，人民出版社，1994年，第310页。

创 业 启 迪

毛泽东成为领导核心，让长征早期的人民军队绝处逢生。创业团队中的领导核心亦是如此，一个创业团队有了核心领导，就有了主心骨，团队也就有了力量。他曾说，领导的责任，归结起来，主要是出主意、用干部两件事。这就寓意了领导人在团队中的位置——核心，而领导人的品质也会直接影响整个团队。一个好的领导核心会带领团队做出正确的决策，克服各种困难。

任何一个创业团队，不管联合创始人或初创团队有多少人，都必须选取一个具有过人勇气和广阔视野的团队核心，为整个团队定目标，指方向。创业团队的民主是要和效率、结果相统一的。不能单纯为了民主而民主，放弃了效率和结果。创业者往往要打破常规，则需要另辟蹊径的思考者提供方案。这样的人就是团队的核心灵魂人物。如果一个创业团队缺乏有领导力的领导人，那么整个团队就会杂乱无序，后果也将令人难以想象。千军易得一将难求。列宁曾指出："造就一批有经验、有极高威望的党的领袖是一件长期的艰难的事情。但是做不到这一点，无产阶级专政、无产阶级的'意志统一'就只能是一句空话。"①

初创团队最忌讳的就是分股分权，人人都有决策权，遇到关键决策时没有核心人物拍板，这样的团队很容易错过发展机会，也很难发展起来。只有及时根据外部形势和内部目标愿景，确定出团队的核心成员，团队才会在核心人物带领下有方向可走，有力量可使。

---

① 《列宁专题文集·论无产阶级政党》，北京，人民出版社，2009年，第344页。

第三节 创业组织的管理

学习目标

1. 了解中国共产党的组织管理方法、组织建设历程与管理思想。
2. 了解民主集中的决策方法;学习组织内部的激励方式。
3. 学习运营管理的基本方法;学会用批评与自我批评提高组织战斗力。

九、如何集思广益又科学决策

> **创业知识小课堂** 决策
>
> "决策"一词由"决"和"策"两方面组成。确定干还是不干,叫"决";明确用什么方法和工具干,叫"策"。决策,就是做出用什么工具和方法去达成什么目标。对于创业团队而言,重要路口做出的决策往往会深远地影响之后的发展。
>
> 在创业中,决策系统各要素之间的相互关系和内在机能客观地反映着决策机体的运动变化规律,并决定着企业决策行为的科学性程度。为了得出正确的决策。创业团体各个部分的负责人应该保持充分且生动的交流,各个关节的联系既要紧贴宏观方针,也不能忽视局部细节。

创业团队常常要面对变化的形势,及时做出科学的决策。决策成为人家的共识,才能很好地贯彻下去,让整个组织形如一人,披荆斩棘。我们党在长期的实践中形成了很多优良传统和讨论决策机制,民主集中制就是其中一项行之有效的组织制度,其代表的"集体领导,民主集中,个别酝酿,会议决定"的基本原则也是保证党的创造力、凝聚力、战斗力和团结统一的重要法宝之一。中共七大的召开,堪称我党成熟应用民主集中制的一个典范。

在党的七大预备会议上，毛泽东再次强调"团结一致，争取胜利"的工作方针，指出："大会的眼睛要向前看，而不是向后看……我们现在还没有胜利，前面还有困难，必须谨慎谦虚，不要骄傲急躁，全党要加强团结。"① 正是在这样的总基调下，党的七大充满民主和团结的气氛。原定的发言人数并不多，后来各位代表几乎都发了言，一些因病未出席会议的代表，也写了书面意见。在讨论和发言中，大家畅所欲言，交换和汇总了各自在本地区、本部门、本单位长期革命斗争中积累起来的经验和教训，为党的发展积累了宝贵经验。

在开会期间，除了正式会议，党内还组织了各种预备会议、交流会议、意见会议，为来自各个岗位的党内干部提供交流和沟通的平台。"团结一致，争取胜利"的会议方针，为党的七大奠定了充满民主和团结的气氛，给代表们提供了畅所欲言的平台。针对会议上一些尖锐的发言，会议主席团也采取包容的态度，让不同的矛盾得到充分的讨论，让每个决议都经过反复的研判。

会议选举产生了新的中央委员会。大会选举的中央领导集体是经过充分酝酿产生的。此次选举中，选举时的选入名单先由各代表团小组提出，经过充分讨论后，进行预选，再提出正式候选人名单。其间，还有自由提名环节。代表们在讨论候选人名单时，可以说是知无不言，言无不尽。有的代表提意见指名道姓，非常尖锐。毛泽东得知后说："大家把想讲的话讲出来是好的。历史证明，凡是原则性问题，敷衍下去，不知哪一天就会出来的。彻底弄清楚才有利于团结。"② 而事实也证明，党的七大产生的以毛泽东为首的中央委员会，是一个团结、政治上成熟、具有很高威信的领导集体。

创 业 启 迪

民主集中制③作为无产阶级政党的组织原则，自1905年俄国社会民主工党的孟什维克派在单独召开的代表大会上正式提出后，至今已有百余年

---

① 中共中央党史研究室著：《中国共产党历史》（第一卷下册），北京，中共党史出版社，2002年，第396页。
② 李颖：中国共产党第七次全国代表大会【6】，http://dangshi.people.com.cn/n1/2017/0929/c414597-29568156-6.html，访问日期：2023年11月5日。
③ 习近平：《中共中央政治局召开民主生活会 习近平主持会议并发表重要讲话》，http://jhsjk.people.cn/article/30489812，访问日期：2024年1月4日。

历史。遵义会议最大限度地体现了民主集中制原则，成为党史上民主集中制的典范。对于创业组织来说，也应该深入学习民主集中制，从以下三个方面汲取团队决策智慧。

1. **民主不是无限制自由，集中也不是专权专制**。民主集中制是在民主基础上的集中和在集中指导下的民主相结合的制度。民主和集中有机结合，构成两方面的对立统一体。民主不是绝对独立，更不是无政府主义的绝对自由；集中也不是绝对的专权专制。民主集中制在组织管理内部，对每位组织成员来说既是权利，又是责任，既允许个人言行适度表现，又对个人言行规范制约。民主集中制体现了组织管理的科学性，决策程序的完整性。创业组织管理过程中也需要民主集中制，既要让组织内成员最大限度参与决策，充分激发组织成员的积极性和主动性，但是又要警惕"极端民主化"思想对创业团队的侵蚀。

2. **调研和集思广益是基础**。深入调查研究是贯彻民主集中制的基本前提；充分讨论、集思广益是民主集中制的主要方法；集体领导是贯彻民主集中制的关键；最终目标都是过程的科学性，决定的正确性。中共七大的召开过程就很好地诠释了这一点。来自全国各地的党内干部，际会延安，带来各个战线的先进经验，并在大会期间彼此充分接触，深入交流，弥合主观见解的分歧，达成正确一致的共识。如此，才能产出《论联合政府》《论解放区战场》《关于修改党章的报告》《论统一战线》等一系列成果。创业组织在做出某一可行性决策时，首先也需要广泛征求意见，特别是专业领域骨干的意见，创始人先不要"急于定调子"，可以先听取大家意见，结合大家的意见再形成最终决策。这样，不仅可以征集到好的想法，也可以避免创始人等因忽略某些风险而做出错误的决定。

3. **个别酝酿是重要环节**。个别酝酿是形成决议、决定之前交流思想、交换意见、反复比较、进一步吃准情况的必要环节，也是实现正确集中、保证决策科学合理的重要基础。因此，个别酝酿不是可有可无的形式，而是决策的必经程序。这些决策过程，证明了个别酝酿是民主集中制的重要环节。忽视会前通气酝酿，讨论问题就难以议深议透，导致决策仓促盲目，甚至做出错误的决策。个别酝酿既然是民主集中制的一个重要环节，就必须予以高度重视，但在具体实践中必须注意一些问题：一是个别酝酿是通过平等、真诚的思想交流、民主协商的方式为展开会议做准备，而非一般的打个招呼、吹吹风。二是个别酝酿不只限于个别交流，还应有其他形式和方法，如大家统一参加座谈会、听取情况汇报、组织咨询等。创业组织在决策过程中，面临诸多观点想要更好地形成集中意见，个别酝酿就是很好的方法，当通过广泛征求意见、反复讨论后形成相对科学、一致的决策时，就需要在决策会议前与每个决策成员充分沟通，推动大家形成统一思想和统一意见，从而加快决策的推进和落地。

十、三湾中的组织变革

创业知识小课堂 组织结构和变革

组织是一种由若干个人或群体组成、有共同目标和一定边界的社会实体。组织结构则是指组织中对于工作任务如何进行分工、分组和协调合作的宏观规划。它体现的是组织各部分的排列顺序、空间位置、聚散状态、联系形式以及关键要素等，是管理者管理组织的系统性依托。一般的组织结构包含以下三个构成要素。

1. 单位、部门和岗位的设置。

2. 各个单位、部门和岗位的职责、权力的界定。

3. 单位、部门和岗位角色相互之间关系的界定。

这三者之间紧密联系，彼此承接，其中第一个方面是基础，后面两个方面是对第一个方面的进一步展开。

组织设计是创业发展的必要环节，与业务发展、战略落地息息相关。就像蜗牛与羚羊，蜗牛的战略是遇到危险就缩进壳里面，所以蜗牛无论去哪儿都要背着房子；而羚羊的战略是遇到危险就快速奔跑离开，所以羚羊就需要有强健的四肢。试想，如果让羚羊像蜗牛一样背上房子，

> 又该怎么实施快速奔跑的战略呢？因此，创业团队在不同环境、不同时期、不同使命下，应该有不同的组织设计，即进行组织变革。

1927年9月9日，毛泽东在湘赣边境领导了秋收起义。秋收起义的目标是攻陷长沙，但当时敌强我弱的战争态势很明显，再加上起义军有些指挥员指挥不当，士兵缺乏战斗经验以及新收编的一部分军队临阵叛逃等问题，导致全军士气严重受挫，起义宣告失败。毛泽东随即决定放弃攻打长沙，带领军队向江西西部撤退，以保留革命的有生力量。然而，在撤离途中，起义军却屡屡遭遇偷袭，损失极其惨重。起义军在20多天的时间里，从5000人锐减到不足1000人，战马仅剩40多匹。更重要的是士兵思想混乱，士气低落，逃亡现象时有发生，潜在的军阀习气逐渐显现出来，给革命带来了极大危害。

军阀习气与当时这支队伍的组建有非常大的关系。南昌起义和秋收起义是我党创建自己的军队进行武装反抗的开端，但当时的工农红军构成非常复杂，既包括工人武装、农民武装、原来的国民革命军，也包括一些军阀武装。这些队伍杂糅在一起，出现以上的现象就不足为奇了。

让我们一起穿越时空：
离开部队的人还要发给路费？
毛泽东为何要这样整编

（来源：电视剧《中流击水》）

面对这种情况，毛泽东清醒地认识到，这样的一支队伍不可能带领中国革命走向胜利，于是决定进行军队整编。1927年9月29日，部队来到了一个群山环绕、没有地方反动武装的江西永新县三湾村。在这个小山村里，毛泽东对部队进行了深远影响的"三湾改编"，军队领导从打仗（业务指挥）过渡到了整编（组织设计）。具体而言，"三湾改编"有三项重大决定：一是压缩编制，整编部队，把原来的工农革命军第一军第一师缩编成一个团，全团缩编成7个连，500多支枪。当时这是非常迫切的，因为人变少了，组织大了并不利于指挥。二是在连队建立士兵委员会的民主制度，实行官兵平等，分配公平，破除旧军队、旧军阀的雇佣关系；初步酝酿了"三大纪律、六项注意"，开始有了统一的部队文化。三是把党支部建在连上，建立党组织和党代表制度，班排设有党小组，班里有党员；连以上有党代表，营、团有党委，全军由党的前委领导，从而确立了"党指挥枪"的军事原则。"支部建在连上"解决了党领导军队组织体系和制度机制不健全不完善的问题，为实现党对军队的绝对领导提供了重要保证。

毛泽东同志在《井冈山的斗争》中指出："红军之所以艰难奋战而不溃散，'支部建在连上'是一个重要原因。"①从我们党独立领导武装斗争开始，到湘赣边界秋收起义，党对军队的领导是支部建在团上，连没有设立党的组织，党的领导没有达于士兵、达于全部队，且官兵成分复杂、思想混乱，很难保证对部队的掌控，这导致部队经不起严峻的考验。所以，南昌起义和秋收起义的失败很大程度上也缘于此。这个制度当时看来是没有用的，所以论最激烈，阻力也最大。在多数人看来，部队都快撑不住了，还去讨论党支部建设有什么意义呢？不过在今天看来，这却是影响极为深远的一项军事制度，它奠定了我军政治工作的基石。

创 业 启 迪

三湾改编对于创业组织建设来讲，具有重要的启发意义，"三湾改编"铸成了我军"历经艰难困苦而不溃散"的钢铁军魂。

1. **统一思想，要有自己的组织信仰**。任何一个组织都是由人组成的，是人就会有思想，而思想会影响着人的行为。如果成员思想各异、各行其是，组织就没有战斗力。因此，创业团队管理的一个首要任务，就是要把团队成员的思想统一起来，一起完成好确定的目标和使命。在三湾改编前，军队中每个人的目标是不明确的，革命动机也是不清晰的，领导层面的目标是改变国家民族的未来而进行起义，军队中的士兵却大部分为了有军饷吃才参加起义军，组织中的个体缺乏共同的目标，导致部队缺乏凝聚力、群体驱动力，人心涣散。而改编后的部队虽然人少了，却是大浪淘沙后的坚定革命者，具有坚定的革命信念。所以在组织之中要有信仰，想想是为了什么聚集在一起，为了什么而奋斗。只要有了坚定的信仰，才能有持久奋斗的使命感和内心深处的驱动力。

2. **创新机制，确立党指挥枪的根本原则**。组织机构和领导体制的优劣直接影响组织的生存和发展。中国共产党在三湾改编中创造性地提出和建立"支部建在连上"的原则和制度，形成连有支部、排有小组、班有党员，

---

① 薛万博：为什么要弘扬"支部建在连上"这一光荣传统？http://cpc.people.com.cn/n1/2019/0131/c123889-30601778.html，访问日期：2023年11月5日。

营、团以上有党委，从政治上和组织上保证了党对军队的绝对领导，是我们党建设新型人民军队的一次成功实践。组织设计往往决定了组织运行的效率，如果不从组织设计着手，往往会使组织面临日益严重的全局性问题。所以，创业者要学会实现从业务能手到组织高手的不断晋级，只有能够从组织设计的角度去解决组织问题，才能成为一名卓越的组织领袖。

3. **官兵平等，既要有管理又要有温度**。自古以来，所有的军队都是以"服从命令为天职"，实行"绝对服从"。而三湾改编中，毛泽东采取了一项破天荒的举措：在军队内实行民主，规定官长不打士兵，官兵待遇平等，经济公平，破除旧军雇佣关系。虽然，官兵的职务有高低，但在根本利益上是一致的，在政治上、人格上是平等的。只有让士兵成为部队的主人，部队才能对士兵具有凝聚力，才能把士兵群众紧紧地团结起来，部队才能迸发出超强的战斗力，这对于人数不多却要面对武器装备和人数都要强于自己几十上百倍的弱小的工农革命军来说，是极其重要的。创业组织在管理过程中，同样不要只有管理也要有温度，需要如"官兵平等制度"等做保障，推动组织成员团结一致，发挥积极性创造性，有效地完成任务。

三湾改编并没有解决当时存在的所有问题，却开启了我军通过组织设计走向辉煌的历史。"支部建在连上"的原则和制度，奠定了党对军队绝对领导的组织基础，为巩固提高部队战斗力、有效履行使命任务铸就了坚不可摧的战斗堡垒。因此，可以说三湾改编也是组织管理创新的一个经典范例。

十一、整风运动中的思想熔炼

创业知识小课堂 组织文化

组织文化广义上指组织在建设和发展中形成的物质文明与精神文明的总和，包括组织管理中的硬件和软件、外显文化和内隐文化两部分；狭

> 义上指组织在长期的生存和发展中所形成的为组织所特有的,且为组织多数成员共同遵循的最高目标价值标准、基本信念和行为规范等的总和及其在组织中的反映。
>
> 具体来说,组织文化是指组织全体成员共同接受的价值观念、行为准则、团队意识、思维方式、工作作风、心理预期和团体归属感等群体意识的总称。
>
> 组织文化的作用有:导向作用,凝聚作用,规范作用,激励作用,社会影响。
>
> 中国共产党作为一个庞大的组织,要想长远地走下去,一定是需要其独有的精神内核的。这个精神内核要统一,要被成员共同认可。那么党是如何构建自己独有的精神内核——"组织文化"的呢?

在创业团队管理的过程中,往往会出现创业初期"老人"进取不一,发展中期"新人"各有想法,导致难以聚神凝力的问题。如何统一团队思想,提高团队执行力和凝聚力?党史上的延安整风运动对创业团队管理来说具有重要的借鉴意义。

从1942年2月开始至1945年春季结束,共计3年多时间,在毛泽东的领导下,中共中央所在地延安开展了一场大规模的政治运动——整风运动。以毛泽东同志在延安高级干部会议上所作的《改造我们的学习》报告为标志,至1945年4月党的六届七中全会通过《关于若干历史问题的决议》。这场运动从中共中央高层开始,继而扩展到全党和中共领导下的各抗日根据地,使全党尤其是党的高级干部对中国民主革命基本问题的认识达到在马克思列宁主义基础上的一致。

在延安整风前,党内的主要问题是历史上"左"倾机会主义长期统治的恶劣影响尚未彻底清算;主观主义、宗派主义、党八股广泛存在;大批新党员又带来了非马克思主义的思想作风。这些问题在全党虽然不占统治地位,但妨碍党正确路线的贯彻执行,妨碍全党干部和党员政治思想水平的提高。

整风的主要内容是反对主观主义以整顿学风,反对宗派主义以整顿党风,反对党八股以整顿文风;宗旨是"惩前毖后,治病救人";方法是首先要学习马克思列宁主义的若干基本文件,然后根据文件精神,检查思想、工作和个人的历史,经过批评和自我批评,最后写出学习和思想总结。

延安整风后,全党认识到中国革命要取得胜利,必须要从中国实际出发,不能照搬照抄共产国际指示,要把马克思主义与中国革命的具体实际结合起来,实现马克思主义中国化。通过整风,全党达到空前的团结和统一,为夺取抗日战争和民主革命的胜利奠定了思想基础。延安整风使成体系的毛泽东思想彻底统一了全党,这样最大的好处是效率极高,全军上下指挥高度统一,指令都能在最大限度上被执行。

创 业 启 迪

整风运动对创业组织的借鉴意义就是组织的自我革新和自我完善。创业组织随着业务的开展、组织机构的增设、组织规模的增长会带来新的问题,思想不统一、上传下达效率下降、行动力不强,更大问题便是:越来越注重形式,对市场用户反应迟钝,迷恋昔日的辉煌,缺乏内部创新,进取的心态等。整风运动可借鉴的方式方法如下。

1. **从实际出发,实事求是**。反对主观主义以整顿学风是整风运动最主要的任务,要克服主观主义,必须以科学的态度对待马克思主义,发扬理论联系实际的马克思主义学风,一切从实际出发,实事求是。围绕马克思主义的基本原理是如何与中国革命的实际相结合进行讨论,而调查研究是把理论和实际结合起来的不可或缺的环节。在组织不断发展的过程中,可能会出现越来越注重形式主义的问题,因此更要把空中楼阁实际落地,打好稳固地基,更需要在工作中联系实际,实事求是地解决问题,不断创新工作方法,适应新时代新发展。

2. **批评与自我批评**。整风的方法是认真阅读整风文件,联系个人的思想工作历史以及自己所在地区、部门的工作进行检查,开展批评与自我批评,弄清犯错的环境性质和原因,逐步取得思想认识上的一致。在开展批评与自我批评中,特别强调自我批评。毛泽东强调,对于人的处理要采取慎重态度,既不含糊敷衍,又不损害同志,这是我们党兴旺发达的标志之一。

每个创业组织走到一定的阶段都同样需要注意自我革新,使整个组织自上而下自我省察,进行思想上、组织上、业务上的革新、完善,否则容易大而不强、大而无力。中国共产党及时的整风运动，如同给整个组织进行了一次"检修"，为日后应对更强大的斗争打下了坚实基础。

思考训练

请完成以下思考训练题目：

1. 作为创业者应具备什么素养？如何培养这些素养？
2. 哪些元素是创业团队不可或缺的？对团队的管理应侧重哪些方面？
3. 如何打造凝聚力强、战斗力强的高素质人才团队？
4. 在事业遇到逆境时，如何进行决策？在创业团队中应如何具体贯彻民主集中制原则？
5. 请从战略思维出发，为你的团队制定发展愿景与未来布局。

第三章

CHAPTER THREE

一张蓝图绘到底

创模式：明确计划和发展模式

本章导读

创业犹如大海航船,不仅需要灯塔指明方向,也需要制定好线路图稳步前行。因此,创业不仅需要目标,也需要实实在在的行动规划。规划是人类认识和改变自身以及外部环境的重要手段,包括寻找目标、设定目标、实现目标的方法和手段的全过程,是管理的重要组成,也是决策的前提基础。

中国共产党的理想是实现共产主义,但正如习近平总书记所说:"共产主义的实现绝不是'土豆烧牛肉'那么简单,不可能唾手可得、一蹴而就,但我们不能因为实现共产主义理想是一个漫长的过程,就认为那是虚无缥缈的海市蜃楼,就不去做一个忠诚的共产党员。"[①]

与此同时,未来也不是简单的照抄照搬。习近平总书记指出:"当代中国的伟大社会变革,不是简单延续我国历史文化的母版,不是简单套用马克思主义经典作家设想的模板,不是其他国家社会主义实践的再版,也不是国外现代化发展的翻版。"[②]

为了实现共产主义,实现这个远大理想,共产党排除万难,始终站在群众的立场上不断探索,保持初心,创造出了中国特色的"创业模式";改革创新,与时俱进,制订了"两个一百年"计划,在发展的各个阶段制定了"五年规划"。"百年大计"与"五年规划"环环相扣、遥相呼应,成为中国最重要的治国理政方式,成为中国经济奇迹的关键。经过一代代人的共同努力,在 2021 年,我们实现了第一个百年计划。党是如何认清发展道路,创新发展模式,制订合适的计划,并且一步步实现的呢?请跟随我们一起进入本章学习。

[①] 习近平:做焦裕禄式的县委书记,载《学习时报》,2015 年 9 月 7 日。
[②] 习近平:在哲学社会科学工作座谈会上的讲话,载《人民日报》,2016 年 5 月 19 日,第 2 版。

第一节 创业计划

学习目标

1. 了解中国共产党的愿景目标和阶段计划；学习中国共产党的创新之举；了解中国共产党提高薄弱环节的举措。

2. 了解制定长远目标和阶段目标需要做的准备；了解制订计划的基本原则；了解与时俱进精准发力的重要性。

3. 学会用科学的方法制订计划；学会在创业中抓住关键矛盾，集中攻克。

一、树立愿景目标——两个一百年

创业知识小课堂 创业计划

创业计划，是创业公司、企业或项目为了实现招商融资或者其他发展目标按照一定的格式内容，编辑的一个向听众展示现状、未来、潜力的书面材料，是指在战略导向下通过确定的商业模式实现阶段性战略目标的一切计划和行动方案。

正确合理的计划是照亮创业之路的引导灯火。创业计划是每个创业者的初心所在，是创业团队前进的指南针。通过规划未来发展的路线，创业者可以根据需要制定相应的策略，进而实现创业成功。

于中国共产党而言，一个规模宏大的"创业计划"便是两个百年计划。

心中有信仰，脚下有力量。创业是需要愿景目标作为长期激励的。

"两个一百年"奋斗目标是邓小平"三步走"战略规划的构成部分，1997年，党的十五大报告首次提出"两个一百年"奋斗目标：到建党100年时，使国民经济更加发展，各项制度更加完善，到 21 世纪中叶新中国成立 100 年时，基本实现现代化，建成富强民主文明的社会主义国家。此后，党的十六大、十七大均对"两个一百年"的奋斗目标做了强调和安排。党的十九大报告清晰绘制了全面建成社会主义现代化强国的时间表、路线图：在 2020 年全面建成小康社会、实现第一个百年奋斗目标的基础上，再奋斗 15 年，在 2035 年到本世纪中叶，在基本实现现代化的基础上，再奋斗 15 年，把我国建成富强民主文明和谐美丽的社会主义现代化强国。①

从最初目标的提出到制定清晰的目标实现路线图，中国共产党是经历了一个长期的探索过程的。随着社会主义现代化建设实践的发展，党对"两个一百年"奋斗目标的认识愈来愈清晰，表述也愈来愈完整、科学。"两个一百年"战略目标的设立是科学社会主义的总体行动规划，是马克思历史总体观的现实运用。它是一代又一代共产党人把人民对美好生活的向往细化为党的行动方略，尊重历史的延续性与继承性，同人民一起将共产主义最高理想与现实理想有机结合而制定的伟大远景目标。

2021 年 7 月 1 日，习近平代表党和人民庄严宣告，经过全党全国各族人民持续奋斗，我们实现了第一个百年奋斗目标，在中华大地上全面建成了小康社会，历史性地解决了绝对贫困问题，正在意气风发向着全面建成社会主义现代化强国的第二个百年奋斗目标迈进。这是中华民族的伟大光荣，这是中国人民的伟大光荣，这是中国共产党的伟大光荣②。我们正在朝着"两个一百年"目标一步一步前进，相信第二个百年目标一定会如期实现。

毫不夸张地说，没有哪个国家可以像中国这样制订如此长远的计划，也没有哪个国家像中国这样一任又一任领导集体带着全国人民稳定地围绕一个长远计划而奋斗。百年计划，以 100 年为时间跨度，既表明了实现这两个宏伟目标的时间之长、任务之重，又表明了中国共产党人的信心和勇气，体现了中国共产党人实现中华民族伟大复兴的责任感、使命感。

---

① 习近平：决胜全面建成小康社会　夺取新时代中国特色社会主义伟大胜利，载《人民日报》，2017 年 10 月 28 日。
② 习近平：在庆祝中国共产党成立 100 周年大会上的讲话，新华社北京 2021 年 7 月 1 日电。

创业启迪

一个组织、一个集体、一个团队必须要有既定清晰的愿景目标,才能激发大家的斗志,集中众人思想,充分发挥人员潜力。那么如何制定一个长远的愿景目标呢?

1. **愿景目标要正确和高远**。首先,目标正确才能得到更多人的认可和支持,才能汇聚更多力量。"两个一百年"奋斗目标不仅是中国共产党在百年奋斗历程中将马克思科学社会主义价值观有机地运用于中国特色社会主义具体实践的理论创新,更是关系每个中国人切身利益和幸福的百年大计,因此才能赢得中国人民的广泛支持。其次,愿景目标要高远,一个创业团队追求的目标越正确、越高,才能发展得越快。百年目标是基于党和国家伟大事业发展诉求的战略思考,是从党和人民事业发展全局,思考谋划的"党之大计""国之大计"。

2. **愿景目标要能代表大家的意愿和意志**。愿景目标是一群人共同的事业追求,需要倾听大家的心声,吸收大家的意愿和意志。个人目标要和大家的目标相一致。当方向不一致的时候,需要给以充分的耐心和时间调研、沟通、说服。这是一个互动的过程,动态的变化,而不是一成不变的,有益的建议得到吸收,团队成员的积极性也就能被更充分地调动了。

3. **愿景目标一旦确立就要坚持到底**。创业者要集中资源为这个目标矢志不渝地奋斗。愿景目标一般来讲不能随意调整,实现目标的过程和方法可以根据实际情况进行调整。党的"两个一百年"奋斗目标对中国特色社会主义现代化建设进程的清晰划定,使广大人民群众普遍知晓当前所处的新时代比历史上任何时期都更接近中华民族复兴的伟大梦想,也使中国特色社会主义和中国梦更加深入人心,更能凝聚全国人民力量并坚定不移地向着百年目标奋进。

二、设立阶段目标——五年规划

> **创业知识小课堂** 发展规划
>
> 发展规划指对社会发展所做的较全面或长远的计划。它包括社会发展的总目标、分阶段目标和为实现这些目标而使用的资源,以及指导获得、使用和配置这些资源的政策、措施等内容。在制定愿景目标后,就需要将目标进行分解,转化为一个个可以执行的阶段性目标。
>
> 如果说百年目标是我们前进的方向,那五年规划则是讲述我们如何实现目标,将大目标细化拆解为小目标,具化为切实可行的具体措施,并相应地实施相关政策。远大目标的实现并非一蹴而就,而是经过不断的尝试和探索,最终实现目标。
>
> 中国共产党在现实国情的基础上,将五年规划与当时中国发展实际相结合,制定出相应的方针路线,确保国家政策发展连续性,助力我国长期稳定发展,这是中国道路、中国模式的集中体现之一。同时,也能够向人民展示国家期待社会发展的模样,增强人民的信念,有助于实现中华民族伟大复兴。

长远的愿景目标就像茫茫大海中的灯塔,点燃我们不断前行的热情,而计划就是助力我们成功到达灯塔的航船与指南针。因此,大到一个国家、小到一家企业,甚至到我们每一个人,都需要为实现目标理想而制订计划。我们党在实现"百年目标"的伟大征程上,也同样制订了一个又一个阶段性计划——"五年规划(计划)"。

"五年规划"曾叫"五年计划",其实是一个舶来品,是借鉴了苏联以五年计划推动国家工业化的成功经验。列宁考虑到在生产力落后状态下想要建立社会主义的现实条件,创造性地发展了马克思、恩格斯"有计划的社会生产"思想,提出未来的共产主义,就是"苏维埃+全国电气化",在实践中逐步摸索出了以五年计划为周期推进国家工业化的发展路径,并取得了极大成功,把苏联从一个任资本主义国家摆布的农业国家变为令西方世界忌惮的强盛工业国家。[1]

---

[1] 韩慈:中国共产党运用五年规划(计划)开创中国式现代化道路的历史进程和基本经验,载《上海对外经贸大学学报》,2022 年第 6 期,第 96–108 页。

新中国成立之初,百废待兴,怎样建设一个快速发展的工业化国家,是摆在中国共产党面前的一个重大而全新的历史课题。在借鉴苏联经验和总结自身经验的基础上,1951年我国制订了第一个五年计划,即"一五"计划,拉开了有规律、有计划推进社会主义现代化建设的新序幕。到今天我们已经从"一五"计划走到"十四五"规划,这一路走来起起伏伏、步履维艰,有成功的经验,也有失败的教训,但中国共产党始终能够立足国情、准确判断、及时纠偏、凝心聚力,带领全国人民沿着"五年规划(计划)"走向"百年目标"。

(一)奠定中国社会主义现代化建设基础的五年计划(从"一五"至"五五")

"一五"计划的制订和实施是中国现代化建设的开端,奠定了中国工业化的基础,提出要集中主要力量进行以苏联帮助项目为主的工业建设;发展部分集体所有制的农业生产合作社等内容。"一五"计划实施之后,我国工农业产值大幅度提高,经济结构发生了很大的变化,为中国工业化奠定了初步基础。同时,1953—1956年对农业、手工业和资本主义工商业的社会主义改造取得了胜利,为生产力发展创造了更有利的条件。

"二五"计划明确指出:"要以既积极又稳妥可靠的步骤,推进社会主义建设和完成社会主义改造,保证我国有可能大约经过三个五年计划时间,基本上建成一个完整的工业体系,使我国能够由落后的农业国变为先进的社会主义工业国。"[①]但是由于实施过程中的巨大波动,"二五"计划实际上分成"大跃进"和调整时期两个阶段。"大跃进"时期,计划指标过高、不切实际,建设也脱离实际,造成国民经济主要比例关系失调,连年出现财政赤字,人民生活遇到很大困难。1961年初,党中央决定对国民经济实行"调整、巩固、充实、提高"的八字方针,经过5年的国民经济调整,经济社会局面全面好转。

1964年12月,周恩来总理在第三届全国人大一次会议上,首次明确提出了"四个现代化"战略部署,因此尽管这段时期经历了严重曲折,但"三五""四五""五五"计划始终以建立独立的比较完整的工业体系和国民经济体系为目标,一以贯之地推进国家工业化和"四个现代化"建设。

"一五"计划到"五五"计划,对于当时的中国共产党来说是一个艰难的全新的探索,中国共产党在错误中汲取教训、在成功中积累经验,带领我国由落后的农业国逐渐建设

---

① 中国共产党第八次全国代表大会关于发展国民经济的第二个五年计划(一九五八—一九六二)的建议(一九五六年九月二十七日中国共产党第八次全国代表大会通过),参见全国人大财政经济委员会办公室:《建国以来国民经济和社会发展五年计划重要文件汇编》,北京,中国民主法制出版社,2008年,第592页。

成为具有初步基础的工业国,建立了比较独立完整的工业体系和国民经济体系,为建设社会主义现代化国家奠定了坚实基础。特别是,一大批重量级标志性的工业化、现代化成果问世,填补了空白,创造了奇迹,成为中国现代化建设的奠基之作。例如,武汉长江大桥建成;第一颗原子弹爆炸成功;第一颗氢弹爆炸成功;第一颗人造地球卫星发射成功;籼型杂交水稻优良品种育种成功;建立了东北老工业基地、西北老工业基地、华中老工业基地、东部沿海综合性工业基地,以重庆为中心的西南老工业基地等。

(二)开辟中国社会主义现代化道路的五年计划(从"六五"至"十二五")

党的十一届三中全会后,根据对国情和世情的判断,党中央果断将工作重心转移到社会主义现代化建设上来,社会主义现代化建设进入了改革开放新时期。邓小平指出,"我们当前以及今后相当长一个历史时期的主要任务……就是搞现代化建设""走出一条中国式的现代化道路"。[①]因此,今后五年计划的中心任务就是从中国的特点出发,一心一意搞中国式的现代化建设。我们不再一味模仿苏联式现代化与西方式现代化,从"六五"计划到"十二五"规划,中国共产党领导人民逐渐建立和完善中国特色社会主义市场经济体制,逐渐丰富和发展社会主义现代化的内涵,将中国社会主义现代化建设推进向前。

"六五"计划是在调整中使国民经济走上稳步发展轨道的五年计划,成功实施了农村经济体制改革,逐步解决了老百姓的温饱问题,不仅注重物质文明建设,而且注重精神文明建设。

"七五"计划是我国社会主义计划经济史上第一次在一个新的五年计划刚刚起步的时候就制订出来的经济和社会发展计划,新增关于经济体制改革和民主法制建设的内容并独立成篇。"七五"计划提前完成了社会主义现代化建设的第一步战略部署,国民生产总值比1980年翻一番。

"八五"计划期间中国改革开放和现代化建设进入新的阶段,计划更加注重深化改革,明确提出要逐步建构与社会主义市场经济体制建设相适应的宏观调控体系。

"九五"计划是中国社会主义市场经济条件下的第一个中长期计划,是一个跨世纪的发展规划。"九五"计划成功完成了到2000年实现人均国民生产总值比1980年翻两番,人民生活达到了小康水平,初步建立社会主义市场经济体制的目标。

"十五"计划按照发展社会主义市场经济的需要,确立以经济结构的战略性调整作为主线,提出经济增长速度预期为年均7%左右,要坚持把发展作为主题,把结构调整作为主线,把改革开放和科技进步作为动力,把提高人民生活水平作为根本出发点。

[①] 邓小平:《邓小平文选》(第二卷),北京,人民出版社,1994年,第162–163页。

"十一五"将"计划"改为"规划",是在我国发展进入关键阶段,改革开放面临新形势下确定的。"十一五"的目标是实现国民经济持续快速协调健康发展和社会全面进步,取得全面建设小康社会的重要阶段性进展,并从经济增长、资源环境、自主创新、改革开放、社会发展、人民生活和民主法制这七个方面提出要求,要实现2010年人均国内生产总值比2000年翻一番。这一时期,我们超额完成任务,2010年一跃成为世界第二大经济体。[①]

"十二五"规划继续在科学发展轨道上推动经济社会全面发展。"十二五"期间,我国国内生产总值年均增长7.8%,经济总量稳居世界第二位,成为全球第一货物贸易大国和主要对外投资大国,我国综合国力又上了一个大台阶。

(三)开创中国式现代化道路新境界的五年规划(计划)(从"十三五"至"十四五")

党的十八大以来,中国特色社会主义进入新时代,党运用新的五年规划领导人民全面建成了小康社会,成功走出了中国式现代化道路,创造了人类文明新形态,开创了中国式现代化道路的新境界。

"十三五"规划主要阐明了国家战略意图,明确了政府工作重点,引导了市场主体行为。"十三五"时期,国内外发展环境更加错综复杂,世界多极化、经济全球化、文化多样化、社会信息化深入发展。在党带领人民的持续奋斗下,"十三五"时期坚持以创新、协调、绿色、开放、共享的新发展理念推动发展,历史性地解决了绝对贫困,全面建成了小康社会,为开启全面建成现代化强国的新征程创造了绝佳条件。

"十四五"规划是我国全面建成小康社会、实现第一个百年奋斗目标之后,乘势而上开启全面建设社会主义现代化国家新征程、向第二个百年奋斗目标进军的第一个五年规划。鉴于"十四五"时期处于"两个一百年"奋斗目标历史交汇处,"十四五"规划与2035年基本实现社会主义现代化的远景目标一起统筹编制。"十四五"时期经济社会发展确立了六大"新"目标,即经济发展取得新成效,改革开放迈出新步伐,社会文明程度得到新提高,生态文明建设实现新进步,民生福祉达到新水平,国家治理效能得到新提升。

一任接着一任干,一张蓝图绘到底。新中国"一五"计划的实施,为我国的工业化奠定了初步基础;"三五"至"五五"计划的实施,为建立比较完整的工业体系和国民经济体系做出巨大贡献;"七五"计划后,我国基本上解决了温饱问题;"九五"计划期末,人民生活总体达到小康,进入世界银行划分下的中等收入国家行列;"十一五"规划时期,我国实现了从下中等收入国家行列到上中等收入国家行列的跨

---

① 复杂之年的辉煌成就——《2010年统计公报》评读,参见国家统计局官网:https://www.stats.gov.cn/sj/zxfb/202303/t20230301_1919243.html,访问日期:2024年1月1日。

越。2020年是"十三五"规划收官之年，我国完成了全面建成小康社会的光荣使命，并为开启全面建设社会主义现代化国家新征程奠定了坚实基础。中国共产党通过每5年一个规划的阶段性目标的实现，带领国家和人民一步一步走向繁荣富强。

创 业 启 迪

再伟大的愿景，如果没有清晰地规划出实现路径，就不能使团队成员产生信心，往往会难以落地，或难以持续发展。因此，在制定愿景目标之后，还需要规划出达成愿景的过程，将大的愿景目标拆解成多个小目标。我国"五年规划（计划）"给我们以下三点启示。

1. **计划要具有"连续性"**。我们的"五年规划（计划）"之所以能环环相扣、有序传承、逐次推进，最终汇聚为"百年大计"，就因为坚持党的全面领导所体现出的巨大制度优势，才能将建设现代化强国的蓝图一绘到底。我们看到西方推进现代化建设的过程中，也曾想要尝试编制实施经济发展规划，但由于西方政党轮换频繁，执政党往往又不得不考虑其执政时期的收益，缺乏对国家事业和人民未来的长远规划，新任推翻前任规划的现象屡见不鲜，连政策的延续性都很难做到，更何谈"百年规划"。创业亦是如此，每个阶段的计划都要围绕长远目标而定，同时计划制订要有延续性，一定要防止朝令夕改，正如航行途中总是轻易地转换方向，最终却难以到达梦想的灯塔。

2. **计划要"以人民为中心"**。"五年规划（计划）"激励体系之所以能够建立并高效运作，关键是因为坚持"为人民而规划"的规划理念。从最早的"一五"计划确立了"为人民而规划"的规划理念，到今天"十四五"规划继续强调"坚持以人民为中心，坚持人民主体地位，坚持共同富裕方向，始终做到发展为了人民、发展依靠人民、发展成果由人民共享""不断实现人民对美好生活的向往"等，规划始终把"人民"放在中心，这也使五年规划能够凝聚民心、汇聚民力。我们在制订计划时，也要以"服务人民"为中心，为自己的"用户"提供更便捷的服务、更优惠的产品、更先进的技术。

3. **计划要"结合自身实际"**。每个创业者所面对的现实条件与资源情况各不相同,这也就意味着创业之路的不可复制性,抄别人的作业最终只能走上没有前景的"山寨"之路,一定要结合自身实际。如果说"一五"计划实施之初,在一定程度上,存在着对苏式社会主义现代化道路的"模仿",但是当中国共产党积累了一定建设经验和反思苏联现代化道路之后,开始结合自身特色、结合时代特色探索中国自己的社会主义工业化道路。在经历东欧剧变、苏联解体等重大冲击后,"五年规划(计划)"相继被这些国家放弃,而我们却依旧坚持自己的道路,创造性地运用五年规划开辟了中国式现代化的新道路。

三、定计划有时也要摸着石头过河

> **创业知识小课堂** 精益创业与最小可行性测试
>
> 精益创业是硅谷流行的一种创业方法论,它的核心思想是先在市场中投入一个极简的原型产品,然后通过不断的学习和有价值的用户反馈,对产品进行快速迭代优化,以期适应市场。精益创业的核心就是在尊重客户价值的前提下降低成本,而不是在降低客户价值的情况下降低成本。低成本策略强调在与竞争对手同等条件下的低成本,而不是牺牲产品或服务质量的低成本。
>
> MVP(Minimum Viable Product,MVP)指最小可行产品,其核心思想是通过不断地收集客户的反馈来开发产品或服务,从而可以降低产品/服务失败的风险(开发—衡量—学习)。
>
> 制定规划后,在具体的实践过程中需要用合理的方式摸索,中国共产党正在做着前无古人的改革举措,没有相关的历史经验参考,因此大胆探索、稳步推进才是发展的正确方法。试单先行、升级创造、逐步推广也成为党推进改革的一个"妙招",如从井冈山革命根据地的建立,到工农武装割据局面的形成;从深圳经济特区的设立,到全面改革开放的稳步推进……

创新或改革过程中，一个相对稳当、风险较小的方法就是"先试点后推广"，先在局部进行试点探索，取得效果，积累经验，达成共识后，再把试点的做法推广开来，把试点的经验运用出来。

深圳被誉为改革开放的"窗口"，是改革开放先行一步的"试点"。为了这个"试点"，国家计委和外贸部组织考察组对港澳经济进行了深入的实地考察，向中央建议在深圳与珠海办出口基地和面向港澳的游览区。中央领导同志赞同，并且要求尽快付诸实施。在地点选择上，广东省委主动汇报了广东自身的优势，提出广东省先走一步，在沿海划出一些地方单独管理，设置类似海外的出口加工区和贸易合作区，以吸引外商前来投资办企业的想法。

邓小平与时任广东省委第一书记习仲勋同志谈话时说："在你们广东划出一块地方来，也搞一个特区。过去陕甘宁边区就是特区。中央没有钱，你们自己搞，要杀出一条血路来。"① 1980 年，国务院在广州召开工作会议，研究并提出了试办特区的一些重要政策，并同意把原拟的"出口特区"名称改为"经济特区"。直到第五届全国人大常委会第十五次会议批准了《广东省经济特区条例》，标志着深圳经济特区正式成立。

让我们一起穿越时空：
邓小平如何鼓励习仲勋坚持
改革开放下去
（来源：电视剧《历史转折中的邓小平》）

经济特区的成立，是一场制度改革的鲜活试验。经济特区的起点是"特"，通过制度创新之"特"的改革，促进生产力的快速持续健康发展。经济特区的目标是"同"，通过可复制、可推广的制度创新做法，推进中国特色社会主义制度更加成熟但具有活力。这是从"摸着石头过河"到"顶层设计"的理性演进之路，更是一条从特殊性到一般性的科学探索之路，亦是一条马克思主义中国化辩证法的实践之路。

深圳特区的建立是一次勇敢的尝试，它是改革开放所依赖的一个"试点"，也是一个"支点"。创业发展过程中也会面临种种需要变革的情形，而改革是讲究方法的，就像经济特区一样，要先在小范围内进行试点。从一开始的五大经济特区，到 14 个沿海经济开放城市，再到众多沿海经济开放区的成立，我国的改革开放逐步形成了点线面、全方位、多层次、立体化覆盖整个中国的情形，推动了改革开放政策在我国全面实施的进程。

---

① 从小渔村到科学城，深圳是如何完成精彩"蜕变"的，http://kpzg.people.com.cn/n1/2021/0809/c438835-32186711.html，访问日期：2023 年 11 月 5 日。

创业启迪

万事开头难，由于资源不足、经验不足，定计划往往也需要摸着石头过河。 在没有经验的时候想做改革，怎么能把风险降到最低，"试点"就是个很好的方式。通过找试点、找突破口，由点及面、以小见大逐步解困破局。试点怎么找呢？"深圳经验"可以给我们两点启示。

1. **广泛调研，寻找最合适的突破点。** 试点的选择是有讲究的，不是什么都能随随便便拿来当试验品的。习近平总书记指出："深圳是改革开放后党和人民一手缔造的崭新城市，是中国特色社会主义在一张白纸上的精彩演绎。"① 改革开放之所以选择在深圳做试点，这是建立在前期充分调研的基础上的。一是位置因素，深圳邻近香港，且离台湾也较近，将改革开放的前哨放在深圳，既有利于吸引港资、台资的入驻，也有利于吸引香港的高级技术人才和管理人才来深圳就业或创业，促进先进管理方式和技术的落地与吸收。二是管理因素，深圳之前是一个小渔村，在制度管理方面会更加灵活，官僚主义相对其他地方要轻很多，也有利于改革开放政策的迅速落实推广。

2. **问题导向，灵活施策逐步形成新常态。** 创业在改革过程，要聚焦解决实际问题，创新灵活运用各种新举措，并及时总结实践中的好经验、好做法，将成熟的经验和做法及时上升为制度、转化为机制。深圳特区的建设过程就是一边探索一边调整、一边创新一边总结，在这个过程中，渐进试错、不断尝试和学习，最终形成特区模式并走向成功。

---

① 习近平：在深圳经济特区建立40周年庆祝大会上的讲话，载《人民日报》，第2020年10月15日，第2版。

第二节　创业模式

学习目标

1. 理解中国共产党与马克思主义的"人民的立场";学习革命先烈的大无畏和艰苦奋斗精神。
2. 学习土地革命和改革开放的意义。
3. 了解商业模式画布各板块的内涵;学会用商业模式画布分析案例;构建商业思维以解决实际创业问题。

四、打土豪,分田地,人民战争要崛起

创业知识小课堂　何为价值主张

"有人去五金店买了一个钻头,或许他需要的其实并不是这个钻头,而是希望在墙上打个洞。"相较于钻头,这个洞才是真正的需求,是创业者应该提供的价值主张。

那么什么是好的价值主张?有五个基本要素:

1. 足够简洁:理想情况下,价值主张应该是简短的,并且能方便让客户记住、回忆。

2. 易于理解:可以让客户立即明白价值主张的主要思想。

3. 明确:价值主张应该明确指出公司可以为客户提供的独特价值。

4. 可了解:可以让利益相关者轻松了解到价值主张。

5. 可量化:一些价值主张提供可量化的统计数据,可以更好地证明其优于竞争对手。

第三章 一张蓝图绘到底——创模式：明确计划和发展模式

> 中国共产党的"价值主张"是什么？又是怎么传递给人民群众的？我们不妨从"打土豪、分田地"这一口号来看看。

创业只有找到可重复、可升级的模式才能开始蜕变，继而进化成一个生生不息的伟大事业体。构建创业模式，首先要想清楚的一个问题就是通过这个模式要为"什么样的人"创造"什么样的价值"。

20世纪20—30年代的中国，内有地主阶级的剥削和压迫，外有帝国资本主义的侵略和渗透，中国人民生活在水深火热之中。年轻的共产党急需在前进的道路上寻找一个奋斗的目标和意义，确定一个从一而终的"价值主张"。

为了让中国革命能够迎来复兴，党领导中国人民奋起反抗，进行了艰苦卓绝的革命斗争。但接连遭遇挫折的共产党人面临的首要问题便是如何保存并不断发展壮大党的力量，现实状况要求共产党人必须选择一个符合中国国情、适合当前局势的发展模式。在新民主主义革命时期，智慧的中国共产党人用"打土豪、分田地"回应了上述问题，建立了一套适合当时形势的最成功的创业模式。

1927年，大革命失败后，党的"八七"会议确定了土地革命和武装反抗国民党反动派的总方针。1927年10月，毛泽东率领秋收起义部队来到井冈山，创建了我党第一个农村革命根据地——井冈山革命根据地。

有了根据地，土地革命怎么搞？毛泽东曾在《湘江评论》中指出："世界什么问题最大？吃饭问题最大。什么力量最强？民众联合的力量最强。"[①]要实现反帝反封建的历史任务，推翻封建地主阶级和官僚资产阶级的反动统治，消灭封建地主剥削，单单依靠当时的中国共产党是很难办到的，只有发动群众的力量。既然明确了"为人民群众服务"是我们党的价值主张，那么我们该如何发动广大农民的力量呢？中国的农民阶级面临的主要矛盾是"吃饭的需求"，这就是他们的切身利害，毛泽东明白，只要抓住了这个主要需求，围绕土地为"客户"创造价值，就能够获得大多数农民的支持。因此，中国共产党提出了"打土豪、分田地"的口号。

这是超前的智慧和眼光。在当时的农村革命运动中，就算红军将土地分给农民，也没有人敢去领这块地来种，原因是地主劣绅还在那里盯着，这些地方恶霸随时会找农民算账，没有人敢去分地主的土地。农民有思想顾虑和包袱，这就是农民革命运动

[①] 张家康：毛泽东：从"呼声革命"到"武装革命"，http://dangshi.people.com.cn/n/2015/0205/c85037-26515083.html，访问日期：2023年11月5日。

最大的病根。针对这一问题，毛泽东下了一剂非常有效的药方，那就是先打土豪后分田地，把土豪打倒了，分田地的农民就没有了后顾之忧，这样农民就敢于投身到革命运动中去。

以毛泽东同志为核心的党的领导小组开始对湘赣边界的土地状况调查研究。他们发现：湘赣边界的土地60%以上在占少数的地主手里，只有不到40%在占多数的农民手里。1928年3月，工农革命军在湖南炎陵县水口、江西宁冈、大陇等地进行分田尝试，没收地主的土地进行分配，使贫困农民获得了梦寐以求的土地。

"打土豪、分田地"这句口号简单易懂，广大农民自发传播并参与到土地革命中，开展了一场轰轰烈烈的社会革命。这场革命一方面给予了农民生存保障。没收地主土地，满足了广大农民的土地需求。土地的相对平均分配使得无地少地的农民获得一份土地恒产，从而获得了一份生存保障。另一方面实现了财富的再分配。没收地主的田产，将土豪的金钱、房屋、牲畜乃至生产工具等财富分给广大穷苦百姓，实际上是一种对社会财富的再分配。将土豪剥削来的财富还之于民后，农民积极耕种自己的土地，创造了更多属于自己的财富。

在解决"土地"这个农民的核心需求的过程中，党找到了自己的"好伙伴"，不但与千千万万的农民朋友建立了深厚密切的联系，厚植了党的群众基础，而且也推动了革命根据地的经济发展，为党的活动提供了经费支持，为党的革命事业发展奠定了坚实基础。

创 业 启 迪

我们在讲到创业模式的时候，需要经常从解决问题的视角来理解创业模式。其最本质的问题是："我们要为什么样的人创造什么样的价值？""他们最关心的需求是什么？"

1. **要明确价值主张**。创业过程中，弄清楚"为谁服务"是创造价值的核心。中国共产党是以马克思主义作为指导思想的党，而马克思主义是人民的理论，二者在"人民的立场"具有根本一致性，而这也正是中国共产党"创业"始终如一的"价值主张"。为何这样说？马克思主义第一次创立了人民实现自身解放的思想体系。在马克思之前，社会上占统治地位的理论都是为统治阶级服务的。马克思主义第一次站在人民的立场探求人类自由解放的道路,以科学的理论为最终建立一个没有压迫、没有剥削、人人平等、人人自由的理想社会指明了方向。马克思主义之所以具有跨越国度、跨越时代的影响力,就是因为它植根于人民之中,指明了依靠人民推动历史前进的人间正道。

2. 要探索有效模式,并通过有力的话术传递出来。创业过程中,我们要干什么,不仅要自己清楚,还得让"服务对象"了解并相信。在解决广大农民生存问题的过程中,党是如何找到"打土豪、分田地"这个好模式的?就是站在"为最广大人民群众服务"的"价值主张"上思考的,聚焦农民最关心的土地问题而提出的解决方案。就像毛泽东在《论联合政府》一文中所指出的:"我们共产党人区别于其他任何政党的又一个显著的标志,就是和最广大的人民群众取得最密切的联系。"[1]而这个模式怎样能赢得人民支持、引起大家共鸣呢?还得需要通过有力的话语表达方式来传递。中国共产党在历史中有很多很好的"价值传递口号",比如"枪杆子里面出政权""将革命进行到底""科学技术是第一生产力"等,"打土豪、分田地"就是其中之一,短短几个字简单明了、易于理解,一下子就深入老百姓心里,不仅让老百姓明白了跟着共产党能干什么,还知道跟着共产党要怎么干。

"服务好自己的服务对象",这看似简单的一句话,却是创业过程中非常重要的生存法则,也是一个至关重要的成功秘诀。毛泽东同志"打土豪、分田地"就是做到了这一点,中国革命才能够获得绝大多数群众的支持,最终获得成功。我们在干事创业过程中,也应当牢记这样的思想智慧,在明确价值主张的前提下,探索科学高效的实现模式。

---

[1] 毛泽东:《毛泽东选集》(第三卷),北京,人民出版社,1991年,第1095页。

五、自力更生的"南泥湾"模式

> **创业知识小课堂** 自力更生
>
> 很多创业团队在刚开始的时候就想着有外部的融资、政府的补贴、银行的贷款,等等。其实,自力更生的创业更难能可贵,也会让自己尽快找到可以正循环的业务。自力更生,就是创业者凭着自己的积蓄和收入,以尽可能低的运营成本,实现快速的库存周转。
>
> 有这样一支军队,面对敌人层层围堵,采用了"自力更生"的方法,获得新生。

创业模式的构建是一个系统工程,在明确了价值主张之后,还要找到实现组织发展壮大的可持续资源支持,也就是还得解决人、财、物的问题。

20世纪40年代,敌后抗日根据地面临着日本帝国主义的疯狂进攻和"扫荡",国民党顽固派推行消极抗日、积极反共的政策,掀起一轮又一轮的反共高潮,对根据地的封锁也一日紧似一日。加上自然灾害的侵袭和非生产人员的大量增加,边区的财政经济遇到极大困难。当时,边区有着150万左右的人口,又多是土瘠地薄的高原山区。在国民党顽固派的封锁下,要负担数万名干部、战士以及全国不断奔赴革命圣地的青年学生的吃穿住用,实在是一个大问题。

面对严重的经济困难和物质困难,毛泽东说:"怎么办呢?饿死呢?解散呢?还是自己动手呢?饿死是没有一个人赞成的,解散也是没有一个人赞成的,还是自己动手吧!"1943年,毛泽东为大生产运动题词——自己动手,丰衣足食。

1940年5月,朱德从华北回到延安后,在协助毛泽东指挥敌后抗日根据地军事斗争的同时,十分关心陕甘宁边区财政经济工作状况。经过调查,朱德把注意力转移到陕甘宁边区蕴藏量很大、又是人们生活必需品的食盐上来。边区境内有五个盐池,边区内部消费不了。当时大家都没有想到用盐去换钱,以积累资金。朱德认为,如果把食盐销到附近需要食盐的陕西、山西、河南各地,可以换回大量资金?于是提出"现在自力更生是目前全党全军之极重大任务""我的意见是先从盐下手"。毛泽东赞成朱德提出的积极发展生产的方针,主要是投资盐业的发展。他说:"盐的第一个好处是解决出入口平衡问题,出入口问题一解决,物价、币价两大问题即解决了。"①

除食盐外,朱德认为羊毛也是边区的一大优势。全边区有羊 200 万只以上,单绵羊产的羊毛,每年就有 250 万斤以上,纺成毛线、织成呢子,不但可以自用,还可以出口。边区不宜植棉,棉花较少,可以用毛、棉或毛、麻混纺来解决穿衣问题。毛泽东、朱德雷厉风行地抓经济工作,措施有力,很快边区的经济形势便焕然一新。

1941 年,为克服经济上的严重困难,中共中央再次强调走生产自救的道路。各抗日根据地掀起了大规模的生产运动。其后,中共中央确定了"发展生产,保障供给"的经济工作和财政工作总方针。边区经济困难中最紧迫的是吃饭问题。为了解决这个问题,朱德提出一个重要主张,就是在不妨碍部队作战和训练的前提下,实行屯田军垦。为此,朱德选择一大片荒地——南泥湾,让部队去大干一番。

让我们一起穿越时空:
南泥湾的大丰收如何实现
(来源:电影《南泥湾》)

在这一时期,毛泽东还要求边区政府全力支持农民发展生产。他认为农民富裕起来了,才能有力地支持抗战。根据毛泽东的指示,边区政府采取了三项措施:一是制定优待移民、难民的政策,鼓励他们开荒生产;二是开展减租减息,调动广大农民的生产积极性;三是倡导劳动竞赛,表彰劳动模范。这三项措施有力推动了群众性的大生产运动,涌现出大批劳动英雄。农民获得实际好处后,更加把自己的命运同共产党、八路军紧紧地连在一起。

战士们用"一把镢头一把枪,生产自给保卫党中央"的歌声唤醒沉睡的土地,用汗水浇出万顷良田,把南泥湾变成了"粮食堆满仓,麦田翻金浪,猪牛羊肥壮"的"陕北的好江南"。一曲动人的《南泥湾》流传至今,久唱不衰。

---

① 李颖:延安精神的由来和体现,http://dangshi.people.com.cn/n1/2016/0908/c85037-28701080.html,访问日期:2023 年 11 月 5 日。

创业启迪

任何组织都无法依靠外界输血长期存活，必须要有自己的"可持续发展收入来源"。

面对敌人的围追堵截、军事包围、经济封锁，共产党的境遇十分艰难，别人不给物资，我们就自己造。毛泽东、朱德号召积极开展以农业为中心的大生产运动，实行精兵简政政策。因地制宜地合理运用边区的资源进行生产活动，通过卖盐和羊毛，解决了出入口平衡问题和物价、币价问题。共产党在自己的地盘开荒种地，开展土田军垦，生产物资，解决了边区的粮食问题，并能够在自给自足的基础上帮助广大农民一起开拓生产，为党内提供源源不断的物资，正是这稳定的"收入来源"，让我军和我党渡过难关。

1. **在创业早期，自力更生的益处有四个**。一是比接受外部资金更方便、更有效率；二是能够保有对组织的控制权；三是未来更容易获取他人的投资，因为自身已经证明了盈利模式，也会更赢得外界的尊重；四是自力更生的创业者往往更有耐心、更谦卑、更坚定、更注重行动，因此会用不同寻常的方式招募人才、执行项目。

2. **自力更生也有自身的弊端**。前期遭遇缺钱的困境，对风险的承受能力比较低，承担全责是自力更生的弊端。

3. **是否应该选择自力更生或者说自力更生的程度要多少？** 如何选择，创业者要结合自身当时所处的资源和环境，加以判断。但是无论如何，创业的成功必定是可以实现自身的正循环，不能一辈子依靠外界的"输血"。

对创业项目来说，不管是公益项目，还是商业项目，都需要稳定的收入来源才能长期运转，创业者要弄清自己的收入来源是什么，甚至追求多渠道获取，以保证项目的持续经营。尤其是一些公益项目，不要因为自己是"公益"的名头，就完全忽略资金的来源，完全依赖等、靠、要。有一天，当外部资金停止输送的时候，自己还没有形成正循环，自然就会走向崩溃。

六、"一带一路"开启新发展模式

> **创业知识小课堂** 合作共赢
>
> "大家好,才是真的好"是 20 世纪 90 年代很流行的广告词。在创业过程中,这句话依然适用,因为它体现了"合作共赢"的发展模式。
>
> 创新创业是一个复杂的系统工程,单纯依靠自己的力量、一味只追求自己好是很难长久的。创业过程中要学会与同行合作,形成互补优势,通过资源共享共同把蛋糕做大,在合作的过程中实现双方共同受益。如何实现合作共赢?不妨试试以下五个基本原则。
>
> 1. **诚信原则**:诚意当先、以诚相待。
>
> 2. **目标原则**:求大同、存小异,看准共同的目标价值,把握大局观。
>
> 3. **信任原则**:相互尊重、相互包容、相互信赖,把合作方当作朋友,而不是把金钱当作唯一合作的纽带。
>
> 4. **公平原则**:处理好纠纷,客观公正。
>
> 5. **沟通原则**:遇到问题要及时沟通,保持开放共享的心态。
>
> 无论国际形势如何变化、全球发展面临怎样挑战,中国提出全球发展倡议,有助于全球加强团结合作,实现共同发展。

2013 年,习近平先后在哈萨克斯坦纳扎尔巴耶夫大学、印度尼西亚国会发表演讲,先后提出共同建设"丝绸之路经济带"与"21 世纪海上丝绸之路",即"一带一路"倡议,随即在国内外引起了持续不断的广泛关注。

"一带一路"的历史渊源可追溯到"古代丝绸之路",主要分为陆上丝绸之路和海上丝绸之路。从西汉张骞出使西域,到隋唐、宋元的兴盛,明朝郑和下西洋等大事件,丝绸之路构建了当时中国同世界贸易往来和文化交流的通道,是中国与世界友好交往的历史见证。后来因为明清时期的闭关锁国,丝绸之路几乎中断,新中国成立后又因为美苏冷战影响,国家经济和对外贸易难以恢复正常。随着国际环境的好转,邓小平提出改革开放的伟大决策,并提出"两个大局"伟大构想,即率先发展各方面条件相对较好的东部沿海地区，中西部地区配合东部沿海地区率先发展，这是第一个大局，待到时机成熟时，重点发展中西部，这是第二个大局。"两个大局"战略构想，为我国改革开放后的区域经济发展勾画了新的发展蓝图，也为随后开展的西部大开发战略指明了前进的方向，更是成为"一带一路"倡议的重要理论渊源。

"一带一路"倡议自提出以后，持续受到世界关注。"一带一路"倡议并不是简单的国家区域经济发展战略，也不仅仅是中国和沿线国家和地区合作，它的覆盖范围包含东亚、东南亚、南亚、中亚、非洲和欧洲地区，世界上任何一个愿意一同承担构建人类命运共同体、利益共同体、责任共同体的国家或地区都可以加入"一带一路"的建设中。国家间通过这样一个平台，加强经贸往来、基础设施建设、人文交流与合作等经济、文化、科技、教育各个方面的互联互通，搭建全球性合作新平台。

据官方报道，截至2023年6月底，中国已经同150多个国家和30多个国际组织签署了200多份共建"一带一路"合作文件，形成一大批标志性项目和惠民生的"小而美"项目。[①]中欧班列呈现稳中有升的发展态势，通达欧洲20多个国家的190多个城市，这不仅是一条交通线，也是一张贯通亚欧的"互联网"，更是沿线国家和地区互利共赢的纽带。这些都足以说明"一带一路"建设惠及世界，充满无限广阔的发展空间。"一带一路"为世界各国实现共同现代化发展提供了伟大的中国方案，是构建人类命运共同体的伟大实践。

创 业 启 迪

创业时，大家往往都会思考要走什么样的"发展模式"或"商业模式"。很多团队或企业都在创业模式上不断地摸索和创新。那么何为"创业模式"？有人说是"创造价值的独特逻辑""一种盈利模式"……但无论怎样解读，似乎都跳不出"自身利益最大化"的怪圈。从中国共产党的发展之路看，真正好的发展模式不是"唯我独好"，而是与世界各国寻求可持续的共生、共享、共美地共同成长。

1. **共赢是最好的发展模式。** 如果一个团队只是一味追求"自身利益"，不可避免地就会与其他竞争者、合作者、服务对象站在对立的一面，或许

---

① 中华人民共和国国务院新闻办公室：共建"一带一路"：构建人类命运共同体的重大实践，2023年10月。

在短暂的时间内是能获得不菲利润的，但久而久之一定会被他人鄙夷，走上落寞之路。正如风云变幻的国际竞争，有些国家为自身利益不惜损害他国甚至其盟友的利益，看似眼下"风头正劲"，但终究会成为"过眼云烟"。中国共产党一直奉行共赢的理念，追求的是发展，崇尚的是共赢，传递的是希望，与世界舞台上的各个国家积极构建"一带一路"，这是人类未来的阳关大道，而不是某一个国家的私人小路。

2. **要坚持自己的发展模式**。"创业模式"现在已成为创业热词，各种模式创新层出不穷的同时，也出现了"模式追热"的现象，如"共享"模式火热时，出现了共享单车、共享车位、共享茶室、共享办公室等创业团队，但是"共享"模式真的适合每个团队吗？显然不是，创业是需要结合自己的特点、结合社会现实的需要，选择符合自身发展的模式。当前国际形势风云变幻，各国都在寻求新的发展模式，是跟在别人屁股后面跑，拉帮结派搞团伙、打压他国，还是坚持走自己的路？中国共产党给出了很好的答案，坚持走自己的路才能走出一条阳关大道。"一带一路"就是在中华文明几千年优秀的历史文化沉淀下的中国发展模式，也是中国共产党为世界发展提供的伟大"中国方案"。

七、精准脱贫任务艰，业务聚焦属关键

> **创业知识小课堂** 聚焦关键业务
>
> 在创业过程中，构建合理的创业模式至关重要。一个成功的模式构建，往往需要聚焦中心环节，整合资源、集中力量做好关键业务，不可四面出击。那么，什么是关键业务呢？
>
> 一般而言，关键业务是团队为保障其创业模式的可行性而必须做的最重要的事务，同企业所需的核心资源一样，往往是创造并提供价值主张、联系市场与客户、取得盈利等重要环节的基础。

> 中国共产党的价值主张是"为人民服务",并围绕这个宗旨聚焦关键业务出重拳、出快拳。

2021年2月25日,这一天,中华民族的历史翻开了崭新的一页。当天在京召开的全国脱贫攻坚总结表彰大会上,习近平总书记庄严宣告:"我国脱贫攻坚战取得了全面胜利!"现行标准下9899万农村贫困人口全部脱贫,832个贫困县全部摘帽,12.8万个贫困村全部出列。①

脱贫攻坚取得举世瞩目的成就,靠的是党的坚强领导,靠的是中华民族自力更生、艰苦奋斗的精神品质,靠的是新中国成立以来特别是改革开放以来积累的坚实物质基础,靠的是一任接着一任干的坚守执着,靠的是全党全国各族人民的团结奋斗。我们立足国情,把握减贫规律,出台一系列超常规政策举措,构建了一整套行之有效的政策体系、工作体系、制度体系,走出了一条中国特色减贫道路,形成了中国特色反贫困理论。提前10年,完成联合国2030年可持续发展议程的减贫目标!

为进一步加快脱贫攻坚进程,全党上下快速行动,举全国之力向绝对贫困宣战。习近平总书记亲自指挥、亲自部署、亲自督战,走遍14个集中连片特困地区,考察调研了20多个贫困村,以"钉钉子精神"一抓到底。在精准扶贫方略指引下,瞄准"扶持谁""谁来扶""怎么扶""如何退"问题,构建了体现社会主义制度优势、行之有效的帮扶体系。

在党和政府的领导下,全国各机关和有关单位与扶贫地进行结对,开展定点扶贫。而整合的全社会力量中,高校无疑是不可小觑的一支队伍。

北京科技大学在定点帮扶甘肃省秦安县的工作中,充分把握秦安县不同地域、不同群体、不同层面脱贫攻坚的特点,发挥教育和学科优势,调动全校力量,助力秦安实现脱贫摘帽。学校在秦安县创建了"贝壳梦想教室""贝壳爱心食堂"等帮扶项目,大力建设康坡村蜜蜂养殖文化园、樱桃产业带动示范园,推出独具特色的"彩陶+蜂蜜"农特产品,累计投入和引进资金3770万元,购买和帮助销售农特产品2059万元,助力秦安脱贫攻坚。学校许多干部离开校园,奔赴一线,将汗水挥洒在帮扶县的大山深处。其中,获得"全国脱贫攻坚先进个人"荣誉称号的李萌老师便是杰出代表。

---

① 习近平:在全国脱贫攻坚总结表彰大会上的讲话,载《人民日报》,2021年2月26日,第2版。

2018年11月，马克思主义学院李萌老师来到甘肃省秦安县西川镇小寨村任第一书记，刚离开北京的时候，他的女儿还不到3个月大。脱贫攻坚任务繁重、工作量极大，几乎没有周六日和节假日。2020年这一整年，他只回过北京两次。但他依然无怨无悔坚守在脱贫攻坚的第一线。两年来，他做好联通北科大与小寨村的桥梁，整合链接两地资源，在当地产业发展、教育发展、人居环境改善、文化生活塑造等方面做出了突出贡献。在未来乡村振兴的发展轨道上，北京科技大学和秦安还将亲密合作、携手前进！

从党中央，到一线基层扶贫干部，全国上下齐心共同奋斗，如期完成了新时代脱贫攻坚目标任务。困扰中华民族几千年的绝对贫困问题历史性地得到解决，创造了彪炳史册的人间奇迹！

创 业 启 迪

创业者在创业过程中，要抓住主要矛盾，针对团队创业所处的各个阶段进行科学分析，制定并聚焦于自己的关键业务，围绕最关键的点打通打穿，而不是像撒胡椒面一样各个方面都涉及，但都不深入。中国共产党在带领中国人民实现中华民族伟大复兴的艰难历程中，一直以国家富强、民族独立、人民幸福为己任，灵活调整并把握各个时期的发展主要矛盾所在，联动分析、把握关键、精准出击，完成了一次又一次的战略部署，取得了一个又一个的伟大胜利。

1. **联动分析：拒绝割裂思考，以联系和综合的眼光分析问题**。党自成立以来，坚持一切从人民出发，一切为了人民，明确以人民幸福和民族复兴为重要使命，代表最广大人民的根本利益，因而其发展各个阶段采取的战略部署都紧扣当下社会进步和人民生活水平提升的现实需求，从政治、经济、文化、社会等多维度综合思考，以全面的眼光、平衡可持续的视角完成目标规划，充分考虑可行性、实效性，以确保稳中求进，取得长远的胜利。

在构建创业模式时，创业团队不能将各个要素割裂开来思考，而应该联动起来：先锁定目标客户群体，再明确价值主张和客户关系，最后通过关键业务的制定和确立，整合核心资源与重要合作，以一定的渠道触达客户，在整个过程中时刻关注成本核算与收入来源，这样才能构建一个完整的创业模式。

2. **把握关键**：唯有明确关键业务，集中资源精准发力，才能实现重大突破。在中国共产党领导的脱贫攻坚战中，一则脱贫攻坚正是现阶段人民生活水平提升和社会进步发展之路上的"关键业务"；二则只有再度精准锁定"关键业务中的关键"，才能高效整合核心资源——"措施到户精准、项目安排精准、资金使用精准、因村派人精准、脱贫成效精准"。正如前文中提到的，从中央到地方，从政府到企业，甚至到每一所高校都积极参与到脱贫攻坚任务中。脱贫攻坚战对中国农村的改变是历史性的、全方位的，党中央统一部署、明确方向，各地结合实际精准发力，才成就了今天脱贫攻坚的全面胜利。

在综合分析的各要素中，真正呈现出重大影响的还是"关键业务"，所以明确关键业务，集中资源、集中力量精准发力，力求实现与突破，才是构建商业模式的核心要点。

思考训练

请完成以下思考训练题目：

1. 中国共产党是如何统筹长期规划与短期规划的？

2. 在创业过程中遇到未曾设想过的难题时，该如何吸纳他人的智慧进行决策？"试点"这一方法给了你怎样的启发？

3. 在创业过程中，你将会如何搭建自己的创业模式？怎样检验自己创业模式的可行性呢？

4. 你认为计划与模式有哪些区别？要想搭建体系化的创业模式还需要明确哪些要素？

5. 身处百年未有之大变局中，我们应该积极学习借鉴并不断创新创业模式的哪些内容？

第四章 创新是进步的灵魂

CHAPTER FOUR

求突破：不断创新和持续发展

本章导读

创业之路必然面对不确定的人和事，没有一种情况会相同、书本里会有答案。智慧的人能实事求是地找到正确的路，那些死板、教条地遵循"本本"的人反而路越走越难。

我国如何走上中国特色社会主义道路？答案就在创新之中。习近平总书记在党史学习教育动员大会上提出："我们党的历史，就是一部不断推进马克思主义中国化的历史，就是一部不断推进理论创新、进行理论创造的历史。"[①]

在革命年代，当革命陷入迷途、遭受挫折失败的时候，以毛泽东为代表的中国共产党人把马克思主义和中国革命的实际相结合，创造性地提出了关于如何进行中国革命的理论，开辟了中国特色的革命道路，最终赢得胜利；在建设社会主义年代，当我们党对如何建设社会主义认识不清、陷入迷途时，以邓小平为代表的中国共产党人继续解放思想，进行理论创新，开辟了中国特色社会主义道路，使党的事业重新焕发了生机活力；当我们面对东欧剧变、苏联解体，众多社会主义国家执政党垮台的严峻现实时，中国共产党及时正确地提出了建设什么样的党以及如何建设党的理论，使我们党经受住严峻考验；在今日，以习近平同志为核心的党中央创造出习近平新时代中国特色社会主义思想，带领中国走上民族复兴的康庄大道。

党的百年历史深刻启示我们：创新是团队持续发展的源泉和动力！今天，随着大数据、人工智能、物联网、新能源、新材料等新技术的不断进步与发展，团队在时代大浪潮中迎风破浪、勇往直前的难度也在不断提高，若想立足时代开创一番事业，唯有创新。

[①] 习近平在党史学习教育动员大会上强调：学党史悟思想办实事开新局 以优异成绩迎接建党一百周年，新华社北京 2021 年 2 月 20 日电。

第一节 思维创新

学习目标

1. 学习中国特色社会主义的理论创新；了解改革开放的创新方法与重要意义。
2. 学习系统创新思维的"三性"与提高创新能力的"三力"；了解建立经济特区过程中的制度创新。
3. 通过科学的方法提高创新能力；学习开拓式创新、组合式创新等创新方法。

一、从教条主义到理论创新

创业知识小课堂 不确定性环境

不确定性环境，顾名思义就是指复杂多变、不可预测的环境。

创业是蕴含不确定性的过程，因而创业者时时刻刻都处于不确定性环境之中，能否及时识别、正确应对不确定性环境是创业成功与否的决定性因素。

如何在不确定性环境中寻求发展呢？一个秘诀就是创新。不确定性环境常常会成为激发创业者振奋精神、积极推进创业进程的内驱力。不确定性环境会让创业时刻处于危机之中，面对不确定的情景，没有任何一种情况会在书本里找到答案。只有勇于直面未知、激发创新思维的人才能探索出解决问题的方法。创新是在不确定性环境中的必然选择。

党自成立之初，就一直处在各种不确定性因素交织的环境中，但党从不是在"本本"中抄答案，而是探索走自己的创新之路。

自建立之初，中国共产党便在风云跌宕、内忧外患的国内外局势中艰难探索革命道路与党组织建设形式。苏联和共产国际曾向"初生"的中国共产党施以援手提供指导，却不希望中国共产党忤逆"权威"，独立自主地领导武装革命。加之这一时期，全党的马克思主义水平也比较低下，不少高层党员支持革命必须模仿学习苏联道路的思想，在思想政治上形成了一系列错误判断，导致中国革命屡遭挫折甚至停滞不前。面对与苏联不同的革命环境，这些人仍恪守教条主义的思维模式，急于从"本本"中寻求详细解答，结果反而打压了革命势头，差点使革命事业功亏一篑。

事实上，对中国共产党人来说，想要在新国情、新问题下应用好马克思主义这一真理，就必须在马克思主义和苏联道路基础上加以本土化的创新，使之符合中国的国情和特点。毛泽东找到了脱离教条主义的方法：创新且持续地创新理论。建国初期，《论十大关系》就是毛泽东"以苏为鉴"，将马克思主义与中国实际相结合提出的处理当时国内十大问题的正确报告，这是马克思主义理论的中国化，也是对马列主义的巨大理论创新。

《论十大关系》是1956年4月毛泽东在中共中央政治局扩大会议上的讲话。早在新中国成立初期，由于多方因素的影响，我们选择参照斯大林时期的苏联模式并加以照搬。但毛泽东始终认为，尽管苏联社会主义建设的经验作为成功先例值得借鉴，但并不能完全照抄，中国社会主义建设仍应脚踏实地地从中国的实际出发。第一个五年计划后苏联模式和斯大林个人崇拜的弊端越发明显，如何避免重蹈覆辙成了当时的重要课题。

这种情况下，中国共产党重新审视苏联模式的经验教训，毛泽东更加明确"以苏为鉴"思想，并于1956年用一个半月时间听取了工业、商业、农业、财政等34个部门负责人的工作汇报，数次深入讨论之后，形成了《论十大关系》这一重要讲话。毛泽东同志分析的十大关系包括：重工业和轻工业、农业的关系；沿海工业和内地工业的关系；经济建设和国防建设的关系；国家、生产单位和生产者个人的关系；中央和地方的关系；汉族和少数民族的关系；党和非党的关系；革命和反革命的关系；是非关系；中国和外国的关系。这十大问题都是在吸取苏联教训、结合中国国情的基础上提出来的，涉及我国社会主义经济、政治和思想文化生活各个方面。《论十大关系》通过对社会生活全方位的深入分析来发现现存的矛盾问题，以便及时调动国内外一切积极因素为社会主义事业服务。体现了中国共产党试图在中国找到一条比苏联更好的社会主义建设道路的决心和魄力。

不仅如此，早在过渡时期处理社会矛盾之时中国共产党就曾大胆地进行过理论创新与理论实践：把民族资产阶级同无产阶级的矛盾作为人民内部矛盾来处理，并且用和平的方法处理与资产阶级的关系。

无产阶级夺取政权后，应如何对待资产阶级，怎样快速发展生产力呢？针对该问题马克思和恩格斯都曾提出赎买的思想并"容许"无产阶级尝试和平废除资本主义所有制，正如恩格斯所说"我们决不认为，赎买在任何情况下都是不容许的"①。然而，遗憾的是，马克思和恩格斯这一设想最终并未在实践中予以验证。在此之后，列宁也根据俄国实际对和平赎买理论进行了发展。他不仅指明了可以妥协或赎买对无产阶级有益的资本家，还进一步提出了国家资本主义的各种形式。但由于历史与现实种种原因，和平赎买也未能在俄国实行。

中国共产党不仅从实际出发丰富和创新了理论，还敢于将从未实行过的设想在中国进行实践。

"在全行业公私合营以前，使私营企业获得合理利润，进而实行按比例分配利润；在全行业公私合营以后，采取定息制度，并对资方在职人员全部由国家分配工作。"②以毛泽东为代表的中国共产党人科学分析了中国民族资产阶级的历史特点，创造性地运用马克思、恩格斯、列宁关于和平赎买的科学设想，成功废除了资本主义私有制，开辟了一条具有中国特色的资本主义工商业社会主义改造的道路。

可以看到，中国革命、建设的具体方法，无法在马克思主义经典著作中找到，也无法完全复制其他国家的方式方法，只能靠我们自己不断创新，做好规划。中国共产党人面对已知敌人敢于革命，面对未知事物时也不怯战，以高超的创新智慧和艰苦奋斗的革命意志，彻底改造了原本一穷二白的中国，一步一步"站了起来、富了起来、再强起来"。

面对与俄国完全不同的社会情景，马克思主义理论在一些人手里沦为教条，而在毛泽东等共产党人的突破后却成为理论创新的武器。马克思主义经典作家的科学思想没有经历创造性的践行，仍然只会是困于书本的理论设想，在中国共产党的积极作为下却开辟了一条通往社会主义的崭新道路。书本中的内容不会为任何人提供解决当下问题的标准答案，灵活思考、敢于思维创新的人却能遵循书中的真理找到正确的方向，那些恪守教条的人反而四处碰壁。创业旅程中将会面对大量不确定的情景，书中的理论更新远远赶不上时代的变化，只有拥有创新思维的人才能探索出实践的道路。

---

① 中共中央马克思恩格斯列宁斯大林著作编译局：《马克思恩格斯文集》（第四卷），北京，人民出版社，2009年，第529页。
② 陈云：《陈云文选》（第三卷），北京，人民出版社，1995年，第35—36页。

创 业 启 迪

创业是一个未知的征途,创业者面对的将是一个不确定的世界,正因如此,我们更不能盲从书本,只有不断提升和优化自己的系统性创新思维,才能消化更多的不确定,拥有更多的掌控感;才能使自己的工作更有效率,更快见到奋斗效果。如何避免陷入教条主义的泥潭,训练自己的创新思维呢?

1. **以史为鉴,坚决反对教条主义**。"以铜为镜,可以正衣冠;以史为镜,可以知兴替。"党的创业历程告诫我们,教条主义不可取,唯有因地制宜地创新方能走向光明大道。在当前创业过程中依据和借鉴理论知识,同样需要杜绝脱离实际的教条主义,深入系统地学习马列主义、毛泽东思想、中国特色社会主义理论体系,基于实际的创业环境和创业问题展开理论思考,着眼于理论与实践的创新发展。以史为鉴,继往开来。

2. **立足实践,实事求是开展调查研究**。"工欲善其事,必先利其器。"创业者身处不确定环境中,想要创新思维,首先要做的就是对自己所面临的实际情况进行全面深入的了解,力戒一切从书本出发的教条主义,必须实事求是地开展调查研究。无论是《论十大关系》的提出,还是和平赎买政策的实行,都是中国共产党运用诸多调查研究方法科学考察的成果。伴随着国内外市场经济的风云变化,许多从未遇到过的新情况、新问题摆在创业者面前,更需要我们秉承实事求是的科学态度,立足实践,深入实际,灵活应用各种调查研究方法,搞好调查研究。在真实的调查基础之上,做到真正的思维创新。

3. **抓住机遇,坚定敢于创新的勇气**。"物不因不生,不革不成。"中国共产党敢于挑战权威、进行理论和实践创新的勇气值得我们学习。当年,共产国际认为山沟沟里出不了马列主义,认为中国共产党只有完全听命于共产国际的指挥,完整复刻苏联革命道路才能取得革命的胜利。但是中国共产党不认命、不盲从,坚决找寻自己的路,最终用革命的实践证明所谓的"权威"是错误的。倘若没有创新理论的勇气,没有大胆突破、挑战权威的魄力,我们不知,星星之火几时才能成燎原之势。理论创新是革新,是突破。拥有敢闯敢冒险的大无畏革命精神，拥有进一步追求和探索真理的创新精神，拥有付诸行动一往无前的实践精神，才能更好地抓住创业机遇，脱颖而出。

二、从局部思维到系统思维

> **创业知识小课堂** 系统思维
>
> 系统思维也叫整体性思维，是把事物当作一个系统或整体来思考，从全局出发把握事物的运动变化发展、着眼整体综合分析事物轻重缓急。系统思维一般具备全局性、开放性、动态性的特征。对于创业团队来讲，具有系统思维非常重要。
>
> 系统思维作为一种科学的思维方式，是中国共产党在理论创新和实践探索中一步步建成中国特色社会主义事业的重要思维方法。系统思维也是党与时俱进理论创新的重要工具。只有突破旧思想旧观念，进行理论创新，我们才能在新的理论指导下，实现制度创新、道路创新、科技创新、文化创新以及其他方面的创新，而理论的持续创新就需要以现代科学思维方式作为工具。[1]

中国共产党在领导中国革命、建设的事业中，基本的思维特征之一就是系统思维。中国共产党人早在研究和引入马克思主义时，就认识到系统思维的科学性和重要性，并且注重自身系统思维的培养与加强。在带领人民军队进行革命探索的过程中，中国共产党运用系统思维创新理论、改革军队，最终取得了战争的关键性胜利。

中国共产党之所以能取得新民主主义革命胜利，是因为我们党找准了革命的力量。毛泽东认为：革命力量取自农民。力量如何取得？农民拥护党、加入党的军队。意识到农民群众的重要性，毛泽东开始做群众工作，进行土地革命、"打土豪、分田

---

[1] 刘力波：系统思维视域中的中国特色社会主义事业总体布局，载《学术论坛》，2010 年第 1 期，第 53–56 页。

地",大搞革命根据地建设等工作。值得一提的是,毛泽东还从政治角度考虑军事问题,对军队进行了史无前例的创新改革。自此,共产党的军队打到哪里就把群众工作做到哪里,赢得了民心也获取了力量。整合军队与人民的关系,这就是毛泽东系统思维方式的具体应用。

再看游击战争,中国共产党领导的游击战,倘若没有人民群众的支持是无法进行下去的。兵民是胜利之本!毛泽东始终认为,"决定战争胜败的是人民,而不是一两件新式兵器"[①]。在抗日战争中,地雷战、麻雀战、破袭战等战法的创新,都是人民战争的生动体现。"铁道游击队""沂蒙红嫂"等人民群体,都是战争年代群众英雄的光辉写照。可以说,游击战争本质上就是人民战争。

反观国民党,为什么打不了游击战?根本原因就是其将军队与群众割裂了开来。但事实上两者是断不可分离的。随着国民党反共的意图日益明显,其部队也到处压榨农民,制造冲突,导致国民军同人民的关系越发疏远。正所谓抗敌不足,殃民有余。这样的军队又怎么能得到人民群众心甘情愿的拥护呢?

百年来党的建设,始终坚持系统思维。中国特色社会主义事业也是一个复杂的系统,这个系统中包含着政治、经济、文化、社会、生态等多个领域,每个领域都有各自发展的阶段性目标和最终目标,所有这些目标都不是孤立的,它们的实现往往依靠彼此间协调配合。正如邓小平所说:"现代化建设的任务是多方面的,各个方面需要综合平衡,不能单打一"[②]。依据系统思维,中国特色社会主义事业必须以系统规划着眼整体,再循序渐进地分步实施。党的十八大提出的"五位一体"总体布局的思想就具有典型的系统思维特征,"五位一体"绝不是经济建设、政治建设、文化建设、社会建设和生态文明建设五个领域的单独发展,而是在坚持整体精神的原则下,整合各复杂要素,力求全国上下共同协作。

总之,百年来我们党坚持系统思维,始终把中国特色社会主义事业看作一项系统性工程,在社会主义建设总体安排上,即使有轻重缓急之分,但从无顾此失彼之偏。[③]也正因如此,我们的"五位一体"建设从未分崩离析,也从未迷失方向。

---

① 毛泽东:《毛泽东选集》(第一卷),北京,人民出版社,1991年,第2版,第195页。
② 邓小平:《邓小平文选》(第二卷),北京,人民出版社,1994年,第250页。
③ 蔡克文、戴自荣:一以贯之坚持七大思维:百年党的建设的成功经验,载《中共四川省委党校学报》,2021年第4期,第7—15页。

创 业 启 迪

相信很多人都知道蝴蝶效应,南美洲热带雨林的一只小蝴蝶,稍稍扇动翅膀,就可以导致美国得克萨斯州的一场飓风和一系列连锁反应。因为很多要素之间都是相互关联,相互影响的。"牵一发而动全身"就是这一道理。

随着现代社会分工的精细化和生活节奏加快,局部思维和浅层思考方式使越来越多的人习惯于从单一角度看待问题。但实际上,现实世界中的事物往往是复杂、不确定性的。尤其是信息时代的来临,创业者每天都会面对海量的信息,是否具备收集、分析、处理这些信息的能力显得极其重要。而系统思维可以帮助我们全面而立体、明确而有效地处理纷杂的问题。创业者如何培养自己的系统思维呢?

1. **明确观点立场**。要准确地找准自己的位置坐标,也就是说要在各种不确定中首先找到一个确定的点,有清晰的方向和目标。党的理论创新,始终坚持群众立场。由此,就有了明确的方向和目标。无论是一个人还是一个组织,只有定位准确,方向明确,目标清晰,才能够集中力量去做事。创业过程中也要给自己一个明确的方向和目标,这样才能分清轻重缓急,排除更多干扰,而不是想到哪里做到哪里。

2. **深入思考,分析事物本质**。明确观点并不是专注个别事件,而是主张深入思考之后看到事件之间的相互联系以及发展趋势,更是要看清事物表象后的本质。因为决定事物发展的不是表面现象,而是本质。就像很多创业者把工作重心放在了营销、结交高端人脉等方面,但往往事与愿违。创业的本质是能为服务对象提供怎样的服务和产品,创造怎样的价值,产品不行营销再好也终会翻车。所以,看问题做事情去找到事物的本质,围绕本质努力才是最有效的方法。毛泽东就是看到军队与人民"鱼水关系"的本质,才能领导各种伟大的人民战争。

3. **立体化思考,着眼于全局**。做大事必先明大局。只有观大势,才能应势而动、顺势而为。因此,在改革、决策、创新时,创业者要学会立体化思考,既要从整体出发,又要兼顾细节,既能把握大局、洞察现实,又能科学规划、于细微处入手实践。正如"五位一体"总布局就是一个有机整体,其中经济建设是基础,政治建设是保证,文化建设是灵魂,社会建设是条件,生态文明建设是要求,既体现了全局协调发展,又指明了具体实践任务。

三、从闭门造车到拥抱变化

> **创业知识小课堂** 基于创新和开放的创业
>
> 创业要成功,自身竞争力就得高,那么如何提高自身的竞争力呢?肯定是不能关起门来搞建设,而是需要不断开放和创新。
>
> 党的十一届三中全会之后,邓小平提出了改革开放的路线,为我国经济的发展提供了无限的机遇和可能,打破了之前只能通过西方人的道路来进行现代化建设的魔咒,创新了实现现代化的路径,为中国成为世界第二大经济体奠定了坚实的基础。

创业最憎守成,创新最怕抱残。任何大胆开放思想的提出,在开始之时都会让人难以一下子接受,正如"改革开放"初期也是困难重重。

1978年5月11日,《光明日报》刊登了一篇题为《实践是检验真理的唯一标准》的文章,之后被《人民日报》《解放军报》等多家报纸转载。真理标准问题的探讨给人们带来了思想上的解放,不仅推动了各条战线的拨乱反正,而且促进全党对于社会主义建设和今后的发展道路进行思考,但这篇文章的提出并不容易。

在新中国成立初期,中国经历了一段时间的探索和发展以后,进入了一段曲折的历程。1976年,我们终于迎来了一个转折期。但正在人们觉得中国很快就要迎来新发展机遇的时候,1977年2月,《人民日报》和《解放军报》刊登了一篇文章,里边有两句话:凡是毛主席做出的决策,我们都坚决维护;凡是毛主席的指示,我们都矢志不渝地遵循,这两句话后来被概括为"两个凡是"。"两个凡是"提出以后,对于当时中国来说，不得不说又是一种束缚。改革先锋胡福明用自己的哲学眼光和专业学识意识到了"两个凡是"是有一些问题的，他勇敢站出来准备对"两个凡是"表达自己的不同意见。但是，如果只是批判"两个凡是"的话，其实说服力不是那么大，批判旧理论还需要明确新的方向，如果新理论被大家认可的话，那么批判旧理论才更能立得住。胡福明开始思考什么是真理的标准，他经过深入思考研究后认为应该是实践，他发现马克思、恩格斯、列宁、毛泽东这些人用实践证明自己的理论、发展自己的理论。马克思主义已经经过证明实践科学的理论，他认为实践是检验真理的标准是一个不破的真理。观点被提出来了，光自己知道不行，还得让更多人能够看到，接受新的观点，他于1978年5月11日在《光明日报》发表了文章《实践是检验真理的唯一标准》，公开表达了自己的观点。

这篇文章一出，立刻引起广泛讨论。当时全国很多地方都召开各种学术会议、报告会议进行了讨论。那一年，几乎所有的文章都在讲这个主题，甚至有30多位省部级或是军队里的高级官员都出来

让我们一起穿越时空：
邓小平如何看待《实践是检验真理的唯一标准》
（来源：电视剧《历史转折中的邓小平》）

对这个问题进行表态，有的人非常赞成，认为马克思主义不是教条。但是，也有人反对，还有人站出来指责这篇文章有很大的政治问题，犯了大的政治错误，是"砍旗"的。讨论后来传到了中央，在关键时候，邓小平站了出来，他说自己翻阅了所有的马列专著，马克思、恩格斯、列宁都没有说过这句话，毛泽东同志也没有说过这句话，但实事求是是毛泽东思想的出发点和根本点，所以这个观点没有问题。也正是邓小平对这篇文章的肯定，也才彻底打消了人们的顾虑，让全国人民开始对历史进行反思和放眼看世界。1978年12月，党的十一届三中全会召开以后中国开始实行的对内改革、对外开放的政策，正式吹响了"改革开放"的号角。但是，改革开放政策的提出也引起人们对于中国发展道路的担忧，许多人担心改革会将中国引向资本主义道路，因此，在每一项改革措施实施之时都会问，这是姓"资"还是姓"社"。这样的心态也在影响着改革开放的进程。

改革开放初有个著名的故事"傻子瓜子"。1981年9月4日，拥有100多名雇员的"老板"年广久正在炒瓜子，家里突然来了4个人：芜湖市副市长、芜湖日报社总编辑、工商局副局长和公安局副局长。年广久很紧张，他以为又要被抓了，因为他曾因卖鱼、卖板栗"二进宫"。不料，那位副市长品尝了瓜子后说："口味很好。要放开干，把瓜子牌子创出来，打到各地去，为芜湖增光！"第二天，《芜湖日报》就发表

了题为《货真价实的"傻子瓜子"》的报道。

"傻子瓜子"火了！麻烦也来了。在1983年底的一次全国性工商会议上，有人提出年广久雇工人数超过国家规定，即私营企业雇工超过7人以上就构成"剥削"，应限制其发展。"年广久是资本家复辟"的说法也传到了安徽省委。之后，安徽省委派人到芜湖调查并写了报告，这份报告最后转到邓小平手里。1984年10月22日，邓小平在中央顾问委员会第三次全体会议上明确指出："我的意见是放两年再看。那个能影响到我们的大局吗？让'傻子瓜子'经营一段，怕什么？伤害了社会主义吗？"[1]

有了邓小平的一锤定音，民营企业开始蓬勃发展。接着在1988年，中国修订宪法，在宪法中明确规定："国家允许私营经济在法律规定的范围内存在和发展。私营经济是社会主义公有制经济的补充。国家保护私营经济的合法的权利和利益，对私营经济实行引导、监督和管理。"[2]私营经济从此合法了。

改革开放的过程之中虽然充满着未知的艰难，但中国共产党依旧毫不迟疑地向前走。

创 业 启 迪

正是"贫穷不是社会主义""社会主义也可以搞市场经济"等理论创新思维坚定了社会各界实践改革的信心，党领导下的创业致富路才走得更加通畅。中国共产党在社会主义改革时期的理论创新给我们启发，要想有开放的理念和创新的勇气，需要以下"三力"。

1. **洞察力**。每一次巨大的市场和行业变化都孕育着巨大的机遇，创业者需要敏锐地感受和洞察市场变化、行业前沿趋势与客户需求，并在变化中寻找机会。正如胡福明敏锐地发现"两个凡是"的问题，并用自己的专业深入研究，阐述了"实践是检验真理的唯一标准"的理论，很大程度上解放了当时人们的思想。

---

[1] 邓小平：《邓小平文选》（第三卷），北京，人民出版社，1993年，第91页。
[2] 《中华人民共和国宪法修正案（1988年4月12日）》，第一条。

2. **决断力**。创业者是敢于承担风险和责任、开创并领导一番事业的人。因此创业者的创新往往就在冒险。创新一定需要敢于做出取舍，创业者需要承担创新带来的后果，畏首畏尾、患得患失搞不了创新。邓小平对于"傻子瓜子"一锤定音，正是果敢的决断力的体现。创新就要敢于投入、敢于冒险。

3. **意志力**。创新充满曲折艰难，往往不会一帆风顺、轻易成功，创新是一个不断试错、不断突破的过程。每一次挫折和失败，都是为下一次成功探索和创新。正如改革开放，就是在艰难和挫折中总结经验教训，并继续努力奋斗，坚定不移地向前走，才能最终走向成功。

四、从线性增长到组合创新

> **创业知识小课堂** 组合式创新
>
> 组合式创新是指基本要素的重新组合。在组合式创新中创新就是指建立一种新的生产函数，把一种从来没有的关于生产要素和生产条件的新组合引入生产体系，以实现对生产要素或生产条件的新组合。任何经济结构都可以拆解为"产品、技术、市场、资源和组织"这五个基本要素。将这些旧要素进行重新组合，便可称为创新。这种创新便称为组合式创新。
>
> 在20世纪，面对我国生产力远落后于西方的严峻形势，我们党决定吸收资本主义经济中有利于社会主义经济发展的因素，并将其组合于社会主义经济之中，实行社会主义市场经济，从而促进我国社会主义事业不断发展。

创业往往要敢于打破固有思维，要敢于打破认知边界。社会主义也可以搞市场经济，就是最好的打破认知边界的例子。1979年11月26日，邓小平在一次接见外宾的谈话中，就对市场经济从理论上做了阐述。他说："说市场经济只存在于资本主义社会，只有资本主义的市场经济，这肯定是不正确的。社会主义为什么不可以搞市场经济……市场经济不能说只是资本主义的。市场经济，在封建社会时期就有了萌芽。社会主义也可以搞市场经济。"①

1985年10月，邓小平又提出"社会主义和市场经济不存在根本矛盾"。1987年2月6日，邓小平同几位中央负责同志谈话时指出："为什么一谈市场就说是资本主义，只有计划才是社会主义呢？计划和市场都是方法嘛。只要对发展生产力有好处，就可以利用。它为社会主义服务，就是社会主义的；为资本主义服务，就是资本主义的。"②

在20世纪80年代，中国开始走向市场经济的同时，也诞生了一批民营企业家。但当时民营经济处于起步阶段，资金较为匮乏，民营企业与国营企业在银行的信用水平也有着很大的差别。许多计划外的产品，没有部门可以为其解决资金问题。飞乐音响首届董事长秦其斌就遇到了这样的问题，他想带领电声总厂开拓经营，却为资金发愁，就在这时，一个新的词"股票"出现在他眼前。但此时的秦其斌并不知道"股票"的真实含义。他的理解，股票就是"国库券"，是一种集资的凭证，跟借条差不多。当时中国还没有证券交易所，他只能找银行代为发行，最后找上了工商银行上海信托投资静安分公司的经理黄贵显。秦其斌不懂股票的真正意义，黄贵显作为银行工作人员是清楚的。为此黄贵显立下军令状，做不好由他承担责任。

1984年11月，上海飞乐音响公司公开发行股票，并于当日被抢售一空，同时上海飞乐音响公司也成为改革开放后上海第一家试行股份制经营管理的股份有限公司。1986年11月，纽约证券交易所董事长访华，邓小平把一张面值50元的飞乐股票赠送给他。这一具有象征意义的举动表明，股票和股份制并不为资本主义所独有，社会主义国家也可以使用。

1984年10月，党的十二届三中全会通过《中共中央关于经济体制改革的决定》，提出和阐明了经济体制改革的一些重大理论与实践问题。该政策突破了把计划经济同商品经济对立起来的传统观念，提出我国社会主义经济是"公有制基础上的有计划的商品经济"，突破了把全民所有同国家机构直接经营企业混为一谈的传统观念，提出"所有权同经营权是可以适当分开的"。③这是党在计划与市场关系问题上取得的新认识。

---

① 邓小平：《邓小平文选》（第二卷），北京，人民出版社，1994年，第2版，第236页。
② 邓小平：《邓小平文选》（第三卷），北京，人民出版社，1993年，第203页。
③ 中央党史和文献研究院：《中国共产党简史》，北京，人民出版社、中共党史出版社，2021年，第244页。

在民营经济不断发展的同时，其他的非公有制经济也在国家的引导下不断地得到发展，以公有制为主体、多种经济形式并存的所有制结构逐渐形成。

到20世纪90年代初，邓小平针对把市场经济与资本主义完全等同起来的思想上和理论上的混乱认识，明确指出："我们必须从理论上搞懂，资本主义与社会主义的区分不在于是计划还是市场这样的问题。"[1] 1992年，邓小平在南方谈话中就市场经济是不是必然姓"资"，以及社会主义可不可以搞市场经济的问题，做了一个清楚明白、透彻精辟的总回答。他说："计划多一点还是市场多一点，不是社会主义与资本主义本质区别。计划经济不等于社会主义，资本主义也有计划；市场经济不等于资本主义，社会主义也有市场。计划与市场都是经济手段。"[2]

可见，正是因为邓小平对计划与市场的本质分析得非常透彻，明确了社会主义与资本主义的区别不是计划经济与市场经济的区别，才能提出"社会主义市场经济"的科学论断，为中国40多年改革开放提供理论依据和前行动力。

创 业 启 迪

社会主义能否搞市场经济？这是一个世界性难题，马克思主义经典著作中没有讲过，西方经济学家认为二者互不兼容。我们党立足中国国情和发展阶段，创造性地把社会主义基本制度与市场经济结合起来，建立社会主义市场经济体制，是改革开放以来艰辛探索的结果，是前无古人的伟大创举。习近平总书记指出："在社会主义条件下发展市场经济，是我们党的一个伟大创举。"

邓小平同志曾说，计划与市场都是经济手段，市场经济也可以为社会主义服务。因此，从某种角度讲，"社会主义市场经济"也是一种经济手段的伟大"组合式创新"。人类的许多创造成果来源于组合，正如一位哲学家所说："组织得好的石头能成为建筑，组织得好的词汇能成为漂亮文章，组织得好的想象和激情能成为优美的诗篇。"可见，组合式创新是一种常见的创新模式，它往往依赖的不是原始创新或技术创新，而是对于新需求的敏锐洞察。

---

[1] 邓小平：《邓小平文选》（第三卷），北京，人民出版社，1993年，第364页。
[2] 邓小平：《邓小平文选》（第三卷），北京，人民出版社，1993年，第373页。

首先，社会主义市场经济继承与发展了马克思主义，中国特色社会主义市场经济遵循了马克思主义的普遍原理，坚持了以公有制为主体、以按劳分配为主体、以共同富裕为目标的社会主义本质属性，同时根据中国国情和处于社会主义初级阶段的实际，强调毫不动摇鼓励、支持、引导非公有制经济发展，探索公有制多种实现形式，实现多种所有制经济共同发展，从根本上探索了一条在生产力落后国家建设社会主义的成功道路，丰富与发展了马克思主义的理论与实践。

其次，中国特色社会主义市场经济体制也突破了西方经济学公有制与市场经济不相容的教条，进一步丰富和深化了人们对市场经济的认识。

由此可见，创业时要想通过组合方式实现创新，一方面要继承和汲取各方面的优势；另一方面要敢于打破边界认知，要有"强扭的瓜也能甜"的想象。例如，当我们给一个拖拉机装上一门大炮的时候，就得到了一辆坦克；当我们给手机装上摄像头的时候，就有了"扫一扫"的可能性；当我们给眼镜装上小电脑，就成了智能眼镜；当我们给牙刷装上发动机，就成了电动牙刷。

第二节 科技创新

学习目标

1. 了解红军时期的技术创新故事。
2. 了解我国太空探索、深海探测等重大科学领域的重要进展。
3. 了解技术创新的两条路径；学习新时代的天问精神、深潜精神。
4. 学会用好现代技术赋能团队建设与创业过程；学会用技术创新解决产业中的实际问题。

五、技术创新照亮长征之路

> **创业知识小课堂** 技术创新
>
> 技术创新是指以创造新技术为目的的创新，或者是以科学技术知识及其创造的资源为基础的创新，主要包括对新技术的开发和对已有技术进行的创新。创业团队持续发展的生命线和提升竞争力的关键因素就是技术创新，一个团队或创业企业只有具备技术创新能力，才可以在激烈的市场竞争之中取得优势，才能够赶超甚至领先于世界先进技术水平，并最终实现自身竞争力的提升。

技术创新是实现"科技是第一生产力"的主要形式和必由之路，是各类组织生存、发展、壮大的基本前提。中国共产党早在红军时期，就已经开始注重科技创新了。红军时期，党最重要的信息接收、交换、传递的技术工具就是电讯，包括有线电话、无线电，特别是无线电，是白区工作的生命线、军事指挥的技术参谋、政治斗争的有力武器、文化宣传的助推器。那么，当初连吃饭都困难的红军，通信、解密能力如何？

1932年8月，我军攻占江西宜黄县后，缴获敌方一份30多个字的电文，我军破译人员借此还原敌密码本，并以该密码本为基础，逐步摸索出敌军密码编制规律。到1934年7月，我军已基本具备破译敌方各类密电的能力。长征途中，为保证侦察效率，我军无线电侦察部门采用梯队式工作机制，一队行军，另一队原地架起电台，不间断地破译密电，及时掌握敌人行踪。

反观装备精良、经费充足的国民党军队，无线电技术人员沉迷于吃喝玩乐，有时甚至用电台聊天谈生意。国民党军队的密码，只是在中文电报明码基础上稍作改变编制而成，即按照一定规律，将明码中的数字对应转化为其他数字，仍像明码一样以4个数字1组对应1个汉字，属于密码学中最简单的单表代替式密码，当然容易被破解。

为了保证红军长征路上的信息安全，红军无线电技术部队积极创新相关技术及密码形式，使用了当时被称为"复译法"的二重作业密码，实现"同字不同码、同码不同字"。蒋介石在密码被屡屡破译后，曾命令密码专家破译红军密电，折腾两个多月，还是无果而终。

据相关资料记载，红军无线电侦察部门在万里长征中，共破译国民党军密码 180 余种、破译口令 860 多种。即使敌军知道红军在破译他们的密电，多次更换密码，仍屡遭破译。1935 年，二渡赤水时，红军及时破译敌密电，毛泽东根据所破译密电内容，出敌不意指挥中央红军回师东进，二渡赤水，重入贵州，奇袭娄山关，再占遵义城。在遵义战役中，红军取得歼敌 2 个师又 8 个团、俘敌 3000 余人的胜利。①

1935 年 3 月 21 日，红军主力南渡乌江时，一股强大敌军逼近。红军大胆利用掌握的国民党军口令、密码和电文格式，冒充蒋介石发电给周浑元、吴奇伟，将两部主力调开②，命令这股敌军改变行军路线，向偏离红军渡江地点的方向前进，为红军渡江争取宝贵时间，由此直入云南，把国民党军几十万部队抛在贵州。

待蒋介石发现红军折返云南之后，紧急调整部署，命令军队向云南追去，但当时他的部队已经被红军拖得精疲力竭，无力追赶。而中央红军在进入云南之后，长驱直入，直逼昆明。此时，"曾希圣又率领二局一再破译蒋介石、龙云、薛岳关于围追堵截红军的命令和部署"③，保障全军在 5 月上旬敌军到达之前顺利北渡金沙江，进入川西重镇会理地区，帮助红军在长征之中取得了主动权，使得北上之路畅通无阻。

在长征过程之中，无线电技术不仅在四渡赤水时发挥了重大作用，还在之后的西渡北盘江、北渡金沙江、过雪山草地、北上陕甘等行动中，为红军提供了决策依据。据邹毕兆在《心血的贡献》中记录，从 1932 年 10 月至 1937 年底，二局共破获了蒋介石中央军和地方军的各种密电达 1050 封，平均每月 17 封。而敌方所破获的红军密电则为 0 封。④

正因红军在这种无线电技术上积极创新，屡次保障红军摆脱敌追击拦截，才能取得万里长征的伟大胜利。毛泽东曾经夸赞，无线电侦察部门是"长征中黑夜走路的灯笼，我们是打着这个灯笼长征的"。在《通信战士》创刊一周年时还为其题词："你们是科学的千里眼、顺风耳。"之后红色电信事业也随着中国革命一步步得到发展，推动社会主义事业不断前进。从我们党对于无线电技术的不断创新所获得的成功，也可以看出技术创新对创业组织摆脱危机和获得发展的重要性。

---

① 中共中央党史研究室：《中国共产党历史》（第一卷），北京，中共党史出版社，2011 年，第 389 页。
②《曾希圣传》编纂委员会：《曾希圣传》，北京，中共党史出版社，2004 年，第 90–92 页。
③ 同上。
④ 路福贵：无线电侦察与红军四渡赤水，载《文史春秋》，2020 年第 10 期，第 11–18 页。

创 业 启 迪

红军通信技术的发展，其实是一种二次创新到自主创新之路，对于创业团队来讲，这是一种很常见的创新过程。

1. **自主创新，一般指原始创新，强调的是在从 0 到 1 科学技术突破的基础上推出创新产品或服务。** 自主创新是一种创新程度很高的创新，也是团队占领技术制高点的关键。因此，自主创新也是复杂程度最高、难度最大的创新，对于初创团队来讲是非常不容易的。

2. **二次创新，一般指在已有技术的基础上进行再创新的过程，包括集成创新、渐进式创新和工艺创新等。** 二次创新同样是创新的前哨，是走向自主创新的一条可行路径，因为任何组织再强大，都不可能实现在方方面面都独创核心技术，需要通过对已有技术的持续深入学习研究，实现技术的快速追赶直至超越，从而实现"后发优势"。正如红军的无线电技术，就是在学习、总结、分析国民党军队技术的基础上，进行升级、迭代和二次创新，最终形成自己的核心技术并逐步实现自主创新。华为也是在学习国外技术的基础上，开展了 2G、3G、4G 三种无线通信式的融合创新，最终实现技术超越，并形成在 5G 技术上的自主创新。一度以"模仿"著称的中国互联网界，经过 20 余年的中国化改良，创造了一个又一个商业奇迹，现在也正成为"被模仿"的对象。

在新技术越来越多的今天，以新产业、新业态、新商业模式为代表的"三新"经济悄然崛起，我国原发创新产品和商业模式也开始领跑全球。由此可见，自主创新和二次创新在创业过程中都起到至关重要的作用，二者相辅相成、缺一不可。

六、"两弹一星",只有硬核技术才能挺起腰杆

> **创业知识小课堂** 核心竞争力
>
> 　　竞争优势是一个组织在一段时间里相对于其竞争对手在业绩上取得成功的能力或特色,它是组织在激烈的竞争中脱颖而出并获得长期盈利能力的关键因素。竞争优势可以通过多种方式实现,如成本领先优势、差异化优势、专业知识和技术优势、市场渠道优势和品牌优势等。竞争优势具有一定的时效性、相对性,经过一定的时间和努力,竞争格局里的不同组织,都会发生一定的变化。而一个组织能够长期获得竞争优势的能力就是核心竞争力,它是组织所特有的、能够经得起时间考验的、具有延展性,并且是竞争对手难以模仿的技术或能力。
>
> 　　核工业是高科技战略产业,是国家安全重要基石,可以说就是一国的核心竞争力所在。我国建立了世界上只有少数国家拥有的完整的核科技工业体系,实现了核能大规模和平利用,得益于党中央在 20 世纪 50 年代审时度势、高瞻远瞩,做出了发展我国原子能事业的战略决策。然而我国核工业从无到有,面临困难重重,当时的人们是如何打破困局,打造核心竞争力呢?

　　当前我国很多领域面临"卡脖子"技术问题,西方一旦"断供"就面临巨大生存危机,关键问题就在于没有掌握核心技术。一个国家发展也是如此,没有掌握硬核技术就永远受制于人,在这些硬核技术中"国防技术"首当其冲。

　　朝鲜战争中美国军队被中国志愿军顽强的气势所折服,战争中的美军被中国打得节节败退,美国恼羞成怒,多次想通过"原子弹"以找回"面子"。1950 年 11 月 30 日合众社报道称:杜鲁门总统放话,他已考虑在朝鲜战争中使用原子弹的问题。毛泽东也曾接到居里夫人女婿的消息,若是中国想要反对核武器,自身必然要具备核武器。实际上毛泽东也是知道的,1956 年 4 月 25 日政治局扩大会议上和 1958 年 6 月 21 日中央军委扩大会议上,毛泽东就研制原子武器的战略意义发表讲话,他说:"在今天的世界上,我们要不受人家欺负,就不能没有这个东西。"[1]

---
[1] 中央党史和文献研究院:《中国共产党简史》,北京,人民出版社、中共党史出版社,2021 年,第 167 页。

当时原子弹技术是被美国、苏联、英国、法国这4个国家垄断的，没有技术支持的中国要是想突破技术壁垒也是一件比较难的事情。我们和苏联的关系不错时，掌握了一些制造原子弹的技术，但是等到真正制造的时候，苏联的态度变得很微妙，在他们看来中国目前连制造核武器需要的电能都不能完全具备，制造原子弹就是天方夜谭。

1955年1月，中共中央、毛泽东做出发展原子能事业、研制原子弹的决定。

经过多次谈判，1957年10月，中苏双方谈好了条件，苏联同意帮助中国制造"原子弹"。这时毛泽东高瞻远瞩地说，自力更生为主，争取外援为辅，主要靠自己研制。以这个为大方针，不要一味指望着别人，我们得自己拥有完善的知识技术。①

在研究制造的过程中，苏联对于制造的核心内容还是尽力隐瞒，即使开宣讲会，也是敷衍了事，根本不给翻译官机会去翻译。1960年7月16日，苏联为了和美国重修关系，单方面毁约，召回了所有的专家和重要资料。中国只剩下一摊子高不成低不就的实验技术。在这样一个近乎绝望的情形下，国内领导人一致坚持原子弹必须要制造出来，没有知识就学，没有经济就省，没有条件就创造条件。毛泽东也指出，只有一条路，那就是自己动手。

原子弹要成功爆炸，理论上的计算肯定不能出现错误。当时正赶上国家因自然灾害粮食短缺，即使是科研人员也很少可以吃饱饭。即便如此，邓稼先所带领的由22个大学生所组成的团队工作热情依旧高涨，每天除了吃饭睡觉上厕所外，其他的时间都用来进行大量的理论计算，每一个数字都要重复计算多次，还要去找物理学家核算是否正确。整个原子弹的设计模型都是由104型计算机进行计算的，少部分是由手摇计算机、小型计算机计算的，极个别甚至是用算盘来进行计算的。

让我们一起穿越时空：
极端困难情况下连饮用水都没有，总工程师面对原子弹基站高标准用水怎么突破？
（来源：电影《横空出世》）

好在，所有的这些艰苦卓绝都是值得的。在钱三强、钱学森、邓稼先等人的不懈努力之下，克服技术上的种种困难，1964年10月16日下午3点，罗布泊上空炸出了一朵巨大的蘑菇云，那是中国自主研发的第一颗原子弹爆炸成功的信号。这标志着我国的国防事业向前迈出了关键的一步，成为继美国、苏联、英国、法国之后第5个拥有核武装的国家。

---

① 张劲夫：请历史记住他们——关于中国科学院与"两弹一星"的回忆，https://news.12371.cn/2014/09/28/ARTI1411885937738939.shtml?from=groupmessage，访问日期：2023年11月5日。

创业启迪

从新中国成立初期的核威胁,到后来的被芯片"卡脖子",我们可以看出,科技是第一生产力,国家要强大,科技必须要强大,国与国之间的竞争,终究是科技力量的比拼。美国遏制中国崛起的主要打压手段就是:限制技术输入、抑制中国科技进步,从美国围堵中国华为等高科技团队来看,我们必须要提升自己的科技实力。对于创业团队,特别是以科技为核心竞争力的创业团队而言,打破别人的技术封锁,构建自己的科技护城河,是团队长期发展的关键。对此,我们在创业中可以吸取哪些经验呢?可以总结为以下两点。

1. **技术是团队最坚固的壁垒,是团队的核心竞争力**。纵观全球性企业都有一个重要的特征——产品独具科技创新,而不仅仅是模式创新。商业模式创新构建出的优势是很容易被抄袭的,因为在技术层面门槛不够高,要在芯片战、贸易战、未来的科技战中取得优势,就得看谁的技术护城河多且深!

2. **补齐发展短板,把科技创新驱动作为推动力**。时刻牢记"关键核心技术是要不来、买不来、讨不来的",创业者需要解决生产经营问题,更需要着眼于提升核心技术的竞争力。创业者应勇于提出新理论、开辟新领域、探索新路径,多出高水平的原创成果,抢占科技竞争制高点,打造未来发展新优势。

七、政府也在"云"上工作

> **创业知识小课堂** "互联网+"
>
> 运用新技术提升服务和管理能力,是创业团队提升工作效率和效果的基本技能。时任国务院总理李克强在做 2015 年政府工作报告时,首次

> 提出要制订"互联网+"行动计划。这是"互联网+"概念首次写入政府工作报告中,也使得"互联网+"成为创业的一个热点领域。所谓"互联网+"就是"互联网+传统行业",也就是互联网凭借自身优势与传统行业的联合发展。在互联网平台推动下不仅传统行业能够重获活力,还能不断创造出新产业、新业态。
>
> 当前,在"全民创业"时代的常态下,"互联网+"项目越来越多,对于全面提升社会的生产力和创新力具有重要意义,同时也对创业者的创新能力提出了更高的要求。

当今世界已进入大数据时代,时代变迁推动着各个国家顺势而为,在科技和大数据浪潮中积极应变、主动求变。中国政府也紧跟时代潮流运用互联网技术开始"云"上工作,越来越多的数字技术开始应用于政府管理服务工作,为推进国家治理体系和治理能力现代化提供有力支撑。

近年来,伴随国家实施大数据战略机遇,政务数字化创新改革也在如火如荼地进行着。各级政府"互联网+政务"平台的建立,实现了百姓和政府"双减负",不仅保证了政府服务工作的高效率,还便利了百姓生活的方方面面。在传统政务工作中,上级指令需要逐级传递才能下达基层,而基层部门的请示报告也必须历经层层"关卡"才能到达上级,不仅耗费大量人力、财力资源,而且容易滋生官僚主义。除此之外,由于政府各部门彼此相对独立,相互间的信息共享和沟通也不够及时,这些问题不仅降低了政府工作效率,更是为办理事务的老百姓增添了麻烦。

党和政府对自身存在的问题与缺陷进行了全面省察,并且结合新时代突飞猛进的互联网技术加以创新、调整和完善,将政府工作搬到"云"上,成功解决了单一性线下政务服务自身难题。这既是新时代党和政府执政能力的创新,也体现了我们党始终保持先进性和纯洁性的优势与决心。

在大力推进数字政府建设的热潮中,我国出现了许多政府创新惠民工作案例,如工商管理部门搭建"云"上平台,以线上线下相结合的方式简化审批流程,为企业缩短受理时间。税务局依托"互联网+税务"实现线上"云"见面,税企网上对接,使得纳税人更加方便、快捷、低成本完成办税业务。公安部门建立的24小时不打烊"智慧警局"配备了AI人工交互智能终端和自主终端,涵盖户政、出入境、车驾管3类高频窗口业务,还为群众贴心准备口罩、充电器等日常用品,为群众实现随时来、自助办提供强力保证。除此之外，各省（区、市）也在加快数字政府建设，"闽政通""浙里办""粤省事""渝快办""鄂汇办"等平台越来越多，真正做到了利民、惠民。

利用互联网、数字媒体搭建智慧党建平台，也成为党建工作发展的新潮流。在传统党建工作中，我们常会面临各种各样的难题，例如集中党课学习形式会受到教室规模、时间安排、教师数量等问题制约，开展难度较大；灌输、说教式的党员教育方式缺乏吸引力，难以取得教育成效。而智慧党建模式下，党员不仅可以通过手机随时随地学习知识，还可以远程上课与回看。"互联网+党建"的形式还能够创造出多种趣味、新奇的教学方式，很好地激发起党员学习的积极性。广受欢迎的"学习强国"平台就是"互联网+党建"在实践中的生动表现。

中共中央宣传部推出的"学习强国"平台为各级党组织、党校创新工作内容和方式方法提供了助力。"学习强国"平台一方面为广大党员、学生以及群众提供了丰富的知识宝库，"新思想""党史"等频道，蕴含着党丰富的思想政策理论，对党员和广大人民群众更好地了解、学习党的理论知识有很大帮助；另一方面也从理论到实践，鼓励我们深入实际、脚踏实地，"实践"频道有全国各高校、企业等单位组织党建工作的实践经验，值得我们借鉴学习和指导新的实践。

在智媒体时代，"新媒体+党建""虚拟技术+党建"等新形式也是层出不穷。各种新媒介和智能技术相互结合，凭借其广阔的传播渠道和体验式的互动形式传递党的创新理论并取得了广泛而深刻的传播效果。例如，通过VR技术复原党史中的重大事件，利用虚拟现实技术营造历史穿梭之感，帮助学习者身临其境地参与学习；VR体验运用于党史纪念馆和历史博物馆，来传承红色文化、诠释党的光辉历史和创新的革命思想。

创 业 启 迪

新技术往往带来新机遇，自"互联网+"概念出现后，便展现出了巨大的潜力和广阔的发展前景。我国政府不仅在2015年提出了"互联网+"行动计划，政府本身也开始运用"互联网"技术提升自己的服务水平。可见，"互联网+"技术是可以延伸至很多领域的，"互联网+"技术不仅会使传统行业焕然一新，也会迎来更多新兴产业和新兴业态，为青年人创新创业提供了更多机会与可能。

正如各地政府推出"互联网+政务"平台，就是将各个部门的业务进行汇总整合和有效衔接，使得百姓在办理各种业务时，减少多个部门的沟通协调成本，实现信息和资源的共享，这也使得线上政务逐步成为政府更好发挥服务功能的重要手段。不仅如此，"互联网"技术在传统产业中也同样有广泛应用前景，"互联网"产业上下游产业链的资料和信息打通，推进了传统产业组织方式的变革。这种平台改变着各个环节创业团队的关系结构，甚至对产业的影响力也越来越强。例如某企业建立"10+N"科技创新业态，整合全球专家和资源大幅缩短新产品研发周期。可以预见的是，"互联网+"的影响力会越来越大，不仅能够实现资源整合、信息共享，还能够促进产业升级，创造新的经济发展模式，也在为创新创业提供"东风"与机遇。

作为新时代的年轻人，我们在创业过程中也要有"互联网+"思维，能够利用移动互联网、云计算、大数据、人工智能等技术转变旧生产模式，研发新产品和新的生产方式，创造更多的生产价值和社会效益。

八、"天问"迈向星际时代

创业知识小课堂　颠覆式创新

颠覆式创新，一为颠覆，二为创新。颠覆者必然创新。颠覆式创新不是推翻一切，而是在现有的基础上以一种意想不到的方式升级改造。创新不是一天两天能完成的，它需要持久奋斗。每一个颠覆式创新的背后，都是一段漫长的技术进化史。颠覆式创新往往带来的是颠覆性的技术革命，往往是一个产业甚至是一个时代的变化，正如互联网技术的发展，就是一项颠覆性技术，带来的是一个时代的变革。因此，面临技术日新月异的发展，无论是大到一个国家，还是小到一个创业团队或者个人，如果不及时地进行颠覆式创新，就有可能成为被颠覆的对象。

伟大事业始于伟大梦想。女娲补天、嫦娥奔月……早在文字出现之前，中国人就用口耳相传的神话故事，讲述着飞天的梦想。明代万户自制火箭展现了中华民族勇于探索的勇气和决心，当代"两弹一星"震惊世界，表明了中国人探索太空的潜能与毅力。千百年来，中华民族探索外太空的脚步从未停止。进入21世纪之后，从"神舟"载人飞行，到"嫦娥"月背着陆，从"北斗"组网、"天宫"揽胜，再到"天问"探测火星，中国太空探索范围更加深广，中国人的飞天理想也越发高远。

"天问"是中国行星探测之名。中国行星探测任务被命名为"天问系列"。2020年7月23日，我国自主研制的火星探测器"天问一号"正式启航，利用一次发射实现"环绕""着陆"和"巡视"火星三大任务，实现了对火星的科学探测。①

何为"天问"？在有"千古万古至奇之作"美誉之称的长诗《天问》中，诗人屈原一口气提出了174个问题，天文地理、阴阳吉凶、日月星辰等无有不及。屈原对于天的追问，寄予着一个民族的丰富想象。千年前，古人对浩瀚宇宙的向往和追问；千年后，我们借助名为"天问"的火星探测器一探究竟。"天问"的传承表明中华民族对真理的探索永未停止。

勇者无畏，行者无疆。"天问"发射任务的圆满完成不仅在火星上留下中国人的印迹，同时也标志着我们的航天事业自主创新能力得到了跨越式提升，我国已成功跻身行星探测强国行列。但是，这一巨大成功背后，是艰难的创新探索之路和全体参研参试人员的努力奋斗。据统计，迄今为止人类共进行了47次火星探测，成功或部分成功的仅25次，成功率刚过50%。②而在火星上着陆的任务则更加艰难，全球实施22次，成功只有10次。可以看到，飞往火星并非如奔月那么"简单"。首先，从距离看，相比于去往38万千米外的月球，火星与地球的最小距离是5600万千米，最大距离约4亿千米。即使是地火间的最小距离，也远远超出地月间的最大距离。所以奔向火星之路，难于登天。其次，从时机看，火星探测的机会十分难得。地球和火星的公转周期相异，两个行星每隔780天左右会有一次难得的"碰面"机会，这是地球与火星最接近的时刻，也是火星探测的窗口。只有在这个为期两个月左右的窗口期内发射航天器，历经大约半年的飞行，才能被火星引力所捕获，最终切入预定轨道。除此之外，火星探测对火箭和探测器也提出了极高的要求，仅是实现火星环绕就已经要面对如此复杂且困难的问题，要想实现火星探测器降落和着陆，任务严峻程度可想而知。③

---

① 张荣桥、耿言、孙泽洲等：《天问一号任务的技术创新》，载《航空学报》，2022年，第3期，第1—7页。
② 贾平凡：天问登临火星点亮中国高光时刻，人民网，2021年5月24日。
③ 国家航天局探月与航天工程中心：抵达火星有多难，国家航天局网，2020年7月24日。

心之所向、素履以往。回过头来看,"天问一号"的成功,说明我们的技术选择是非常正确的。对于第一次探索火星的中国人而言,与世界先进水平和已成功多次的国家相比,怎么可能没有差距呢?我们迫切地想缩短差距,追赶世界一流水平。但是,外国的核心技术几乎是不可能传授给我们的,亦步亦趋地跟随他国脚步永远不会跨入世界先进行列。只有技术自主创新,颠覆性创新,我国航天事业才能真正实现跨越发展。"天问"系列正是如此,"天问一号"配备了我国独立自主研发的多个"黑科技",如纳米气凝胶、环绕器雷达、锂氟化碳电池组等。可以说首次火星探测任务是中国自主研发的成果,它走出了与美国完全不同,甚至更为先进的中国特色航天发展之路。

伟大精神指引伟大事业。逐梦火星背后,同样凝聚着无数航天人追求梦想、积极探索、攻坚克难、自主创新的伟大精神。在党中央正确领导下,在全国人民支持下,在伟大精神的激励下,从无人飞行到载人飞行,从"月宫"探索到火星探测,从短暂拜访到"入住"太空……中国航天事业一步步精准叩击浩瀚且未知的宇宙,一次次勇攀航天事业新高峰,也铸就出了"特别能吃苦、特别能战斗、特别能攻关、特别能奉献"的航天精神。这种航天精神,联结起一代又一代航天人的梦想,也激励着当代年轻人矢志不渝地自主创新、在砥砺奋进中一往无前。

创 业 启 迪

新时代的"天问精神"值得每个创业者不断学习、发扬光大,任何时代都需要这种精神。有这种精神,就会积极进取、蓬勃向上;没有这种精神,则会暮气霭霭、一片寂寥。当今的时代是一个崭新的时代,也是青年人大有作为的好时代。新时代的年轻创业者,更应从"天问"中汲取自主创新、求真务实的精神,以奋斗姿态勇立潮头,时刻准备为国家和民族的振兴与进步贡献力量。

1. 九尺之台、起于垒土。创新,绝不仅限于头脑中的想法,也绝不是一蹴而就便可以完成的。创业需要强大的耐心和执行力,创业者要有面对失败不找借口、面对新事物不怕困难的观念,把时间和精力都放在精益求精的创业上。"天问"历经8年的研发、设计、攻关、生产、试验,中国人从"新"开始在每一个细小的环节都追求极致与完美。积小成于大成,正是这种从细节做起、精益求精、一丝不苟的精神，才有了中国在行星探测领域的巨大飞跃。

2. **艰难困苦、玉汝于成**。创业不可避免地要面对诸多困难，这些困难有的可以预测，但更多的是未知。因此创业者需要盯准自己的创业目标，发扬艰苦奋斗精神。"蓝图已绘制，梦想终实现"。中国航天实践证明，只要我们不怕艰难困苦，敢于直面失败，勇于破解难题，就一定能逐梦更远的星辰大海，不断刷新中国航天发展的新高度。善于"披坚执锐"，勇担"千钧重担"。航天精神必将鼓舞年轻创业者们坚定理想、苦中寻乐、勇敢前进。

思考训练

请完成以下思考训练题目：
1. 中国共产党是如何打破"教条主义""经验主义"和"拿来主义"的？
2. 创业者应如何理解"尽信书则不如无书"？
3. 如果你是一名管理者，如何培养团队的创新思维？
4. 如何构建一套创新性、系统性的制度来激发团队创新能力？
5. 你的团队和项目做了哪些技术创新？你认为未来技术创新的主赛道是哪些领域？

第五章 夺取新胜利

CHAPTER FIVE

拓市场：做好调研和竞争策略

本章导读

市场调研对于创业的重要性犹如侦查对于军事指挥。在创业活动中，仅凭经验或直觉判断做决策是十分危险的，很容易会因为判断失误或环境变化导致失败。因此，实事求是地做好市场调研，开展竞争策略研究，避免得出偏颇的结果，对于团队的重要性不言而喻。

"调查研究是谋事之基、成事之道""调查研究是我们党的传家宝，是做好各项工作的基本功"。党的十八大以来，习近平总书记多次在不同场合强调调查研究的重要性，要求在全党大兴调查研究之风。纵观世界各国政党，恐怕没有一个政党把调查研究放在一个如此重要的位置，而在我们党的理论体系里，它早已超越工作方法的范畴，成为推动革命建设改革取得胜利的重要法宝，成为关系党和人民事业得失成败的关键因素。

回顾党的百年历史，中国共产党的发展史就是一部不断调查研究解决问题的历史。在寻乌、在深圳、在正定……一代代中国共产党领导人调查研究的脚步穿过田野、迈过河滩，走过百年，串起了一个政党解放思想、实事求是、与时俱进、求真务实的光辉历程，走出了一个古老民族伟大复兴的美好未来。

第一节　深入一线调研

学习目标

1. 了解中国共产党在抗战期间确立路线的几个重要转折点；学习中国共产党的竞争与合作意识。

2. 学习《中国社会各阶级的分析》《湖南农民运动考察报告》《中国的红色政权为什么能够存在》《寻乌调查》等经典调研文章报告；了解我国新时期合作共赢的外交政策。

3. 学会市场调研的具体方法；学会运用用户思维设计调研的方法。

一、用户画像的典范——《中国社会各阶级的分析》

> **创业知识小课堂** 用户画像
>
> 创业者在创业落地前需要开展市场调研，其中刻画用户画像是一项重要工作，一方面要搞清楚客户是谁；另一方面要和业务、技术、老板达成共识，便于推进。但想要给用户画好像并不简单，尤其是面对海量的用户，画像更为复杂。
>
> 用户画像又称用户角色，作为一种勾画目标用户、联系用户诉求与设计方向的有效工具，用户画像在各领域得到了广泛的应用。我们在实际操作的过程中往往会以最为浅显和贴近生活的话语将用户的属性、行为与期待的数据转化联结起来。作为实际用户的虚拟代表，用户画像所形成的用户角色并不是脱离产品和市场之外所构建出来的，形成的用户角色需要有代表性，能代表产品的主要受众和目标群体。
>
> 1. 用户画像最初是在电商领域得到应用的。在大数据时代背景下，用户信息充斥在网络中，将用户的每条具体信息抽象成标签，利用这些标签将用户形象具体化，从而为用户提供有针对性的服务。
>
> 2. 做产品怎么做用户画像？用户画像是真实用户的虚拟代表，首先，它是基于真实的，它不是一个具体的人；其次，是根据目标的行为观点的差异区分为不同类型，迅速组织在一起；最后，把新得出的类型提炼出来，形成一个类型的用户画像。一个产品需要4~8种类型的用户画像。

1925年，毛泽东为反对当时中国共产党内存在的两种倾向所作的《中国社会各阶级的分析》一文是一个典型的用户画像分析案例，它对中国各社会阶层定性、定量的小结，目的是搞清楚"谁是朋友，谁是敌人"，便于各方统一认识，形成统一战线。

用户画像怎么画？《中国社会各阶级的分析》对社会各个阶级都有详细描述。我们以其中一类用户——无产阶级为例，部分描述摘选如下。

首先，对无产阶级的构成进行了细分。无产阶级是工人阶级和农民阶级组成的，从社会的层面上去划分，无产阶级包括工业无产阶级、都市苦力工人、农村无产阶级、游民无产者等。从无产阶级细化到工业无产阶级、都市苦力工人、农村无产阶级，这是二级用户细分。其中，现代工业无产阶级约有200万人，是定量描述用户规模。工业无产阶级工人主要为铁路、矿山、海运、纺织、造船五种产业工人，可以说是用户的行业维度细分。[①]

其次，分析了工业无产阶级的特质。毛泽东认为无产阶级的特质有三个：一是集中。其他无论哪种阶级人群都没有工业无产阶级集中，将无产阶级和不同用户人群进行了比较。二是经济地位低下。他们失去了生产手段，剩下空空两手，绝了对发财的期望，又受帝国主义、军阀、资产阶级的极残酷待遇，所以特别能战斗。这是对用户生存特征及特征背后的根本原因进行了分析。三是工业无产阶级会有组织地活动，包括海员罢工、铁路罢工、开滦和焦作煤矿罢工，这是对用户行为的分析。[②]

文章对每类人群都进行非常全面的调研和画像，如都市劳苦工人有码头搬运车夫、人力车夫等，他们除双手外，别无长物，经济地位与产业工人相似，但不够集中，岗位重要性不及工业无产阶级，既有分析又有比较。农村无产阶级有长工、月工、临工等雇农。他们无土地、无农具、无资金，靠营工度日，劳动时间长、待遇薄、职业不安定。农村无产阶级是乡村中最感困难的人，在农民运动中和贫农处于同一紧要的地位。

最后得出结论无产阶级是革命运动的领导力量。

这个用户画像好在哪？

仅通过对无产阶级的人群画像来看，这个用户画像具备以下六个要素：有定性的行业、岗位、生存特征；有定量刻画；用户类型下分析2～3层；有朴素但又深刻的生活素描和不同人群的比较；有典型业务行为；有对用户业务价值的定位。我们大部分人做的用户画像通常做到二级用户，做到三级用户的已经非常少，因为越往后，需要观察得越深刻，难度也就越大。而画像做得越精准，我们的结论就越准确，越符合实际情况。

---

① 毛泽东:《毛泽东选集》(第一卷)，北京，人民出版社，1991年，第2版，第3–11页。
② 同上。

创 业 启 迪

纵览成功的产品案例，他们服务的目标用户通常都非常清晰，特征明显，在产品上就是专注、极致，能解决核心问题。用户画像可以使产品的服务对象更加聚焦，更加专注。在行业里，我们经常看到这样一种现象：做一个产品，期望目标用户能涵盖所有人，男人女人、老人小孩、专家小白……须知，产品要分为通用基础型产品和细分专业产品。前者如微信、石油天然气、水电等，后者如家具、手机、软件App等。首先明确自己服务的对象，由对象决定了产品定义和策略。毛泽东坚持服务最大多数的人民，因此，也就决定了要做全面而深入的各阶层用户画像。从他的经验，可以学习到用户画像的很多经验。

1. **深入用户**。毛泽东了解百姓、熟悉百姓、理解百姓，而不只是将他们当作简单的工人等各阶级的代名词。他深刻地理解这群人的生存现状、困难、背后的根本原因，他知道农村无产阶级包括长工、月工、临工等雇农。而我们很多大学生开展用户调研，为用户画像只停留在电脑中的那一串串文字，或者各类问卷的答案，甚至都没有和用户打过照面，也或者只见了几个用户，并不知道他们在生活中关心的、不关心的、焦虑的是什么，没有这种通过感性理解后的理性抽象，用户画像不完整、不立体、不深刻。真正的用户画像要深入水底，甚至要挖开淤泥，只有这样的用户画像出来的产品才是扎实的。

毛泽东深入用户做调研还有一些技巧值得学习。比如回到家乡或者说熟悉的地方，方言听得懂，感情上得去，能够与当地人民发生一种息息相关的联系；比如访谈对象，他主张选择一老一少，选择"少"是因为他们见多识广，敢想敢说。比如"三民主义"就是座谈会上一个青壮年说出来的；"老"则是他们懂得人情世故，知道乡间现象的来龙去脉；比如喜欢借用农民语言，虽然有点粗糙直白，更有一种质朴的力量；比如他喜欢自己动手记，自己动手写，不假手于人；比如他特别注意调研后的回访，不断校正修订报告中的数据和文字。最值得学习的是他的调研作风，为了《湖南农民运动考察报告》这篇8000多字的调研，历时32天，行程700多公里，走访5个县12个乡，每个县平均6天半，访谈上百人，整理和写作费时两个月。

2. 与关键业务相结合。 用户只有和自己的业务发生关系，才是有用的用户画像。**充分的结构化调研，筛选出最有积极性的人群作为目标用户，然后给这类人赋能**——基于这样的思路，毛泽东做社会各阶级分析的目的，是要弄清楚哪些人是革命的主力军，哪些人是可以团结的力量，哪些人是要革命的对象，从而更好地开展革命斗争，如图5-1所示。因此各阶级的分析中，毛泽东都对他们的战斗能力、革命积极性等方面的典型行为做了分析。我们在给用户画像的过程中，也要紧密结合业务需求，只有把用户的生活特征和关键业务行为结合起来，用户画像才会对业务产生指导作用。

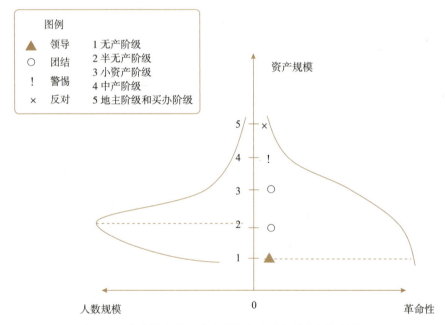

图 5-1 本书编者根据《中国社会各阶级的分析》所作：20 世纪 20 年代中国社会各阶级"用户生态位图"

3. 定性、定量兼具。 现代工业无产阶级，经济地位低下，他们没有了生产手段，绝了对发财的期望，在多重压迫下特别能战斗。现代工业无产阶级约有200万人。这些定性的描述，仿佛让工业无产阶级赤手空拳、满脸绝望地站在我们面前。200万则是定量描述。这是定性和定量的融合，定性让我们知道在跟什么类型的用户打交道，定量让我们知道这个群体有多大，对业务和市场的影响是什么。

4. 提倡换位思考。 用户画像可以在一定程度上避免产品设计人员草率地代表用户。代替用户发声是在产品设计中常出现的现象，产品设计人员经常不自觉地认为用户的期望跟他们是一致的,并且还总打着"为用户服务"的旗号。这样的后果往往是:我们精心设计的服务,用户并不买账,甚至觉得很糟糕。

二、脱离群众需求的都是伪需求

> **创业知识小课堂** 真需求与伪需求
>
> 经济学中所说的需求是在一定的时期、在既定的价格水平下,消费者愿意并且能够购买的商品数量。而真实需求是有明确目标,并为此付出一定代价的需求。为了特定的社会利益而从外部强加在个人身上的那些需要,则是"虚假的"需要[1],也就是伪需求。脱离群众需求的都是伪需求。

创业者创业成功率很低,原因有很多,其中一个非常重要的是难以区分真需求和伪需求。伪需求有时候看上去好像也能解决一些问题,但事实上不能解决用户最关心的核心问题。

和很多的党派在寻求解决当时的中国问题提出的方案主张不同,毛泽东在青年时期,一针见血地指出了革命要满足民众的最大需求。他在1919年7月14日《湘江评论》创刊宣言中指出:"世界什么问题最大?吃饭问题最大。"《湘江评论》创刊号寄到北京后,李大钊给予了高度评价。

在日后的残酷斗争中,也出现过一次激烈的争论。1926年下半年起,随着国共两党共同领导的北伐大革命的胜利进军,轰轰烈烈的农民运动迅速发展起来。农民的主要攻击目标是土豪劣绅、不法地主、贪官污吏和旧恶势力等各种封建宗法思想和封建统治制度,引发了深刻的农村社会大革命。一些军阀和地主劣绅产生了恐慌,将此称为"痞子运动"。党内右倾投降主义者也迁就国民党反动势力,对农民运动加以责难。

---

[1] 赫伯特·马尔库塞:《单向度的人:发达工业社会意识形态研究》,上海,上海译文出版社,2014年,第12页。

那么农民运动到底是"糟得很"还是"好得很"呢？带着这个疑问，1927年1月，时任中共中央农民运动委员会书记的毛泽东在29岁的社会主义青年团湘区（湖南省）第一任书记戴述人陪同下，徒步700公里，足迹遍及湘潭、湘乡、衡山、醴陵、长沙5个县找寻答案。他始终在思考的是，中国革命需要什么样的力量，农民到底需要什么？

让我们一起穿越时空：大家都在质疑的农民运动，毛泽东是否还能坚持？
（来源：电视剧《毛泽东》）

这里有一个有趣的故事。毛泽东在和农民代表座谈时，关于农民协会到底好不好、需不需要、要不要解散，村民说法不一。刚开始有人觉得成立农民协会后，女人可以进祠堂了，打破了很多年的规矩，不好；有人觉得农民协会管得太多了，家里的事也要管，不好。就在毛泽东说"既然农民协会不好，那就解散咯"后，大家的意见突然反转，有人说自从有了农医协会，腰杆子直了，不会再被地主欺负了，地主见了我们都怕；有人说，农医协会判案子比官府好使、公平；等等。最后大家的一致结论是不要取消农医协会。毛泽东也就在这儿找到了农民的真实需求，找到了中国革命的力量真实源泉。

毛泽东通过这次湖南农民运动考察，看到了农民中所蕴蓄的革命力量，认识到动员组织农民参加革命、组织农民武装、建立革命政权

让我们一起穿越时空：拿到一手数据后，毛泽东如何分析问题？
（来源：电视剧《毛泽东》）

的极端重要性，为其后来成功开辟农村包围城市的革命道路，形成新民主主义革命的理论，起到十分重要的作用。由此形成的《湖南农民运动考察报告》（以下简称《报告》）也成为历史名篇。

第一，充分估计了农民在中国民主革命中的伟大作用。在《报告》中，毛泽东尖锐地批驳了党内外对农民运动的各种责难，充分肯定了农民运动在中国革命中的伟大作用。他强调："国民革命需要一个大的农村变动，辛亥革命没有这个变动，所以失败了。现在有了这个变动，乃是革命完成的重要因素。""孙中山先生致力于国民革命凡四十年，所要做而没有做到的事，农民在几个月内做到了。这是四十年乃至几千年未曾成就的奇勋。这是好得很。"他明确地提出，一切革命的党派，革命的同志都应当站在农民的前头领导他们，而不是站在他们的背后指手画脚地批评他们，更不是站在他们的对面反对他们。①

第二，明确指出在农村建立革命政权和农民武装的必要性。《报告》指出："农村革命是农民阶级推翻封建地主阶级的权力的革命。农民若不用极大的力量，绝不能推

---

① 毛泽东：《毛泽东选集》（第一卷），北京，人民出版社，1991年，第2版，第12—44页。

翻几千年根深蒂固的地主权力。"①《报告》强调必须依靠广大贫农做"革命先锋",团结中农和其他可以争取的力量,把农民组织起来,从政治上打击地主,彻底摧毁地主阶级的政权和武装,建立农民协会和农民武装,由农民协会掌握农村一切权力,然后进行减租减息、分配土地等的斗争。

第三,科学分析了农民的各个阶层。《报告》分析了农村各阶级对革命的态度,提出了依靠贫农、团结中农的阶级路线。《报告》指出,富农的态度始终是消极的;中农的态度是游移的,但是他们在革命形势高涨的时候,也可以参加革命,中农是可以争取团结的;贫农是"乡村中一向苦战奋斗的主要力量"。②

第四,着重宣传了放手发动群众、组织群众、依靠群众的革命思想。《报告》指出,要推翻几千年根深蒂固的地主权力,必须发动和组织亿万农民,造成一个大的革命热潮。《报告》列举了农民协会做的14多件大事,给予充分肯定。

中国共产党能够带领全国人民走上伟大复兴之路,从100多年前南湖的一条小船,到今天变成了满载14亿多人驶向光辉彼岸的巨轮,根本原因就是人民群众的支持,始终保持同人民群众的血肉联系、始终以为人民服务为根本。

创 业 启 迪

任何脱离群众的需求都是伪需求,任何完全照搬书本或理论的方法,都容易走偏。苏联的解体最根源的原因就是脱离了群众,苏共已经不再代表工人阶级的利益。那什么样的需求是伪需求呢?

1. 场景错配下的需求。如早期中国共产党没有深入中国社会基层,过度依赖工人阶级力量而忽视了农民阶级,照搬苏联模式希望攻打大城市,这就是一种错位场景下的假设需求。在实际创业过程中,不少创业者没有找准技术应用的真实场景,而是以自己的理解或假设一个应用场景,最终导致技术推向市场时无人问津。

2. 没有切中用户的核心需求。早期农民阶级为什么参与革命的积极性不高?其实就是没有看到农民阶级最关心的问题是什么。而毛泽东通过调研分析,了解到农民阶级最关心的是土地问题,通过开展土地革命让农

---

① 毛泽东:《毛泽东选集》(第一卷),北京,人民出版社,1991年,第2版,第12—44页。
② 同上。

民掌握生产资料，农民参与革命的积极性才被极大地激发出来。很多创业者在分析用户需求时，一方面是没有找到真正的用户是谁；另一方面是即使找到了真正的用户也没有切中用户的真正需求，不能抓住用户痛点和需求，只会在错误的道路上越走越远，做出的产品不痛不痒也不爽，用户无动于衷。只有当创业者找到的痛点越痛，用户的积极性也就越强，所谓的"教育市场"成本也就越低。

  3. **未经深入调查研究的需求**。用户的核心需求是通过深入调查研究得到的，绝非按照创业者自己的理解或者假设出来的。在没有调查研究清楚用户核心需求的情况下创业，会给创业埋下隐患。正如毛泽东所说："没有调查就没有发言权。"中共也吃了不少没有调查就预判并错误决断的亏。在大革命时期，"年幼的"中国共产党就吃了不重视武装斗争、放弃革命领导权的亏。①

三、《中国的红色政权为什么能够存在》中的"调研智慧"

> **创业知识小课堂** 调研访谈
>
>   市场调查通常就是指使用科学的方法和策略去获取从生产开始到产品被消费整个过程中相关的数据资料内容，并对这些内容进行详细的分析的整个过程。市场调查的准确性和科学性也成了市场调查效果的一个重要影响因素。主要分为以下几种方法。
>
>   1. **文案调查法**。该方法又称间接调查法，通常指通过调查、阅读和检索的方式对二手资料进行收集与分析的调查方法。
>
>   2. **深度访谈法**。该方法又名深层访谈法。深层访谈法是一种无结构的、直接的、个人的访问，在访问过程中，一个掌握高级技巧的调查员深

---

① 曹磊、杨丽娟：《从13人到9000多万人：史上最牛创业团队》，北京，人民日报出版社，2020年，第34页。

入地访谈一个被调查者,以揭示对某一问题的潜在动机、信念、态度和感情。

3. 电话访问法。该方法是指调查者通过给被访问者打电话的方式进行访问,可以更好地对市场调查的资料进行收集、整理的有效方法。

4. 入门访问法。该方法在原始资料收集的过程中是最常见、最普遍的一种调查方法,这种调查方法比较适合使用在项目调查相对较为烦琐和复杂的产品测试,或者是广告效果测试,抑或是消费者满意度调查当中。

5. 留置问卷访问法。该方法是指调查者将调查问卷直接以面对面的方式交给被访问者。

6. 观察法。该方法是指调查者到现场凭自己的视觉、听觉或借助摄录像器材,直接或间接观察和记录正在发生的市场行为或状况,以获取有关信息的一种实地调查法。

7. 实验法。该方法是指设定特殊的实验场所、状况来进行调查的方法。目的是查明原因和结果之间的关系。

8. 网络调查法。该方法是指代替了传统的面对面访问、电话访问或邮寄访问的手段,是一种利用网页问卷、电子公告板等网络多媒体通信手段来收集调查数据和访谈资料的一种调查方法。[1]

通过调研,了解自身产品或服务的优势和劣势,以及与竞争对手进行比较,从而为提升自身竞争力提供有利的指导方向。

"红色政权"对于中国的历史意义不言而喻,它的产生在西方国家看来简直是一个"奇迹"。为什么这么说呢?

1928年,当时中国正处在第二次国内革命战争时期,在国民党新军阀的统治下,城市买办阶级和乡村豪绅阶级互相勾结,对工农阶级进行剥削和迫害,对国外帝国主义却低三下四,中国正处在四分五裂的局面,而四分五裂的本质其实是军阀背后帝国主义之间的矛盾。中国迫切需要一场民主革命,而且这个革命必须由无产阶级领导才能完成。但由于当时中国统治权在帝国主义的"工具人"——军阀手里,在四周白色

---

[1] 韩光:市场调查方法的对比研究,载《中国市场》,2015年第27期,第102–103页。

暴力的统治下，红色政权是不被允许的，因此即便无数人为红色政权冲锋陷阵，其规模仍旧十分有限。

既然如此，为什么毛泽东还要坚持发展"红色政权"呢？换句话说，"红色政权"发生和存在依据是怎么通过调研得出的呢？结合毛泽东写的《中国的红色政权为什么能够存在？》一文，其中的分析鞭辟入里，主要观点如下。

第一，中国是一个由帝国主义间接统治的经济落后的半殖民地国家，这必定伴着另外一种奇怪现象，那就是白色政权之间的战争。这意味着帝国主义和国内买办豪绅阶级支持的各派新旧军阀，从民国元年以来，相互间进行着继续不断的战争。这种现象是在任何一个帝国主义国家或者任何一个由帝国主义国家直接统治的殖民地国家都不会发生，仅仅在帝国主义间接统治的中国这样的国家才有这种现象。能在中国发生究其原因有两点，即地方的农业经济和帝国主义国家划分势力范围的分裂剥削政策。有了白色政权间的长期的分裂和战争，便给了共产党一种条件，使一小块或若干小块的共产党领导的红色区域，能够在四围白色政权包围的中间发生和坚持下来。[①]

第二，国民革命的深远影响。中国红色政权首先发生和能够长期地存在的地方，不是那种并未经过民主革命影响的地方，而是在1926年和1927年两年资产阶级民主革命过程中工农兵士群众发动起来过的地方。此刻的红军，是在经过民主的政治训练和接受过工农群众影响的国民革命军中分化出来的。[②]所以在国民革命时期受到革命洗礼、并有着良好的群众基础的地方能存在红色政权。

第三，全国革命形势向前发展。全国革命形势若不是继续地向前发展，而有一个比较长期的停顿，则小块红色区域的长期存在是不可能的。当时中国革命形势是跟着国内买办豪绅阶级和国际资产阶级的分裂和战争，而继续向前发展的。所以，小块红色区域的长期存在不但没有疑义，而且这些红色区域将继续发展，日渐接近全国政权的取得。[③]

第四，相当力量的正式红军的存在，是红色政权存在的必要条件。若只有地方性质的赤卫队而没有正式的红军，则只能对付挨户团，而不能对付正式的白色军队。所以虽有很好的工农群众，若没有相当力量的正式武装，便决然不能造成割据局面，更不能造成长期的和日益发展的割据局面。是以"工农武装割据"的思想，是共产党和割据地方的工农群众必须充分具备的一个重要的思想。[④]

[①] 毛泽东：《毛泽东选集》（第一卷），北京，人民出版社，1991年，第2版，第48—50页。
[②] 同上。
[③] 同上。
[④] 同上。

第五，共产党组织的有力量和它的政策的正确。由于政策正确，从1926年夏到1927年1月，湖南农民协会会员从40万人激增到200万人，农民有了组织，便开始行动，发动了一场空前的农村大革命。毛泽东当时指出："国民革命需要一个大的农村变动，辛亥革命没有这个变动，所以失败了。现在有了这个变动，乃是革命完成的重要因素。"①

毛泽东正是通过调研实践，才能得到红军和红色政权在中国存在和发展的5个条件的科学论证，他也在文中提出"有些同志在困难和危急的时候，往往怀疑这样的红色政权的存在，而发生悲观的情绪。这是没有找出这种红色政权所以发生和存在的正确的解释的缘故"。②

创 业 启 迪

力量弱小的红色政权，在四周白色政权的包围下不但没有消散，反而长期存在，甚至逐渐壮大起来，存在着其历史必然性。而在这个过程中，毛泽东之所以如此坚信中国的"红色政权"，是因为他对中国社会环境进行了深入调研，对社会各种矛盾、人民群众生活情况、竞争对手特点、未来局势的判断等有了深入了解，看到了"红色政权"背后的巨大力量。毛泽东创建"红色政权"靠的不只是一腔热血，还基于他对中国国情的准确分析。

1. **市场调研需要了解所处的环境**。当时中国是半殖民地国家，也就是说中国并不受任何帝国主义直接控制。因为各帝国主义都在打自己的算盘，军阀们面和心不和，所以帝国主义之间必然会有矛盾和战争，难以集中力量消灭"红色政权"。这也使若干小块的共产党领导的红色区域能够在四周白色政权包围的中间坚持下来。

2. **市场调研包括消费者调查，市场潜力不等于市场需求，对消费者行为特征的调研是十分重要的环节**。红色政权并不是哪儿都能产生，红色政权能够长期存在的地方，必然是受过民主革命影响的地方，也就是

---

① 中央党史和文献研究院：《中国共产党简史》，北京，人民出版社、中共党史出版社，2021年，第27页。
② 毛泽东：《毛泽东选集》（第一卷），北京，人民出版社，1991年，第2版，第49页。

过去两年资产阶级民主革命过程中工农士兵迅速发展的地方。而此刻的红军，也是由受过民主政治训练和工农群众影响的国民革命军中分化出来的。那些未经过政治训练、未受过工农影响的军队，很难分化出红色政权。

3. **市场调研也包括对市场未来走向的预测。如果目标市场的需求正处于衰退期，即便现在市场份额再庞大，也难免会随行业淘汰而退出市场。** 因为随时要面对来自军阀的迫害，小地方民众政权的存在大多是一时的。但全国革命形势不断向前发展，形成互相帮持、互相关照的局面，此消彼长，不断发展壮大，却是一件长期的事情。

4. **市场调研还需要对竞争者进行分析。通过对比发现己方的核心竞争力，从而在竞争激烈的市场采取合适的战略，并获取竞争优势。** 红色政权存在的必要条件之一就是拥有相当力量的正式红军。通过前期对敌我实力悬殊的评估，红军在策略选择上不断成长，不断汲取更多力量，自己逐渐强大起来，一旦形成敌我力量势均力敌的情景，就可以正面一战，若形成敌弱我强的局面，就可以直接碾压，用绝对的力量歼灭之。而这些力量，在毛泽东看来，就是"工农武装割据"。

红色政权长期地存在并且发展，也要依赖于共产党组织有组织、有纪律地领导中国革命，心往一处想，劲往一处使，党的强大凝聚力常常会发挥出"1+1>2"的力量。这也就保障了每个红色小块能不断壮大，慢慢地成长为东方巨人，彻底推翻帝国主义及其"工具人"军阀在中国的统治，完成民族革命大业。

因此，创业过程中，只有对所处市场环境的深入调研，深入分析消费者习惯、市场发展趋势、竞争对手等因素，才能提高对营销因素的可控能力、对市场机会的分辨能力、对市场趋势的预见能力、对市场风险的防范能力。

四、寻乌调研纠正本本主义

> **创业知识小课堂** 深度访谈
>
> 市场调研的实施有很多方法,包括电话访问法、问卷法、实地考察法、深入访谈法,不同的方法有各自的优缺点,创业者应当根据具体情况选择一种或多种适合的方法。
>
> 在上述众多方法中,深度访谈是一种非常直接的方法,它弹性大,灵活性高,有利于充分发挥访谈双方的主动性和创造性,使访谈者能够深入了解受访者详细情况、具体需求。双方面对面平等交流的方式也有助于增进与客户的距离,使对方敞开心扉。本文以毛泽东在"土地革命"时期对寻乌的一次"教科书式"的调查为例进行分析。

1930年5月,红四军攻克寻乌县城,并在这里停留了一个月的时间,计划到周边发起群众运动。要发起群众运动必须首先了解群众。怎样走到群众中去呢?毛泽东利用这样一段相对安定的宝贵时间,对寻乌县各方面做了详细的研究,写出了历史名篇——《寻乌调查》。

该调查承载的内容丰厚,可供研究的领域较宽广。比如:从社会学角度看,《寻乌调查》可以说是一部翔实的20世纪初期赣南地方社会史,其中从经济学角度看,《寻乌调查》可以说是一份反映当时中国地方行业经济与市场贸易的一份最为翔实、资料最为丰富的历史记载;从民族学角度看,《寻乌调查》中的民俗资料十分丰富,几乎涉及寻乌社会生产、生活的各方面,其中有寻乌人的衣着穿戴、饮食、圩场、投师学艺、"打会"、山林制度、禁忌、信仰迷信、民间传说与歌谣等,展现了一段时间内的寻乌文化、寻乌人的生活面貌,完全可以作为一部珍贵的民俗文献。其中着重访谈了以下几个问题。

1. 寻乌的商业情况。 毛泽东进行深入访谈前就将商业调查统划为宏观、中观、微观几个部分。对外,具体调查了寻乌县与其他县的贸易往来。对内,将寻乌县内的货物种类、店铺分布、经营品种、商品成色、货物来源、市场价格等情况划分得十分具体,甚至细致到各类别中的具体产品(比如水货中的咸鱼),并对每一种货物的来源、销量及销售对象进行闭环全贸易链了解。同时,微观上还挨家挨户访谈了店主的发家经历、性格特点、政治态度、资本多寡等，涉及的店铺达 90 多家。可以看出，毛泽东在设计调研问题的过程中非常成体系，提前确定研究内容的分类，并在实施过程中错落有致，既广泛，又深入。

2. **寻乌旧有的土地关系**。创业者需要明确市场调研的目的，无论采取什么方法，战略上无针对性的"覆盖式调研"都会造成大量的无关成本。运用深入访谈分析法时也不例外，要时刻牢记调查目的，抓住痛点问题。毛泽东在研究实施土地革命的必要性时，深入访谈了农村人口成分、旧有田地分配、公共地主、个人地主、富农等 9 个方面，得出问题的核心在于当地的大地主对于生产的态度是完全坐视不理。他们既不亲自劳动，又不组织生产，完全是为了通过出租土地获取地租，至于出租出去的土地是否得到改良，地主并不关心。毛泽东通过深入走进群众中去，验证了地主阶级对社会生产力的发展确实已无促进作用，在之后的土地革命中必须将其打倒。这是深入访谈的结果，也是此次调研的目的，为他发动土地革命提供现实证据。

3. **寻乌的土地斗争**。了解群众是为了更好地帮助群众解决问题，带领他们过上更好的生活。在寻乌，土地分配一直是个麻烦的民生问题，究竟是按区分配，还是按村分派，各区总是意见不一。其实，他们都没有把握一个宗旨，就是哪种最符合咱群众的意愿，就应该按哪种。而了解农民需求最好的方式就是深入调查。毛泽东调查发现，农民反对以区为单位分田，而是愿意以村为单位分田。毛泽东说："摸熟了的田头，住惯了的房屋，熟习了的人情，对于农民的确是有价值的财宝，抛了这些去弄个新地方，要受到许多不知不觉的损失。"①这也为毛泽东未来"分田地"的方式定下了基调。

创 业 启 迪

创业项目的顺利推进，尤其是早期发展离不开积极的市场调研。具体深入地调研能够帮助创业者清晰判断所处的市场位置，能占据的市场份额以及合适的细分领域，从而正确制定战略，为成功的发展打下坚实的基础。正如寻乌调查对中国共产党形成正确的土地革命路线起到了重要的作用，为后续农村土地的重新分配，农村社会关系的重新调整，各阶级、阶层政治经济地位的变化夯实群众根基。在新时代的今天，我们做市场调研，仍

---

① 罗平汉：毛泽东的寻乌调查与《反对本本主义》，http://www.71.cn/2013/0109/700904.shtml，访问日期：2023 年 11 月 5 日。

要学习一代伟人严谨、实事求是的精神,采取科学的深入访谈方法,才能得到想要的收获。

文章还提供了很多至今仍有时代价值的具体做法,为当今创业者开展市场调研提供了非常好的经验参考。

1. **要围绕调研目的提出问题**。"调查就是解决问题",调查研究要有明确目的,带着问题去,带着办法回。毛泽东在《寻乌调查》前言中指出:"关于中国的富农问题,我还没有全般了解的时候,同时我对于商业状况是完全的门外汉,因此下大力来做这个调查。"① 这就鲜明地提出了问题,指出了调查的目的。通过对寻乌农村、城镇等历史和现状调查,毛泽东掌握了分配土地的各种情况,弄清了富农与地主的问题,为日后制定符合中国革命实际的土地革命路线和工商业政策提供了可靠依据,更为如何有效地解决中国问题提供了可参考范例。

2. **善于将多种研究方法相结合**。在同一研究中使用不同的研究方法可以为研究设计和解决实际问题提供更多的灵活性。在《寻乌调查》中,毛泽东使用两种不同的研究方法同时从不同层面和角度对寻乌进行调查研究。**一是充分运用数据**。例如,在第二章介绍寻乌交通时,毛泽东详细注明县内每条道路的里程数,还注明了到临近县城一些道路的里程,这是了解寻乌的发展状况、区位条件的一手资料,使人们对寻乌的建设情况、出行条件甚至面积都有了较为明确的印象。在第四章寻乌的旧有土地关系中,毛泽东对农村人口成分、旧有田地分配等运用百分比进行统计,这些数据不仅非常精细,也具有史料价值。**二是以实地现象为分析基础**。例如,在第四章中高利剥削的第4小点——卖奶子(客籍称儿子为奶子),毛泽东详细描述了当地卖奶子的社会现象,并从中得出科学结论,即"旧的社会关系,就是吃人关系!"②

3. **调研也可以采用生动活泼的语言形式**。调研类文体的语言形式一般来说相对严谨单一。但在《寻乌调查》中,毛泽东使用口语、俗语、俚语的地方随处可见,比如:在描写农民交过租没有饭吃的时候,套用农民

---

① 毛泽东:《毛泽东文集》(第一卷),北京,人民出版社,1993年,第118页。
② 毛泽东:《毛泽东文集》(第一卷),北京,人民出版社,1993年,第218页。

自己的话,即"禾头根下毛饭吃"①,生动描绘了当时农民生存的艰辛。揭露剥削地主的残酷,则用了当地的俚语,即"水浸牛皮——很客"②。为了描绘普通老百姓的生活,说明做豆腐不容易,引用了当地的俗语,即"蒸酒磨豆腐,唔敢称师傅"③。这些生动活泼、现场感强的语言形式,增加了调研报告的阅读吸引力,同时也向读者展示了当时当地的语言文化特色,也为语言学研究提供了价值。

第二节　做好对手研究

学习目标

1. 了解中国共产党在抗日战争、抗美援朝战争中开展敌我分析的历史和智慧;了解和平解放北平的战略意义。
2. 了解竞争分析的重要性;学习"敌友分析"与"化敌为友"的方法。
3. 学习谈判的方法。

五、《论持久战》中的竞争分析

创业知识小课堂　竞争分析

创业不仅要了解自己,也要了解竞争对手,所谓"知己知彼、百战不殆"。竞争者分析一般包括以下五项内容和步骤。

---

① 毛泽东:《毛泽东文集》(第一卷),北京,人民出版社,1993年,第204页。
② 毛泽东:《毛泽东文集》(第一卷),北京,人民出版社,1993年,第172页。
③ 毛泽东:《毛泽东文集》(第一卷),北京,人民出版社,1993年,第160页。

1. 识别竞争者。要较为充分地调研、识别出在同一个领域里其他与自己竞争的对手有哪些，在哪里，他们的规模、特点有什么，也要识别出其他领域可能跨界过来打击的潜在竞争者。

2. 识别竞争者的目标与策略。要了解竞争者的目标是什么，即追求什么、重视什么、忽略什么，判断他们将如何利用自身的资源开展经营活动，采取什么样的策略。

3. 评估竞争者的优势和劣势。横向对比，分析出不同的竞争者之间的优劣势，一般来说，没有一个组织方方面面都是最优的，即使自己是初创型组织，也有可能存在超越其他更大的竞争者的优势所在。

4. 判断竞争者的反应模式。可以通过博弈论的方法，推演各种方案，不同的竞争者将采取什么样的应对措施，他们可能是直接反击、藐视忽略、被动跟进等，都需要我们去预判，进而有预案应对，不至于对方出手时我们不知所措。

5. 判断竞争者是否代表了未来的趋势。这是很容易被忽略的一点，很多人往往只关注竞争者如何做，实际上更重要的是判断哪些做法、哪些竞争者代表未来的趋势，是否满足用户需求、符合社会发展的潮流，才能避免陷入无休止的竞争中而忽略了创业的初心。

在抗日战争全面爆发后，北平、天津、上海、南京等地相继沦陷，就在悲观失望情绪日益蔓延的时候，毛泽东写下了《论持久战》，分析了中日两国的社会形态、双方战争的性质、战争要素的强弱状况、国际社会的支持与否，指出了抗日战争是持久战，最后的胜利属于中国。事实证明，毛泽东的预测是正确的，而这种预测正是植根于对中国和日本的深入研究。《论持久战》对战争形势深刻科学的分析，为抗战指明了方向，鼓舞了人民抗战的士气，成为党领导的抗战实践的战略指导思想，成为中国人民夺取抗日民族战争和人民解放战争伟大胜利的思想武器。让我们通过表5-1一起研读《论持久战》是如何进行敌我分析的。

表 5-1 抗日战争时期，中日国情优劣势对比
（本书作者根据《论持久战》所作表）

		日　本			中　国
优势	国情	强的帝国主义国家，军力、经济力和政治组织力在东方一流	劣势	国情	半殖民地半封建国家，军力、经济力和政治组织力、文化各方面都不如日本
	心理	"中国速胜论"不可信		心理	近百年的解放运动积累到了今日锻炼了中国人民，中国共产党及其领导下的军队是进步的代表
劣势	战争性质	退步和野蛮	优势	战争性质	如日方升，进步而正义
	国内矛盾	军事封建性的帝国主义使国内的阶级对立		对内	全国的团结
	国外矛盾	日本民族和中国民族的对立、日本和世界大多数国家的对立		对外	激起敌国人民的同情，争取世界多数国家的援助
	地理等	国度小，人力、军力、财力、物力都比较缺乏，经不起长期的战争		地理等	地大、物博、人多、兵多，能够支持长期的战争
	战争目的与结果自相矛盾	为解决上述困难问题而发动战争，现有资源会因战争消耗而将更加匮乏			
结论	综合	日本虽能得到国际法西斯国家的援助，但也会遇到一个超过其国际援助力量的国际反对力量。这后一种力量将逐渐地增长，不但会把前者的援助力量抵消，更会把压力施于日本自身。 失道寡助	结论	综合	由于中国战争的进步性、正义性而产生出来的国际广大援助，同日本的失道寡助又恰恰相反。总体来说，中国的短处是战争力量之弱，而长处在于其战争本质的进步性和正义性，在于中国是一个大国家，在于中国国际形势之多助。 得道多助

　　日本是一个强大的帝国主义国家，它的军力、经济力和政治组织力在东方是一流的，这是敌方的优势。在这一优势加持下，"中国速胜论"失去了可信度。然而，由于日本社会经济的帝国主义性，它的战争是退步的和野蛮的，战争不能达到日本统治阶级所期求的兴旺，反而会造成日本帝国主义的死亡。再加上日本又是军事封建性的帝国主义这一特点，这样就最大限度地激起它国内的阶级对立、日本民族和中国民族

的对立、日本和世界大多数国家的对立，这是敌方的劣势。不仅如此，日本国度小，人力、军力、财力、物力都比较缺乏，经不起长期的战争。日本统治者为解决这个困难问题而发动战争，现有资源会因战争消耗而将更加匮乏。最后，日本虽能得到国际法西斯国家的援助，但也会遇到一个超过其国际援助力量的国际反对力量。这后一种力量将逐渐地增长，不但会把前者的援助力量抵消，更会把压力施于日本自身，这是失道寡助的规律。

中国是一个半殖民地半封建国家，虽然在军力、经济力和政治组织力各方面都不如敌人，但中国近百年的解放运动积累到了今日，已经不同于任何历史时期。各种内外反对力量虽给解放运动以严重挫折，同时却锻炼了中国人民。今日中国的军事、经济、政治、文化虽不如日本之强，却有了比任何一个历史时期更为进步的因素。中国共产党及其领导下的军队，就是这种进步因素的代表。此外，中国是如日方升的国家，这同日本帝国主义的没落状态恰是相反的对照。中国的战争是进步而正义的，就能唤起全国的团结，激起敌国人民的同情，争取世界多数国家的援助。不仅如此，中国地大、物博、人多、兵多，能够支持长期的战争，这同日本又是一个鲜明的对比。最后，由于中国战争的进步性、正义性而产生出来的国际广大援助，同日本的失道寡助又恰恰相反。总体来说，中国的短处是战争力量之弱，而长处在于其战争本质的进步性和正义性，在于中国是一个大国家，在于中国国际形势之多助。

《论持久战》对于敌我双方客观全面的分析，预测了战争的发展阶段，得出了胜利属于中国的结论。

创 业 启 迪

面临竞争挑战，是创业的常态。在竞争分析中，将对手与自己细致对比，找到双方的优劣势，有助于厘清博弈思路，使我方扬长补短，争取胜出。"论持久战"之所以能论证"以弱胜强"，并且成功指导实践"以弱胜强"，根本就因为运用了唯物辩证法进行科学分析。当下，咨询机构非常多，很多的报告只是一堆数据的罗列，但是一份好的报告不能只是客观描述和罗列，而是需要有灵魂的大脑进行分析，创业者应该从唯物辩证法的三大观点加以竞争分析。

1. **坚持全面的观点**。这是一切正确分析的前提条件。当时，认为中国会亡的人，只看到了日本当前的军事强大，忽略了日本是一个小国，资源稀少。只看到了中国军事弱小，却忽略了中国地大物博，人口众多。他们的看法是片面的，而不是全面的。没有全面地分析敌我双方的优劣势。认为中国会速胜的人，只看到了中国的地大物博、人口众多，却没有看到中日两国在战争初期的悬殊军事力量，这也是片面的，而不是全面的。创业者在分析竞争对手的时候也是要注意全面性，也就是每样事物的两面性、多面性组合在一起。如果对手很弱，也可能有长于自己的优势，不要掉以轻心。如果对手很强，也有弱点，不必妄自菲薄。

2. **坚持联系的观点**。《矛盾论》告诉我们，要联系地看待事物的发展，而不是孤立地看待事物的发展。应用在抗日战争中，便不能再视为一个孤立的战争，而是第二次世界大战的一部分，不仅是中日两国的战争，更是德日意法西斯集团与国际反法西斯联盟之间的战争。在战争初期，法西斯联盟是强大的，随着战争的发展，反法西斯联盟在不断地加强，胜利的天平必然会向中国的方向倾斜。只有厘清了各国战争与抗日战争之间的关系，才能更加准确地判断抗日战争的发展进程。创业者也是需要梳理清楚各个创业组织之间的关系，哪个阵营可能实力更强，以及如何加强我方实力。

3. **坚持发展的观点**。抗日战争期间，日本是强国，但同时也是小国。中国是弱国，但同时也是大国。初期强国能够打败弱国，但是长期，随着资源的消耗，中国的资源优势就会凸显。言外之意，中国是大国，有着巨大的战略纵深空间，有着与敌人战略斡旋的空间。即使暂时打不过，拖也能把对手拖死。简单地说，中国是大国，适合跑马拉松，也就是持久战。日本是小国，适合短跑，也就是闪电战，日本早期也提出"三个月灭亡中国"的计划，强调侵略的速战速决。创业中，往往不必在乎一时得失，我们从时间上拉长度，就能不被当下的"浮云遮望眼"，对局势的判断会更加的准确，进而有更多的信心。

六、四渡赤水，因敌制胜的用兵奇迹

> **创业知识小课堂** 缝隙市场
>
> 缝隙市场又叫利基市场，创业过程中，往往存在被市场中的优势企业所忽视的行业中的某些细分领域，这就可以成为广大创业者赖以生存的市场空间，经过创业者的开拓和发展，从无到有，由小到大，由弱变强。往往大行业中存在很多市场空白，一旦你从中找到了合适的市场空白点，就能抓住创业成功的机会。
>
> 就像我党百年创业之初的"四渡赤水"一般，避实击虚、声东击西、乘隙而进，巧妙地穿插于敌军重兵围堵之间，在数十万名敌军的包围中找到缺口，摆脱了尾敌，改变了被动局面。

创业过程中，我们要善于将知识转化为竞争优势，将对竞争对手的了解转化为竞争策略，这就要求我们不仅仅是了解对方的基本信息、优势弱势，还需要学会利用好调研成果，采取果断有效的措施。

第五次反围剿失败后，中央主力红军被迫实行战略性转移，开始了长征。长征途中，红军在贵州、四川、云南三省交界的赤水河流域同国民党军进行了一场运动战战役——"四渡赤水"。这场运动战，就是一次"因敌制胜"的用兵奇迹。连毛泽东自己都说"四渡赤水才是我的得意之笔"。

让我们从沙盘新视角看：
十面埋伏、"地狱开局"！两个视频让你真正看懂四渡赤水的超高指挥艺术（上、下）
（来源：视频《沙盘上的战争》）

娄山关战役之后，蒋介石亲自飞抵重庆"督战"，并制定了"南守北攻"和"碉堡推进"的策略，妄图在此将红军压缩在乌江北岸、长江以南的狭小区域内，借用第五次围剿的经验把红军困死。

当时郭勋祺朝着鸭溪遵义方向攻击前进，北面黔军不断骚扰我军，湘军扼守湘江防止我军和红二、六军团会合，吴奇伟所部则作为机动部队行动。如果不能解决红军眼下的处境，红军就会被蒋介石的"碉堡战术"压缩，如何让红军尽快突出包围圈是第一要务。

面对这个困境，林彪提出攻打王家烈的黔军，以此为突破口趁机突出包围圈。王家烈军的战斗力弱，军队所在地经济富裕，还可以让红军得到补给，建议得到了当时红军大部分指战员的同意。但是这一建议遭到毛泽东的强烈反对。在阐述了反对的理由之后，毛泽东提出了自己的建议：放弃王家烈、攻打周浑元。他分析道：其一，王家烈不希望蒋介石部队进入他的地盘，因此如果红军攻打周浑元，必然不会前去救援。而相反，周浑元是中央军嫡系，必然会在红军攻打王家烈的时候从背后袭击。其二，周浑元所在防区靠近乌江，红军不一定要打垮周浑元，而是要打得他不敢出来，那么红军则可以趁机三渡赤水。其三，攻打周浑元，不但王家烈无法救援，机动行军的吴奇伟也因为距离太远无法及时救援。

事实证明，毛泽东的这一套心理战在这之后果然成功应验了。当时国民党的围剿部队虽多，可是彼此之间都是面和心不和，蒋介石想借红军消灭地方派系。毛泽东充分运用了敌人的特点，以巧妙的战术从几十万名的围剿大军之中突围。

创 业 启 迪

对于竞争对手的调研是为了充分了解对手的详细情况，从而找到对手的漏洞所在，并充分利用对手的弱点，进行有效的反击。当时毛泽东力排众议，决定攻打周浑元。这一选择看起来危机重重，实际上是我党在充分了解敌方各个派系之间的立场与需求的基础上做出的决策。"四渡赤水"的胜利彻底粉碎了蒋介石企图围歼红军的计划。那么，创业者可以从中学到些什么呢？

1. **知己知彼**。开展竞争对手调研不能只停留在表面，更应该争取了解影响其决策的核心特点并加以利用，才能真正做到"知己知彼""因敌制胜"。要深入、详细地分析主要竞争对手的情况，包括现实的和潜在的，使自己预先掌握竞争对手的各种情况，做出正确的应对方案。创业者要加强市场信息的收集，分析优势企业的不足和市场的空白，才能取得满意的创业成果。

2. **紧抓不大的机会窗口**。"缝隙市场"的特点决定了时间机会窗口转瞬即逝，突然会有机会出现，突然机会也会消失不见。作为团队的领导人就要在掌握了较为充分和正确的情报情况下，快速地决策，在行动中勇敢地快速判断。这就有点像高山滑雪的过程，"不要怕，往前冲，控制好节奏"。

3. **出其所不趋，趋其所不意**。向对手设防薄弱的地方出击，用兵于对手意料不到之处。创业者在创业之初很难和市场上已经存在的优势企业相抗衡，这个时候应该怎么办？避其锋芒，到另外的地方寻求发展。这就是所谓的缝隙市场，缝隙市场总是潜藏在板块市场、综合市场，甚至成熟的专业市场中。这是别人未注意或未涉足的领域，在空白处创业，更容易让创业者在创业路上收获成功。

七、为何一定要跨过鸭绿江

> **创业知识小课堂** 目标市场选择
>
> 目标市场选择是指估计每个市场的吸引力程度，并选择进入一个或多个细分市场。创业组织选择的目标市场应是能在其中创造最大顾客价值并能保持一段时间的细分市场。其主要分为以下几个步骤：
>
> 1. 市场细分。市场细分是指以市场调研为条件，根据影响消费者多方面的差异因素，包括爱好、需求、购买行为、购买能力等对整体市场中的消费者群体进行划分，其中划分的消费者群体超过两个以上，而在这一基础上，再将每种具有相似需求和大体愿望的消费者归类为消费子市场的求同存异模式。
>
> 2. 确定目标市场。在市场细分的基础上，根据自身优势，从细分市场中选择一个或者若干个子市场作为自己的目标市场，并针对目标市

> 场的特点展开营销活动,在满足用户需求的同时,实现产业组织的经营目标。
>
> 3.市场定位。从各个方面为产品创造特定的市场形象,使之显示出不同的特色,以求在目标顾客心目中形成一种特殊的偏爱。

🔊 让我们从沙盘新视角看:

冰血长津湖之战:129名战士被冻成冰雕,一枪未发却吓坏美军(上、中、下)

(来源:视频《沙盘上的战争》)

在竞争分析中,我们会发现对手尽管实力强大,但实际上并不是绝对能胜。在中国共产党发展历史上,也常常面临这样的困境,抗美援朝战争就是一个典型例子。

1950年6月25日,朝鲜内战爆发,美国政府立即做出武装干涉朝鲜内政的决定。并派遣第七舰队入侵台湾海峡,公然干涉中国内政,阻挠中国的统一大业。10月初,美军无视中国政府一再警告,悍然越过三八线,把战火烧到了中朝边境,直接威胁新中国的国家安全。在这个局势紧要的关头,周恩来昭告全世界:"中国人民爱好和平,但是为了保卫和平,从不也永不害怕反抗侵略战争。中国人民决不能容忍外国的侵略,也不能听任帝国主义者对自己的邻人肆行侵略而置之不理。"①

敢不敢、能不能迎战世界上经济实力最雄厚、军事力量最强大的美帝国主义?这对于仅成立一年、百废待兴的新中国而言,是一个巨大的挑战。在敌我力量极其悬殊的情况下,如果出兵参战,能不能打赢?会不会引火上身?会不会惹祸上门?会不会使我国的经济建设难以进行?中国出不出兵的标志就是美军过不过三八线。美国干涉但不过三八线,我们不管,如果过三八线,我们一定打过去。面对中国的严正警告,以美国为首的"联合国军"竟充耳不闻。1950年10月,韩国军队和美军先后越过三八线,值此危急关头,朝鲜政府两次向中国政府请求出兵支援。②面对朝鲜的请求,中共中央多次开会讨论,在出不出兵这件事上产生了意见分歧。多数人都不赞成出兵,从国内的经济、政治、军事装备、厌战心理等方面表达了自己的意见,理由主要是解放战争刚刚结束,中国一穷二白,经济亟待建设,巨额的战争支出无力承

---

① 中央文献研究室:《毛泽东传》(第三册),北京,中央文献出版社,2011年,第1073页。
② 本书编写组:《中华人民共和国简史》,北京,人民出版社,2021年,第26页。

担;土地改革的任务还没有彻底完成;武器装备远落后于美国,缺乏制空权和制海权;战士和人民厌恶战争的心理;等等。可是如果我们不进行抗美援朝战争,让美国占领全朝鲜,陈兵鸭绿江边,就会对中国主要工业基地东北构成直接威胁,严重威胁了新中国的国家安全和国家利益,中国人民别无选择,只有进行抗美援朝、保家卫国。①如果以美国为首的"联合国军"占领整个朝鲜,那么将随时对新中国产生威胁。逄先知、金冲及在《毛泽东传》中指出:"毛泽东本人虽然已有主张,但他仍然发扬民主的优良作风,让大家各抒己见,将心中的疑虑说出来,一一进行说服工作,帮助其克服困难。"②起初的确是有同志反对出兵,最终也是说服了这些同志才决定出兵的。一旦做出中国人民志愿军入朝作战、进行抗美援朝、保家卫国的斗争的决定,全党上下立即拧成一股绳,兢兢业业、全力以赴完成这一历史使命,党内不再存在任何分歧。③

1950年10月8日,毛泽东发布命令,组建以彭德怀为司令员兼政治委员的中国人民志愿军。19日,志愿军雄赳赳、气昂昂跨过鸭绿江。这是正义之士行正义之举。中国人民志愿军同朝鲜军民密切配合,首战两水洞,激战云山城,会战清川江,鏖战长津湖等,此后又构筑起铜墙铁壁般的纵深防御阵地,实施多次进攻战役,粉碎"绞杀战",抵御"细菌战",血战上甘岭,创造了威武雄壮的战争伟业。经过艰苦卓绝的战斗,中朝军队打败了武装到牙齿的对手,打破了美军不可战胜的神话,迫使不可一世的侵略者于1953年7月27日在停战协议上签字。

抗美援朝战争伟大胜利,是中国人民站起来后屹立于世界东方的宣言书,是中华民族走向伟大复兴的重要里程碑,对中国和世界都有重大而深远的意义。经此一战,中国人民粉碎了侵略者陈兵国门,进而将新中国扼杀在摇篮之中的图谋,可谓"打得一拳开,免得百拳来"。④帝国主义再也不敢做出武力进犯中国的尝试,新中国真正站稳了脚跟。经此一战,中国人民彻底扫除了近代以来任人宰割、仰人鼻息的百年耻辱,彻底扔掉了"东亚病夫"的帽子,中国人民真正扬眉吐气了。经此一战,中国人民打败了侵略者,震动了全世界,奠定了新中国在亚洲和国际事务中的重要地位,彰显了新中国的大国地位。经此一战,人民军队在战争中学习战争,愈战愈勇,越打越强,取得了重要军事经验,实现了由单一军种向诸军兵种合成军队转变,极大地促进了国防和军队现代化。经此一战,第二次世界大战结束后,亚洲乃至世界的战略格局

---

① 齐德学、郭志刚:抗美援朝战争研究述评,载《当代中国史研究》,2007年第6期,第26页。
② 中央文献研究室:《毛泽东传》(第三册),北京,中央文献出版社,2011年,第1081页。
③ 刘国新:如何认识抗美援朝战争,载《前线》,2019年第5期,第22页。
④ 刘勇:抗美援朝:"打得一拳开,免得百拳来",载《光明日报》,2021年2月22日,第6版。

得到深刻塑造，全世界被压迫民族和人民取得民族独立和人民解放的正义事业受到极大鼓舞，有力推动了世界和平与人类事业进步。①

创 业 启 迪

面对一块硬骨头，到底要不要啃下来？两个选择其实都有各自支撑的理由。中国人民志愿军依靠顽强的意志和出其不意的决策，经过艰苦卓绝的战斗，打败了武装到牙齿的对手，打破了美军不可战胜的神话。抗美援朝战争给我们留下许多宝贵的精神财富，极大地开阔了我们的战略视野，启迪了我们创业过程中的目标市场选择思维。

1. 涉及核心利益的就是目标市场，就要坚决捍卫。 在朝鲜战争中，美国派遣第七舰队入侵台湾海峡，干涉中国内政，严重侵犯了中国主权，阻挠中国的统一大业。美方无视中国一再警告，越过三八线，把战火烧到中朝边境，对中国领土也造成威胁，新中国的核心利益受到了极大威胁，所以这场仗必须打。创业过程中会遇到突发状况，会遇到侵犯自身创业团队核心利益的遭遇，此时要坚决站出来全力捍卫自己的合法核心权益。

2. 目标市场的赢得要靠铁的意志。 面对美国的战争威胁，中国人民志愿军用钢铁般的意志创造了世界战争史上的奇迹，应了一句古话"狭路相逢勇者胜"。志愿军将士面对强大而凶狠的作战对手，身处恶劣而残酷的战场环境，抛头颅，洒热血，以"钢少气多"力克"钢多气少"。②他们冒着枪林弹雨勇敢冲锋，顶着狂轰滥炸坚守阵地，以身躯做人梯，抱起炸药包，手握爆破筒，冲入敌群。忍饥受冻绝不退缩。有毅然抱起炸药包与敌人同归于尽的杨根思，有用胸膛堵住枪眼为战友冲锋开道的黄继光，有烈火烧身岿然不动直至壮烈牺牲的邱少云……正是有了如同钢铁般的意志，中国人民志愿军才书写了正义定胜强权的璀璨篇章。创业是一条艰苦曲折的道路，路上险象环生，荆棘遍地，没人知道漫漫前路还有多少困难。世

---

① 中央党史和文献研究院：《中国共产党简史》，北京，人民出版社、中共党史出版社，2021年，第155页。
② 刘勇：抗美援朝："打得一拳开，免得百拳来"，载《光明日报》，2021年2月22日，第6版。

界上没有什么事情是一蹴而就的,唯有以钢铁意志为刃才可披荆斩棘走得更远。

3. **目标市场始终要依靠人民**。志愿军正因为背靠祖国和广大人民,才有不竭战斗动力,毛泽东总结抗美援朝战争时,强调"我们的经验是:依靠人民,再加上一个比较正确的领导,就可以用我们的劣势装备战胜优势装备的敌人"。[①] 依靠人民,就是最大限度地调动各级指挥员、全体作战人员的主观能动性,使他们能围绕同一个目标自觉积极地展开行动。

八、谈判,不战而屈人之兵

> **创业知识小课堂** 谈判
>
> 谈判是一种非常普遍的社会交往形式,同时它也是协调冲突各方利益的重要途径。创业者面对的谈判方不仅是合作方、客户、投资人,甚至可能是出现问题的内部员工。谈判的目的是解决问题或者创造收益,关键在于找到谈判双方的利益关切,实现共赢。
>
> 谈判是创业者几乎不可避免的考验,谈判者往往都是自我中心的,而且谈判各方越是自我中心,越难达成一致意见。而要想达到既定的谈判目标,正确判断形势、揣摩对方心理、了解双方筹码这几个步骤是必不可少的,只有充分进行心理研究,才能想出正确的应对策略,施加适当的压力,才能为己方多争取利益而又不导致谈判的失败。

中国现代史上国共两党进行了三次重要谈判,分别是西安谈判、重庆谈判和北平谈判,这三次谈判都彰显了中国共产党在谈判过程中的决策智慧。1936年的西安谈判,中国共产党研判形势,主动协调各方关系促成了西安事变和平解决,推动抗日民族统一战线初步形成。1945年10月10日的重庆谈判,以适当的"让"换取和平环境,

---

① 中共中央文献研究室、中国人民解放军军事科学院:《建国以来毛泽东军事文稿》(中卷),北京,军事科学出版社、中央文献出版社,2010年,第50—51页。

但在触及底线问题时坚决"不让"。1949年1月的北平谈判,和平解放了北平,中国共产党用最小的牺牲换来了百姓的和平。这三次谈判背景不同,中国共产党采取的策略也不同,这里我们以北平谈判为例,学习党的谈判智慧。

1949年1月31日,北平这座古老的名城翻开了它历史的新篇章。这一天,人民解放军举行了规模宏大的入城式,驰名世界的文化古都北平(北京)免于战火,完整地保存下来,为新中国的定都奠定了基础。至此,平津战役胜利结束,北平和平解放,达到了歼灭和改编华北国民党军队52多万人的预期目标,彻底解放了华北地区。创造性的"北平方式"成为日后解放湖南、四川、新疆、云南的范例,不仅提供了一个全新的解放方式以推动其他地区的解放进程,更进一步稳固了民心和军心并对国民党蒋介石造成更大的压力。在整个过程中,中国共产党是如何做到"不战而屈人之兵"的呢?

中国共产党首先对北平守军总司令傅作义做出了深刻分析,认为其有两个特点:一是傅作义作为抗日的爱国将领,对于蒋介石打内战本就不赞成,与蒋介石的排除异己、独裁卖国矛盾很深,因此在蒋介石政府即将覆灭之时,与傅作义和平谈判存在可能性;二是傅作义并非贪生怕死之人,与解放军多年作战,加之其手下有两个军的嫡系部队,整个华北由他统帅的国民党军队有60多万人,不到万不得已的时候,他不会轻易接受谈判。①基于此,党一方面从军事上给傅作义施压,用军事形势左右傅作义对和谈的态度,增加谈判力;另一方面中共晋察冀中央局城市工作部部长刘仁指示北平地下党:通过各种社会关系,影响、接近傅作义周围的人、做傅作义的工作,争取和平解放北平。

北平和平解放谈判先后经历了三次最终完成,这过程并非顺风顺水。

第一次和谈是在1948年12月15日至19日进行的。这时,东北野战军及华北军区的部队已攻占了南口、海淀、丰台、黄村等地,完成了对北平的包围。此前,北平地下党学委在安排傅冬菊和通过刘后同做傅作义工作的同时,又布置在《平明日报》曾经任采访部主任的中共地下党员李炳泉,通过他的堂兄、华北"剿总"总部联络处处长李腾九去做傅作义的工作。北平被包围后,傅作义仍然抱有幻想,经过傅冬菊、刘后同等人劝说,决定派他的亲信、《平明日报》社社长崔载之出城谈判,中共北平地下学委则秘密派李炳泉陪同崔载之一起出城,但李炳泉既不是傅方代表,也不是崔的随从。崔、李二人于17日秘密到达解放军平津前线司令部驻地附近。平津前线司令部由参谋处处长苏静出面接待。崔载之代表傅作义提出,要解放军停止一切攻击行动,两军后撤,通过谈判和平解决平、津、张、塘一线问题。他还提出,为了搞到一

---

① 陈蓉:北平和平解放的三次谈判,载《中国档案报》,2016年11月23日。

些蒋介石的大型飞机,要解放军让出对南苑机场的控制权;为制约城内蒋系军队,要解放军将被包围在新保安的傅系第35军放回北平城内,解放军可与其一同进城;傅作义通电全国,宣布北平实现和平解放;建立华北联合政府,傅的军队由联合政府指挥;等等。19日,平津前线司令部参谋长刘亚楼会见崔载之,阐明了解放军对和平解决平、津问题的基本原则:以国民党军放下武器、解除武装为前提,绝不允许保存反动武装力量,更不同意建立华北联合政府。如对方同意这些条件,可以保障傅作义本人及其部属生命安全和私人财产免受损失。双方这次谈判实际上是一次试探性的正式接触,由于双方条件距离很大,这次接触未获任何结果。

第二次和谈是在1949年1月8日至9日进行的。新保安、张家口被攻克之后,傅作义的主力部队已被歼灭。1948年12月25日,中共中央权威人士宣布蒋介石等43人为头等战争罪犯,其中也包括傅作义。毛泽东在1949年1月1日致电林彪:"傅氏反共甚久,我方不能不将他和刘峙、白崇禧、阎锡山、胡宗南等一同列为战犯。我们这样一宣布,傅在蒋介石及蒋系军队面前的地位立即加强了,傅可借此做文章,表示只有坚决打下去,除此以外再无出路。"[1]实际上,与解放军里应外合,傅氏可以立下一个很大的功劳。承诺对傅作义的军队采用和平改编的方式,对他不以战犯对待,给予一定的政治地位,保有私人财产,在新保安、张家口被俘人员一律释放,对参加起义的人员一律既往不咎,愿意留下的,安排适当工作,愿意回家的,发足路费,保证地方政府不歧视。这些政策,充分体现了共产党的宽容以及和谈的诚意。傅作义于1月6日派出华北"剿总"少将民事处处长周北峰为代表,由燕京大学教授、中国民主同盟华北地区负责人张东荪陪同到解放军平津前线司令部驻地附近进行第二次谈判。这次谈判共谈两次,所谈内容经过整理,形成了一个《谈判纪要》,并写明1月14日为傅方答复的最后期限。周北峰在《谈判纪要》上签了字。周北峰回城后向傅作义详细汇报了谈判情况,但傅作义还在犹豫观望,想讨价还价。在谈判期间,又在北平城内修建了天坛、东单两处临时机场,南京来的飞机起落频繁。时间过得飞快,眼看14日就要到了,傅作义还没有下定最后的决心,在这种情况下,中共中央军委和毛泽东决定解放军于1月14日对天津国民党军发起总攻,同时准备攻打北平。

第三次和谈是在1949年1月14日至16日进行的。应傅作义之邀,邓宝珊于1948年12月28日由包头飞抵北平。1949年1月14日,人民解放军用29个小时攻下天津,傅作义由海上南逃的计划也最终破灭,他决定与中共再次进行谈判。邓宝珊作为傅作义的全权代表,于14日偕周北峰到解放军平津前线司令部驻地附近,同林

---

[1] 曹楠:北平和平解放的三次谈判,载《中国档案报》,2014年4月11日,第3版。

彪、聂荣臻、罗荣桓进行正式谈判。从第二次谈判到这次谈判，短短几天内战争形势又有了决定性的变化。1月10日，淮海战役以解放军大获全胜而结束，国民党55万军队被歼灭。攻克天津后，北平成了一座孤城，20多万守敌完全在解放军严密包围中，傅作义已经没有什么讨价还价的筹码了。双方经过谈判，对北平国民党军队开出城外指定地点进行改编方案、华北"剿总"和部队团以上军官的安排原则、北平国民党军政机构的接收办法等问题，于16日初步达成协议。同日，平津前线司令部向邓宝珊面交了林彪、罗荣桓为敦促和平解放北平问题致傅作义的公函。邓偕解放军代表苏静进城后，傅作义即决心接受和平改编。19日双方代表在北平城内根据在城外达成协议的基本精神，逐条具体化，最后形成了一个正文十八条、附件四条，共计二十二条的《关于北平和平解决问题的协议》。协议报经中共中央军委和毛泽东修改后，作为正式协议，于21日由东北野战军前线司令部代表苏静和傅作义的代表王克俊、崔载之分别在协议上签了字。协议规定，自1月22日上午10时起双方休战。21日上午，傅作义召集华北"剿总"机关及军长以上人员会议，宣布北平城内国民党守军接受和平改编。

在整个谈判任务中，每个人都是北平地下党经过审慎的选择，其中最引人注目的就是傅作义的长女、中共党员傅冬菊。傅冬菊作为傅作义的女儿，她的主要任务是了解傅作义的动态。按照任务要求，傅冬菊每天都要和另一名地下党员崔月犁见一次面，把傅作义的动态及时向组织汇报。据崔月犁回忆说：傅冬菊同志"每次见我总是高高兴兴地满面笑容。不慌不忙地把她父亲的情况原原本本地告诉我。傅作义有时思想斗争激烈，唉声叹气、发脾气、咬火柴头，甚至想自杀"。对于傅作义的动态，共产党都能及时掌握。[1]

傅作义后来在西柏坡见到了毛泽东主席的第一面，只说了三个字：我有罪！主席也回了他简单的三个字：谢谢你！傅作义被任命为新中国的第一任水利部部长时，激动得泪流满面、掩面大哭，说："做梦也没想到，在国民党蒋介石统治的旧中国，拎上整箱黄金都当不得一个部长。如今共产党毛主席要我这个起义将军当部长，这是毛主席的英明，共产党的伟大，共产党不得天下天理难容！"[2]曾经的对手彻彻底底站到了自己的一边，可见党的转化能力确实深入人心、深得人心。

1949年1月31日，人民解放军进入北平城，与傅作义的部队换防交接。北平城从此永离战火，和平解放。毛泽东后来指出："北平的和平解放，各野战军领导同志

---

[1] 崔月犁：争取傅作义起义【2】，https://www.dswxyjy.org.cn/n/2015/0429/c244516-26923663-2.html，访问日期：2023年11月5日。

[2] 中共中央统战部官方公众号：【读史忆人·典故】共产党不得天下，天理难容，https://mp.weixin.qq.com/s/QYG6Rhe17vJGoR8BkRmHwg，访问日期：2024年4月7日。

都应注意和学会这样一种斗争方式。""这是一种不流血的斗争方式。"[①]和平解放北平不仅体现了党争取人心和强大的政治工作的力量，傅作义的投诚更在国民党高级将领中起到了宣传作用，为党进一步赢得了政治优势。

创 业 启 迪

创业的路上避免不了和各种角色进行谈判，创业者要学会如何在谈判过程中为自己争取更多的利益，寻求双赢的方案。而我党在和平解放北平的过程中所运用的技巧是值得创业者学习和研究的。

1. 深入地了解和洞察对方信息。在谈判前及谈判中收集对方相关信息，并且保护自己的信息不被对手知悉是相当重要的，这一点会为己方建立谈判的有力基础。把握对方的利益关切、通过适当的利益交换来化敌为友、寻找解决问题实现共赢的方案，是进行一场高级谈判的不二法门。北平谈判中我党对傅作义做出了细致的分析，时时掌握傅作义的动态，最终做到了北平的和平解放。

2. 研究掌握谈判者心理。在整个谈判过程中，双方为了协调彼此的经济利益，都会提出一些供对方反复交流和磋商的意见，而这些意见或建议，实质上都是他们心理活动的反映和结果。所以要了解和预测谈判者的动机、行为和谈判策略，就必须分析他们的心理，并对自己进行伪装，不能让对手洞悉自己内心真实想法。通过各种渠道收集的信息和分析对手的神态动作，了解对手当前心理状态，采取相应对策，可以使得谈判按己方步调进行。

3. 谈判技巧的综合运用。实际谈判中，有必要知道一些谈判中的心理战技巧，不是为了去用它们，而是为了识破、有效地应对。例如，"虚张声势""制造负罪感""面子换里子""底线时间"和"红白脸"，我们需要识破这些心理战伎俩，把谈判拉回到我们的轨道上。

谈判的时候，一定要有离开桌子的底气和准备。这也就是为什么，很多谈判高手在谈判前就会评估，谈判对象离开谈判桌的可能性。如果对方

---

① 毛泽东:《毛泽东选集》(第四卷)，北京，人民出版社，1991年，第2版，第425页。

的替代方案越少,那么,他们给出的报价就会越苛刻。

解放军在北平周围的节节胜利以及逐步对北平的包围,都是事实上加大了我方谈判的筹码。采取"用面子换里子",面子,就是给台阶下;里子,是实实在在的利益。很多高手,在逼对手让步的时候,并不会一味地只是给压力。相反,他们会非常贴心地帮助你找台阶,给你做足面子。承诺对傅作义的军队采用和平改编的方式,对他不以战犯对待,给予一定的政治地位,保有私人财产,都是对此方法的实际应用。

第三节 制定竞争策略

 学习目标

1. 了解提出"枪杆子里面出政权"的背景,学习井冈山精神的内涵和蘑菇战术;了解中国恢复在联合国的合法席位的历程。
2. 了解竞争策略的定义、特点、过程,学习制定竞争策略的方法。
3. 学会在创业初期寻求生存与战略反击的基本方法;活学活用"化敌为友"的方法。

九、枪杆子里出政权——竞争策略不是规划出来的,是打出来的

创业知识小课堂 竞争策略

竞争策略(战略)又称事业部战略,是在整个组织战略的指导下,运营某一个特定战略业务单元的战略计划,涉及在各细分市场的竞争,目的是使得本部门在细分市场领域中取得较好的经营业绩,构建持续竞

第五章 夺取新胜利——拓市场：做好调研和竞争策略

> 争优势，其职责主要是面向市场进行产品或服务的开发。① 竞争策略具有战略的一般特点，如它是不断试错和学习的结果、是一种应急的过程、是复试迭代变革。
>
> 　　1927 年大革命的失败，使中国共产党和中国革命事业遭受惨重损失。面对敌人的暴虐屠杀，英勇的中国共产党人并没有被吓倒。他们用武装起义的实际行动，初步而又明确地回答了摆在中国共产党面前的两个根本性问题：在革命遭受严重失败的极为严峻的形势下，要不要坚持革命？如何坚持革命？而如何坚持革命、如何获得革命的成功，则是党在当时激烈竞争的环境下对竞争策略的思考和抉择。

　　1924 年 1 月 20 日，国民党第一次代表大会在广东召开，大会确立了以新三民主义思想为指导的"联俄、联共、扶助农工"等政策，第一次国共合作正式形成。此后，在国共双方的通力合作下，北伐战争一路势如破竹，取得了决定性胜利。在大革命中，对于作为中国革命主要斗争形式的武装斗争问题，党在认识上有了新的进步。此前，共产党批评国民党专做军事工作而忽视民众运动，但自己却往往专做民众运动而忽视军事工作。在统一广东革命根据地的过程中，党开始注重开展兵运工作。然而，此时的共产党整体上依然偏重于工人运动和农民运动，没有构建起真正意义上属于自己的独立武装，为后来大革命失败埋下了重要隐患。②

　　1927 年，在北伐战争势如猛虎之际，以蒋介石、汪精卫等人为首的国民党右派，在夺取国民党最高领导权后，接连炮制了针对共产党人的"四一二反革命政变""七一五反革命政变"等大批屠戮共产党人的血腥惨案。陈独秀在国民党反动派反人民的"清党"政策和屠杀政策面前妥协了，致使幼年的共产党在蒋介石挥舞的屠刀前遭受了严重损失。短短一年时间里，31 万名共产党人和革命群众惨遭国民党反动派杀害，中国共产党党员的人数由大革命鼎盛时期的近 5.8 万人锐减至 1 万余人。③

　　1927 年 8 月 1 日，在以周恩来为书记的中共中央前敌委员会的领导下，贺龙、叶挺、朱德、刘伯承等率领党所掌握和影响的军队 2 万多人举行南昌起义。经过 4 个

---

① 徐飞：《战略管理》，北京，中国人民大学出版社，2022 年，第 5 版，第 5—20 页。
② 中共中央党史研究室：《中国共产党简史》，北京，中共党史出版社，2001 年，第 34 页。
③ 彭勃：1927：风云突变波涛涌——中国共产党开始独立领导革命战争，载《学习时报》，2019 年 9 月 25 日，第 5 版。

多小时激烈战斗，起义军占领了南昌城。根据中共中央的计划，起义军于8月3日陆续撤离南昌，南下广东。这样做是准备同广东东江地区的农民起义军会合，进军广州，占领整个广东，并夺取出海口，取得共产国际的援助，重新北伐。10月初，起义军在广东潮州、汕头地区失败。保存下来的部队一部分转移到广东海陆丰地区，同当地农军会合；主要部分在朱德、陈毅率领下转移到湘南地区，开展游击战争。

南昌起义打响武装反抗国民党反动派的第一枪，标志着中国共产党独立领导革命战争、创建人民军队和武装夺取政权的开端。自那时起，中国共产党领导下的人民军队，就英勇投身为中国人民求解放、求幸福，为中华民族谋独立、谋复兴的历史洪流，同中国人民和中华民族的命运紧紧连在了一起。

1927年8月7日，也就是南昌起义后的第6天，中共中央在湖北汉口秘密召开紧急会议（即八七会议）。会议着重批评了大革命后期党内以陈独秀为代表的"右"倾机会主义错误。会议总结了大革命失败的教训，深刻指出，中央始终没有想着武装工农的必要，没有想着造成真正革命的工农军队，甚至主动下令解散工人纠察队；中央没有积极支持和领导农民革命运动，而受国民党恐吓的影响，不能提出革命的行动政纲来解决土地问题。因此，会议在讨论党的工作任务时，正式确立了武装反抗国民党反动派屠杀政策的方针。毛泽东根据大革命失败的惨痛教训，在发言中指出："以后要非常注意军事。须知政权是由枪杆子中取得的。"① 会议确定实行土地改革和武装起义方针，提出整顿队伍、纠正错误、"找着新的道路"的任务，并选出以瞿秋白为首的新的中共中央临时政治局。

在中国革命处于严重危机的情况下，八七会议及时制定出继续前行革命斗争的新方针，使党在政治上大进了一步。中国革命从此开始由大革命失败到土地革命战争兴起的历史性转变。

经过南昌起义、秋收起义、广州起义，以及在各地举行的一系列起义，党进入了创建红军的新时期。中国革命的星星之火已成燎原之势。

中国共产党是从大革命失败的惨痛教训中懂得武装斗争的极端重要性的。正是国民党反动派的屠杀政策教育了中国共产党人和革命人民，促使他们拿起武器去进行战斗。毛泽东就讲过："我是一个知识分子，当一个小学教员，也没学过军事，怎么知道打仗呢？就是由于国民党搞白色恐怖，把工会、农会都打掉了。把五万共产党员杀

---

① 潘舰萍、肖军：须臾不可离的命根子——怎么看坚持党指挥枪、建设自己的人民军队是党在血与火的斗争中得出的颠扑不破的真理，http://theory.people.com.cn/n1/2021/0910/c40531-32223181.html，访问日期：2023年11月5日。

了一大批，抓了一大批，我们才拿起枪来，上山打游击。"① 中国共产党为了坚持反帝反封建事业而领导人民进行土地革命战争，是必要的、正义的、进步的。

创业启迪

一般意义上，战略的管理过程包括战略制定、战略实施和战略评价。具体步骤包括①确定组织愿景、使命和目标。②内外部环境、机遇、威胁、优劣势分析。③战略分析与选择。④战略实施。⑤战略评价与控制。具体而言，中国共产党早期的"枪杆子"竞争策略完整经历上述的五个步骤。①在建党时候，明确了党的愿景、使命和目标。②经过内外部环境分析。③提出"国共第一次合作"。④进行了轰轰烈烈的大革命，然后失败了。⑤召开八七会议对教训进行评价，进而调整新的方向。

深入分析，我们发现，"枪杆子"的竞争策略确立在思想层面经历了艰难的四个阶段：先是在刚刚建立的时候并没有意识到要建立自己的"枪杆子"；随着革命形势的发展，才逐渐接触到"枪杆子"，也掌握了一些"枪杆子"，但是没有成为整个组织的核心、重点；到了第三阶段，被合作伙伴背叛了、打击了，甚至还被自己人要求主动放弃"枪杆子"，内部产生激烈的讨论，是否应该坚持这一竞争策略；直到被对手打疼了、痛定思痛，才真正将"枪杆子"作为重点和核心策略确认下来。这当中也伴随着"被动选择"的要素。

党的这一竞争策略的确立过程，让我们对策略确立和其特征有如下新的认识。

1. **坚守初心和愿景，不惧挫折**。在白色恐怖之下，有的人意志动摇成为叛徒，重新选择了自己的人生道路，走向了自己的反面、人民的反面、社会的反面。有的人也难免产生怀疑，还要不要革命。但是所谓大浪淘沙，斗争是最考验人的，只有经历了考验的信仰才是真正的信仰。我们只要相信我们从事的创业是利国利民的，这个愿景就可以坚持下去，不动摇。

---

① 毛泽东：《毛泽东文集》(第八卷)，北京，人民出版社，1999年，第378页。

2. **正确的战略是打出来的，而不是规划、空谈出来的。**那些别人已经总结出来的成功的战略基本跟自己没多大关系。苏联成功的战略属于苏联，中国革命的战略只有靠自己人、靠自己打、靠自己反思才能逐步成功。创业团队不要轻易抄袭他人的"成功竞争策略"，因为面对的竞争环境是大不相同的。

3. **强化应急反应，注重战略布局。**有了远大的理想，还需要面对现实。大部分今天看来成功的所谓战略决策，常常伴随着偶然的被动选择，只不过是决策者、执行者的奋勇向前罢了。有些事情要见微知著，才能未雨绸缪。提前预判哪些资源是重要的、哪些方式是正确的、哪些方向代表未来，而不必等到被动挨打才能醒悟，那时候需要付出更多的代价。

十、农村包围城市——寻找蓝海市场

创业知识小课堂　蓝海市场

对于很多初创团队来讲，常常会遇到竞争对手过于强大、自身核心竞争力不够强、资源积累不够充足等问题。面对困难除了要坚持外，是否可以另辟蹊径、换一种竞争策略？这种思路恰好就是本小节所提到的"蓝海市场"，与其相对应的便是红海市场，那么两者分别代表什么呢？

蓝海市场即代表当今还不存在的产业，是未知的市场空间；红海市场代表现今存在的所有产业，也就是我们已知的市场空间。而要找到蓝海市场，就需要有目的性地找到市场空隙。

在旧中国复杂的背景下，帝国主义、封建主义、官僚资本主义三座大山压得人们喘不过气，那么中国共产党是如何避开"红海"，开辟"蓝海"，从而绝处逢生的呢？

1927年，大革命失败后的中国共产党面临着重重困难，危机四伏。由于当时党的军事实力不够强大，而敌方拥有城市控制权和雄厚的兵力，即"红海市场"，以至于党多次武装夺取城市的战役均以失败告终，工农运动走向低谷，中国革命进入了低潮，如何突出重围、寻求生存和发展，成为中国共产党的一大难题。

在严峻的生死考验面前，党领导的以土地革命为中心内容的农村游击战争已广泛发展起来，且敌人在农村的渗透较小，有利于中国共产党发动农民群众。从以上几点出发，根据我国国情，党开辟出一条崭新的革命道路——"农村包围城市，武装夺取政权"，即开辟"蓝海市场"！相比法国的"巴黎公社"和俄国的"十月革命"把主要战略方向首先指向中心城市，旧中国是一个落后的农业大国，三座大山的主要力量都集中在中心城市，而农村是它们统治的薄弱环节。于是，毛泽东决定发动农民武装起义，建立人民军队，把武装斗争、土地革命、建立政权结合起来，到农村去建立革命根据地。

1927年10月，毛泽东率领湘赣边秋收起义的工农革命军到达罗霄山脉中段的井冈山地区，开展游击战争，进行土地革命，恢复和建立共产党的组织，以及红军的第一个农村革命根据地——井冈山革命根据地。在井冈山时期，毛泽东立足中国革命现实，把马克思主义普遍真理同中国革命具体实践紧密结合，提出了以"农村为中心"的革命道路思想，提出和发展了"思想建党""党指挥枪""支部建在连上""官兵平等"等建党建军思想，在武装斗争、土地革命、根据地建设等方面进行了一系列成功实践。

1928年12月，毛泽东总结土地革命经验，主持制定了《井冈山土地法》，由湘赣边界工农兵苏维埃政府正式颁布，中国共产党领导下制定的第一部成文土地法由此诞生。《井冈山土地法》是中国共产党在土地革命战争初期制定的第一部较为成熟的土地法。它的颁布和实施，改变了几千年来地主剥削农民的封建土地关系，从法律上保障了农民对土地的合法权益。它不仅指导了湘赣边界的土地革命斗争，而且为以后中国共产党领导伟大的土地革命斗争提供了宝贵的经验。

1929年10月至1930年10月，毛泽东、朱德率领的红四军、红一军团和红一方面军，在江西地方红军武装红六军、红二十军和数十万群众的配合下，先后发动了九次攻打吉安城战斗。"九打吉安"所取得的胜利，使得赣西南苏区由原来零星的红色割据区域，发展为有统一领导的、连成一片的大块根据地，为第一次反"围剿"斗争的胜利，为推动中央革命根据地及湘赣革命根据地的建立，奠定了坚实基础。

以上的做法是以毛泽东为代表的中国共产党人根据中国实际情况进行的探索创新，在马克思主义经典著作中没有相关论述，国际共产主义运动也没有过往经验。"农村包围城市"的探索，帮助中国共产党在遭受重大打击后实现了逆转，是史无前例的一次中国革命的"蓝海市场"探索！

创 业 启 迪

团队在创业初期很难和竞争对手正面对抗，需要善于寻找市场空隙、蓝海市场。当时的中国是农业大国，农民在中国人口中的占比远高于工人，却不为国民党所重视。在这一情况下，毛泽东明确了中国革命的特点和优势，才做出了"农村包围城市"的战略决策。而在如今的商业社会寻找蓝海市场并非易事，进行市场组合是寻找突破点的一种方式。开辟一个新的细分领域，需要先明确自己的优势和定位。要寻找到每个创业团队的蓝海市场，需要采取差异化的思路，那么，我们应该通过什么样的特质来识别出市场空隙呢？

1. 把握市场空隙的特点。 市场空隙有以下五个特点：一是当下市场规模较小。这类市场风险过高，大的团队不愿进入，或者利润太少，大团队进入没有优势。二是竞争对手少，有时甚至没有。在某些地区性的细分市场中，由于市场规模较小，对大团队来讲不具生产价值，因而市场参与者很少，甚至空白。三是隐蔽性强。尚未被发现的市场或者潜在市场都属于此类。人们常将目光集中在已有的市场领域，对市场空隙视而不见，习焉不察，浑然不觉。当时的农村人数是多，但是战斗力被视为弱小，国共双方早期都认为其是力量小的市场，隐蔽性很强，也就解释了为何共产党早期也忽视了农村市场。四是需求普适性强。为其提供的服务容易标准化，容易推广，不存在个性很强的个别人来阻挠整个市场。农村市场不同于城市容易被寡头垄断，有更强的重新组织起来的潜力。五是产品工艺或服务要求简单，生命周期较短。多数为投资小、制造设备简单、技术含量较低的产品。

2. 精准实施市场补缺战略。 在市场补缺战略中,制定者需要注意以下两点:一是进入要快速果断。市场机会往往稍纵即逝,发现了市场机会就必须快速进入,否则,市场机会就可能被别人捷足先登。二是要做好市场推广的配套工作。采取这种战略的中小创业团队,其产品往往不被消费者熟悉,团队就必须竭尽全力,利用各种手段和渠道吸引消费者参与或加入。在有新的竞争者进入时,中小创业团队就需要通过良好的宣传、组织工作,保持在该市场的领先地位。

十一、唤起工农千百万——把好思想宣传"总开关"

> **创业知识小课堂** 文化宣传
>
> 一个企业能够长期充满旺盛的生命力,离不开团队中的文化凝聚力、向心力,而这源自切实有效、能够鼓舞士气、打动人心的文化宣传。革命抗战时期,我们党发动工农群众、激发军队士气、增进文化认同,为红色文化发展做出了重要贡献。

革命歌曲是中国共产党革命话语的一种特殊表达,用于承载和传达的革命理论与革命精神,将革命意识形态话语转化为百姓日常生活话语。革命歌曲是中国共产党意识形态向工农大众渗透的重要媒介,也是解读革命文化的重要文本。作为中国革命文化的一种特殊表现方式和特有话语形式,革命歌曲具有浓烈的地方特色和时代气息,是在实践中由工农兵共同创作的一种独特革命话语。

在艰苦的长征途中,红军将士历尽苦难,伴随着昂扬的歌声振奋斗志,同志们高唱着这些歌一路从南方走到了延安。战地宣传鼓动歌以气壮山河之势和动人心弦之力,生动再现了红军将士身上蕴藏的革命英雄主义和革命乐观主义精神,至今仍在鼓舞和教育着人民。彭加伦同志在苏区革命斗争的漫漫长征路上,和战友们一边战斗,一边创作,留下了一批宝贵的红军精神赞歌。红军的诗歌是为打赢战争服务的,如同战斗的号角，不仅是全体指战员的一种文化生活，也是部队政治工作的一种重要武器。

1931年春，国民党反动派发动对中央苏区的第二次"围剿"。敌人重重包围，导致红军补给非常困难，不仅没有油盐蔬菜吃，粮食供应成了大问题。在这种异常艰苦的情况下，红军开始提倡节省运动。彭加伦写了一首《青年节省歌》："好青年，青年战斗员，我们大家来节省，每天的伙食吃三分。砍柴种菜，不用钱买，艰苦来斗争。一分一文要节省，节省经费帮助战争。"①以此号召青年红军战士节衣缩食，共克时艰。经过这样的动员，红军战士在打仗间隙，白天帮助群众插秧，晚上到田里捉泥鳅，既密切了军民关系，又解决了吃菜的问题。

炮火连天响，战号频吹，决战在今朝。我们少年先锋队，英勇地武装上前线。用我们的刺刀、枪炮、头颅和热血，嘿，用我们的刺刀、枪炮、头颅和热血，坚决与敌人决死战！

——彭加伦《上前线去》②

在第五次反"围剿"的一场战斗中，敌人死守着一个制高点，红军部队总攻不上去，伤亡很大，战斗呈胶着状态。面对敌人的火力优势，担负进攻任务的部队压力很大，战士们普遍情绪不高。为了鼓舞士气，激发必胜信念，部队指挥员果断进行政治动员。喊过战斗口号后，阵地上响起了雄壮的《上前线去》，紧接着战士们就像猛虎一般冲了出去。枪声震动天地，歌声响彻云霄，最后歌声把稠密的枪炮声淹没了，红军夺取了制高点。

艰苦的行军并没有击垮红军的意志。红军边战斗，边前进，取得了一个又一个胜利。1935年10月，中央红军长驱二万五千里，横纵11省，到达陕北吴起镇同陕北红军会合。1936年10月22日，红一、二、四方面军三大主力，在甘肃省会宁会师。这时，彭加伦写了一首《庆祝红军大会合》——

二、四方面军好英勇，北上抗日下决心，胜利向前进，吓破了日本强盗和汉奸的魂；三个方面军西北大会合，让我们来手携手儿向敌人冲锋；红军团结万万岁！让我们来手携手儿向敌人冲锋，抗日胜利万万岁，万岁！③

红军中没有职业诗人，也没有固定歌手，指战员就是诗人，就是歌手。红军的诗歌在战斗中产生，在战斗中传播，很多是用鲜血写成的，放射着灿烂的光芒。彭加伦

---

① 中共天津市津南区委宣传部官方微信公众号：【党史百年天天读】长征中的宣传思想工作："红军年代的宣传鼓动家"，https://new.qq.com/rain/a/20211026A02TT500，访问日期：2023年11月5日。
② 同上。
③ 同上。

在长征中所写的诗歌，因为要教战士们唱，革命时期的战地歌曲创作，是在保留传统歌曲形式的基础上，抓住事物的"根本"，经过革命话语的本土化改编，在"大众文化"中植入鲜明的"红色"印记，把中国的"大众文化"改造为"革命文化"，有效宣传了党的方针政策和革命理论，真正做到了党的革命理论"能说服人""能掌握群众"。今天读起来，仍不愧为战斗的诗篇。这样紧密结合红军战斗实际的诗歌和歌曲，其鼓舞士气的作用是其他文艺作品所无法比拟的。

彭加伦不但是"红军年代的宣传鼓动家"，还是一位多才多艺的文艺家。他的爱人华炎在《我和加伦同志在一起的时候》中写道："他性格开朗，和蔼可亲，善于谈吐，会唱会拉，跳舞、演戏，样样都行，还写得一手好诗、好文章，大有儒将之风。在红军中，他很活跃，善于创作歌曲，教大家唱歌，让同志们消除疲劳，鼓舞斗志，冲锋陷阵，欢呼胜利。"①

过渡时期的总路线提出后，党的宣传思想工作的重点就转向用过渡时期的总路线和社会主义的思想来宣传与教育全国人民。

1954年5月，党召开第二次全国宣传工作会议，要求过渡时期党的宣传工作必须结合各项社会主义建设和社会主义改造事业，结合国内和国际生活中的重大事件，向全党和全国人民经常地、生动地、切合实际需要地灌输社会主义思想，宣传社会主义建设。

随着经济建设高潮的到来，一个文化建设的高潮也随之兴起。根据中央批示的精神，以毛泽东为戏曲发展提出的"百花齐放，推陈出新"为方针，文化部先后举办全国戏曲、话剧观摩演出，其中浙江昆苏剧团进京演出昆曲《十五贯》，出现"满城争说十五贯"的盛况，使历史剧很好地起到现实的教育作用。新编京剧《将相和》、电影《上甘岭》、小说《铁道游击队》、话剧《战斗里成长》《万水千山》、音乐交响诗《嘎达梅林》等一大批优秀文艺作品相继问世。这些作品以崭新的内容和民族形式，开创了中国文艺的一个时代，受到人民群众广泛而热烈的欢迎，成为新中国文化建设出现高潮的重要标志，有些至今仍是我国文艺发展的骄傲。

---

① 中共天津市津南区委宣传部官方微信公众号：【党史百年天天读】长征中的宣传思想工作："红军年代的宣传鼓动家"，https://new.qq.com/rain/a/20211026A02TT500，访问日期：2023年11月5日。

创 业 启 迪

一个团队在奋斗过程中，会因为外部环境以及内部环境恶化等因素，导致业绩下滑、民心涣散，为了解决这个问题，必须要加强组织文化认同，在所有成员主体的一致同心努力中，激发斗志，为整体利益贡献自己的力量。

宣传工作是因党而生，因党而兴，是党的一项极端重要的工作。我们党历来高度重视对宣传战线的领导，高度重视发挥宣传思想领域工作部门和宣传思想工作队伍的作用。中国共产党成立以来的长期实践表明，革命也好，建设也好，改革开放也好，要取得伟大胜利，都离不开宣传思想工作。中国共产党百年宣传工作的经验丰富而深刻，对新时期创业团队守正创新推进宣传思想工作具有重要的启示意义。

1. **有主线：必须始终坚持党管宣传、党管意识形态的政治方向。** 旗帜鲜明讲政治，是党的团结和集中统一领导的政治保证，也是我们党的宣传工作始终坚持的基本原则。百年来，宣传思想工作始终置于党的绝对领导之下，坚持党管宣传、党管意识形态，始终做到"党中央提倡的坚决响应，党中央决定的坚决执行，党中央禁止的坚决不做"，这是党开展宣传工作的鲜明特征和根本遵循。一个创业团队，在遵循政治、法律、道德方面的宣传方向、坚持应有的价值观导向之外，在内部也要形成自己的宣传特点，保证整个团队目标、思想、行动逐步趋同，形成强大的向心力、战斗力。

2. **有方向：必须始终坚持围绕中心、服务大局的工作原则。** 大局就是方向，大局就是根本。不同时期的宣传，都要围绕组织的中心工作来进行。比如，从抗日战争时期的"动员一切力量，争取抗战胜利"到解放战争时期动员全党和全国人民进行"两个中国之命运"的大决战，从激发调动全党全国各族人民建设社会主义的积极性，开展"实践是检验真理的唯一标准"的讨论，到宣传社会主义初级阶段的理论和"一个中心，两个基本点"的基本路线……宣传思想工作总是紧跟形势任务的发展和中心工作的重点而开展的。这对我们创业团队也是很有启发的，随时而动，因时而变。

3. **有创新：必须始终坚持守正创新、接地气的发展方向**。党对宣传思想工作的认识与运用，是随着时代的变化、社会的发展和重心的转移而不断改革创新的。在党成立前，早期的党组织主要通过《新青年》等进步报纸杂志来宣传介绍马克思、列宁的文章，宣传对象也主要是进步青年和学生。抗日战争时期，经过长期斗争实践，逐渐摸索总结了一套行之有效的宣传规律，比如，针对日本士兵、落后群众、海外华侨、外国记者，灵活地输出不同的宣传内容等。新中国成立后，随着广播电视技术发展，宣传方法手段也不断创新。进入新时代，面对5G、大数据、云计算等新兴技术发展，党又提出了建设县级融媒体中心等新的传播平台，对宣传思想工作的内容、方式、体制、机制进行了革命性整体改革重塑。创业团队在做宣传时，要主动适应形势任务的变化态势，紧紧跟随新兴技术的发展趋势，紧密结合人民群众的需求期待，在改革中不断转变，在创新中不断发展，自觉地调整改革宣传思想工作的理念、方式、手段和机制等内在要素，突破老思路、走好融合路，确保新时代宣传思想工作不断强起来。

十二、被"抬"进联合国——合作多于竞争，得道者必多助

创业知识小课堂　竞合理论

竞争与合作在各种创业场合时时处处都存在，成为一个永恒的话题。一个团队的竞争是一种可以实现双赢的非零和博弈，其中既有竞争也有合作。竞合理论的核心逻辑是共存共生和共融共赢，它有效克服了传统组织战略过分关注竞争的弊端，强调合作的重要性，为创业竞争策略理论注入了新的思想。

创业者越想要取得更大的成功，越需要更多人的帮助，外部伙伴尤其关键。新中国成立后，如何在发展过程中获得更多外部伙伴的支持？我国与非洲国家的合作或许对你有所启发。

诞生于第二次世界大战硝烟之中的联合国，是世界反法西斯战争胜利的成果，寄托着人类永不再战的理想。中国是联合国的创始会员国和安全理事会的五个常任理事国之一。

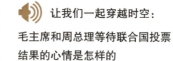
让我们一起穿越时空：毛主席和周总理等待联合国投票结果的心情是怎样的
（来源：电视剧《海棠依旧》）

新中国成立后，中华人民共和国政府作为代表全中国人民的唯一合法政府，理所应当地享有中国在联合国的席位。然而，由于美国的阻挠，新中国在联合国的合法席位被逃到台湾的蒋介石集团所占据。中国政府为恢复在联合国的合法席位进行了不屈不挠的斗争。这其中，非洲兄弟国家发挥了重要作用。毛泽东曾感慨"非洲兄弟把我们抬进了联合国"。

1971 年 10 月 25 日在第 26 届联合国大会上，中华人民共和国以 76 票赞成、35 票反对、17 票弃权恢复了联合国席位。①会场内沸腾起来，许多人离开座位，相互拥抱祝贺、振臂高呼，庆祝这激动人心的时刻。时任坦桑尼亚驻联合国代表团成员约瑟夫·瓦里奥巴在回忆当年决议获得通过时说："这一决议对我们来说非常重要，因为我们与中国的关系非常好，当我们身处发展困难的时期，中国是帮助我们的国家。"

新中国恢复联合国合法席位，中国代表团团长乔冠华认为：我们一贯主张，国家不论大小，应该一律平等。和平共处五项原则应该成为国与国之间的关系准则。各国人民有权按照自己的意愿，选择本国的社会制度，有权维护本国独立、主权和领土完整，任何国家都无权对另一个国家进行侵略、颠覆、控制、干涉和欺负。②

这不是中国恢复联合国席位的第一次投票表决。中国为此付出了长期的、巨大的努力。1950 年 9 月，在美国操纵下，第五届联合国大会否决了苏联和印度分别提出的恢复中华人民共和国在联合国合法权利的提案。1951 年，美国操纵第六届联合国大会否决了苏联等国代表提出的将恢复中国合法席位问题列入联合国大会议程的提案，并通过了一个"延期审议"中国代表权问题的决议。从此至 1960 年，美国采用"延期审议"的手段阻挠相关提案的提案。

20 世纪 50—60 年代，亚非拉原殖民地国家的民族独立运动风起云涌，一大批国家脱离殖民统治走向独立。率先赢得民族解放的中国人民明确表示，全力支持亚非拉国家反对西方霸权殖民。万隆会议之后，随着一批新生国家恢复在联合国的合法席

---

① 中共中央党史研究室：《中国共产党历史》（第二卷）（1949—1978）（下册），北京，中共党史出版社，2011 年，第 893 页。
② 乔冠华：中华人民共和国代表团团长乔冠华在联合国大会上的报告，载《人民日报》，1971 年 11 月 17 日。

位，联合国内关于恢复中国合法席位的呼声也逐渐高涨。而非洲国家为什么热切希望中华人民共和国恢复联合国合法席位呢？

坦桑尼亚和赞比亚都是在 20 世纪 60 年代非洲民族解放浪潮中新独立的国家。要想富，先修路。但是，由于一些国家的封锁，这两国的经济发展面临很大困难。因此，坦、赞两国领导人向世界有关国家请求援建一条连接两国的铁路，沟通有无。一些西方国家考察后的结论是：修筑坦赞铁路没有经济意义。在世界多国和国际组织拒绝援建这条铁路时，中国毅然提供了无息的、不附带任何条件的 9.88 亿元人民币贷款，发运各种设备材料近 100 万吨，并先后派出 5.6 万人次的工程设计和施工人员，对这条铁路进行建设、管理、维修和培训技术人员，沿途修建了 320 座桥梁、22 条隧道、93 个车站。1976 年，举世瞩目的"自由之路"坦赞铁路全线顺利完成工程收尾和设备安装配套工作，整个建设只用了 5 年 8 个月。时任坦桑尼亚总统尼雷尔这样评价这条铁路："历史上外国人在非洲修建铁路，都是为掠夺非洲的财富。而中国人相反，是为了帮助我们发展民族经济。"[①] 中国兄弟来了，同非洲兄弟一齐拼搏奋斗，这样的友谊多么纯洁，还有什么能够超越这种友谊呢？时至今日，在连接坦桑尼亚与赞比亚的千里草原上，由满怀对非洲人民真挚情谊的中华儿女援建的"钢铁斑马"——坦赞铁路列车仍日夜奔腾不息。

在第 26 届联合国大会召开前，两阿提案（指联合国大会第 2758 号决议是于 1971 年 10 月 25 日联合国大会第 26 届会议第 1976 次全体会议上就"恢复中华人民共和国在联合国组织中的合法权利问题"进行表决的决议，该决议主要内容为恢复中华人民共和国的一切权利，承认它的政府的代表为中国在联合国组织的唯一合法代表，并立即把蒋介石的代表从它在联合国组织及其所属一切机构中所非法占据的席位上驱逐出去）的提出国再次上升至 23 国，涵盖了亚非拉地区，其中，非洲国家几乎占了一半。然而，为了尽可能阻止中国，美国带领一众小弟，一下抛出了两项与之相关的议案。一项提案将取消"台湾当局代表权"看作"重要问题"，要求 2/3 票数通过；第二项提案则是所谓的"双重代表案"，公开宣扬"一中一台"。对于美国和日本拿出的两份提案，在场的阿尔及利亚等代表迅速道出了美、日企图在联合国内搞国家分裂的本质。他们甚至将中国外交部此前的声明打印出来，分发给在场的所有代表。在第 26 届联合国大会上，面对美、日等国的耍无赖，支持两阿提案、支持中国的 23 个国家主动进行了有力回击。中国恢复联合国合法权益，这些非洲国家功不可没。后来中

---

① 非洲观察 | 中非共同见证新中国恢复联合国合法席位 50 周年，https://cn.chinadaily.com.cn/a/202110/26/WS61776eafa3107be4979f4b25.html，访问日期：2023 年 11 月 5 日。

国加入世贸组织，在国际机构多次挫败以美国为首的西方国家反华人权提案等重大问题上，来自非洲的支持票更是发挥了重要的作用。

非洲国家长期接受外来援助，西方国家把援助看成一种恩赐，带有苛刻的条件，而中国对非的援助是真诚、平等的。这份真诚，换来了非洲兄弟全力的支持。

新中国恢复联合国合法席位，是中国外交的重大胜利，为中国和平发展提供了良好的外部环境。新中国重返联合国后，一直以实际行动践行联合国宪章的宗旨和原则，成为世界和平的建设者、全球发展的贡献者、国际秩序的维护者和公共产品的提供者，彰显了中国推动构建人类命运共同体的使命和担当。

创 业 启 迪

"得道多助，失道寡助。"中国共产党把握新时代外交工作大局，紧扣服务民族复兴、促进人类进步这条主线，高举和平、发展、合作、共赢的旗帜，推进和完善全方位、多层次、立体化的外交布局，积极发展全球伙伴关系。我们运筹大国关系，推进大国协调和合作。按照亲诚惠容理念和与邻为善、以邻为伴的周边外交方针深化同周边国家关系，稳定周边战略依托，打造周边命运共同体。秉持正确义利观和真实亲诚理念加强同广大发展中国家团结合作，整体合作机制实现全覆盖。党的这些行之有效的做法，启发创业者在创业过程中，要形成良好的外部氛围，成为受人发自内心尊重的团队和组织。

1. **守住真诚的出发点**。创业者与外部伙伴的合作，是建立在平等、互利的基础上的，任何企图通过侵占或欺骗来攫取利益的行为都是不得人心的。一旦创业者被合作伙伴认为并不是真诚的，合作的难度将逐步拉升。

2. **主动出击寻找合作点**。主动了解不同国家和地区所处的阶段与发展需求，主动地声援、提供帮助、助力发展，是党交到那么多朋友的关键。创业团队平时除了埋头自身项目外，也要主动帮助他人，发挥自身的特长，帮助他人其实就是在帮助自己。

3. **长期坚持维护信任点**。但行好事，莫问前程。如果只关注短期的利益交换，是不可能长期得到他人的信任和支持的。我国对外国的援助不是一次性的、短暂的，而是多年的，日久见人心，终成为其他国家可以信赖的伙伴。

十三、坚持人民至上——用户导向是最大的策略

> **创业知识小课堂　为人民服务**
>
> 为人民服务是指"为人民的利益而工作的思想和行为"，是由中共中央主席毛泽东最先提出的共产主义道德的基本特征和规范之一，也是中国共产党党员和中华人民共和国国家机关及其工作人员的法定义务。"为人民服务"主要包括以下三个内涵。
>
> 1. "为人民服务"是马克思历史唯物主义的基本观点；
>
> 2. "为人民服务"是党的根本宗旨；
>
> 3. "为人民服务"是对每个共产党员和干部的最低要求，也是最高要求。
>
> "为人民服务"虽源于 1944 年 9 月 8 日毛泽东主席做的一次著名的演讲，但在中国共产党的历史上贯彻始终：从中央红军开始，便始终秉持人民至上，使得群众的拥护成为党的坚实基础！

"人民拥护不拥护、赞成不赞成、高兴不高兴、答应不答应"是中国共产党衡量一切工作得失的根本标准。毛泽东在 1934 年 1 月瑞金召开的第二次全国工农兵代表大会上所作的《关心群众生活，注意工作方法》，提出了关于如何得到群众信任和拥护的重要课题："要得到群众的拥护么？要群众拿出他们的全力放到战线上去么？那么，就得和群众在一起，就得去发动群众的积极性，就得关心群众的痛痒，就得真心实意地为群众谋利益，解决群众的生产和生活的问题，盐的问题，米的问题，房子的

问题，衣的问题，生小孩子的问题，解决群众的一切问题。"①

长征初期，中央红军原定计划是去湘西与红二、六军团会合，以期建立新的革命根据地。1934年11月1日，中央革命军事委员会命令红一、三军团攻占城口、汝城，进入湖南。由于蒋介石当时已经基本弄清中央红军主力突围的大方向，红军在汝城遭到敌军的顽抗。11月3日，红军总部同意"宜放弃进攻汝城，你们宜派出一个师经常监视汝城之敌"。②5日，朱德命令各部队"五号晚野战军开始通过汝城到恩村间的封锁线"。③7日，红三军团主力占领文明司（文明乡旧称），中央机关、中央军委纵队及各军团部队陆续抵达并分别在老田村（五一村）、秀水、韩田、沙洲、新东、文市等地宿营并短暂休整，也就是在这时红军经过了一个叫沙洲的村子。

在沙洲村，红军纪律严明，战士们和衣睡在屋檐下、空地里，在野外架锅煮饭。南方的冬天异常湿冷，村民徐解秀看到此情景，便让其中三个女红军睡到自己屋里。

让我们一起穿越时空：
半条被子，为何能温暖人心超半世纪？
（来源：纪录片《闪亮的记忆》）

徐解秀家一贫如洗，连一条完整的被子都没有。女红军们在急行军中，只保留了一条棉被，女主人就和三位女红军挤在一张床上合盖这一条被子，而男主人则睡在门口的草堆上，守护着她们。几天后的清晨，女红军们离开前，决定把仅有的一条被子送给徐解秀御寒，但她说什么也不肯要，双方谁也说服不了谁。这时，一位女红军摸出一把剪刀，把这条被子剪成两半，说道："等革命成功后，一定要送你一条完整的新棉被。"④同人民风雨同舟、血脉相通、荣辱与共，是中国共产党和红军取得长征胜利的根本保证，也是我们战胜一切困难和风险的根本保证。

50年后，重走长征路的"经济日报"记者罗开富在沙洲村见到了已经年过八旬的徐解秀老人，当她把三名女红军的故事说给罗开富听，并渴望再见到她们时，罗开富被感动了，写下《当年赠被情谊深，如今亲人在何方》一文，发表在1984年11月14日《经济日报》头版。文章中，徐解秀老人深情回忆当年赠被情形，她说："天底下哪有这样好的军队。她们要跋山、过水，风里来雪里去，我哪能要她们的被子？可是她们不依。"报道刊发后，邓颖超、蔡畅、康克清等曾参加过长征的女红军为徐解秀赠送了一条新被子，并请与她们一起长征的红军女战士谢飞联系《经济日报》记者。在接受采访时谢飞感慨道："悠悠五十载，沧海变桑田。可对那些在革命最艰难的时

---

① 毛泽东：《毛泽东选集》（第一卷），北京，人民出版社，1991年，第2版，第136–137页。
② 中央档案馆（国家档案局）："半条被子"故事的来龙去脉，载《邢台日报》，2021年11月4日，第6版。
③ 同上。
④ 中央党史和文献研究院：《中国共产党简史》，北京，人民出版社、中共党史出版社，2021年，第95页。

候帮助过红军的父老乡亲们，我们没有忘记。请罗开富同志捎句话：我们也想念大爷、大娘、大哥、大嫂们！"①

"半条被子"的故事，体现的是共产党人与人民群众荣辱与共、风雨同舟的鱼水深情，是共产党始终依靠群众、始终为了群众的不变初心。"半条被子"足以温暖人心，抵御严寒。来自人民、根植于人民的中国共产党，始终同人民群众同呼吸、共命运，手挽手、心连心。为民本色百年不改，初心使命百年不变，在实现中华民族伟大复兴中国梦的征程上，必将带领人民继续战胜各种艰难险阻，创造一个又一个人间奇迹！

1937年12月底到1938年2月，美国情报军官、海军陆战队上尉卡尔逊，在晋察冀边区考察访问了近50天。他与聂荣臻进行了如下对话。卡尔逊问："你们活动的主要地区，都是荒凉的大山。请将军谈谈，在这样一个穷乡僻壤，怎样解决部队的供应问题？"聂荣臻回答说："人民便是我们的一个巨大而可靠的供给部。群众不仅供应部队的吃穿，还负责物资的储存、保护……敌人的扫荡一开始，群众的第一件工作，便是保护公粮，把公粮藏得严严实实，敌人根本找不到。有史以来，军队的筹粮就是一个大问题，中国有句古话：'兵马未动，粮草先行。'现在，我们就不必'粮草先行'，人民群众就是我们的供给部，这也是我们的一大创造。"卡尔逊听得有点目瞪口呆。他对聂荣臻说："你们这种搞法，实在有味道。"1938年夏，卡尔逊第二次来到晋察冀，做出了这样的评价：一个新中国正在创立……晋察冀根据地是"新中国的试管"。这名有正义感的美国军官，是深入晋察冀腹地的第一个外国人，他用审视的目光，见证了晋察冀发展的历程。卡尔逊回到美国后，曾有过两个预言：一个是日本军国主义必将在海上和美国决战；另一个则是中国共产党必将在中国取得胜利。②

"水能载舟，亦能覆舟。"任何时候都不能忘却。忘记了人民，脱离了人民，任何组织都会成为无源之水、无本之木，就会一事无成。事实证明，"战争的伟力之最深厚的根源，存在于民众之中"。③中国共产党之所以能够发展壮大，中国特色社会主义之所以能够不断前进，主要因素便是依靠人民。面对正义和邪恶两种力量的交锋、光明和黑暗两种前途的抉择，我们党始终植根于人民、联系群众、宣传群众、武装群众、团结群众、依靠群众，以自己的行动，赢得了人民群众真心拥护和支持！

---

① 百年大党的青春密码"半条被子"故事背后的人民情怀，https://news.cyol.com/gb/articles/2021-05/21/content_9oXXvSa3M.html，访问日期：2023年11月5日。
② 聂荣臻在晋察冀抗战的激情岁月，http://www.taiwan.cn/sy/rw/200709/t20070911_452304.htm，访问日期：2023年11月5日。
③ 毛泽东：《毛泽东选集》（第二卷），北京，人民出版社，1991年，第2版，第511页。

创 业 启 迪

党的十九届六中全会通过的《中共中央关于党的百年奋斗重大成就和历史经验的决议》，对我们党百年奋斗的历史经验做了高度概括总结，凝练了带有根本性和长远指导作用的十条历史经验，其中有一条便是——坚持人民至上。这是由共产党人的根本宗旨和根本立场决定的。"以人民为中心"的理念始终被放在党的思想和行动的最高位置。坚持人民至上既体现我们党的根本宗旨，也体现彻底的历史唯物主义，是最具历史深度和底气的经验。我们党始终坚守根基在人民、血脉在人民、力量在人民，坚持一切为了人民、一切依靠人民，特别是把人民作为自己执政兴国的最大底气，有了这样的底气，也就有了与人民血肉相连的"江山就是人民、人民就是江山"的共同追求。党的这些经验，对创业者启发甚大。

创业的起步看似一切都缺：缺资金、缺场地、缺技术、缺政策等，如同中国共产党起步阶段所掌握的资源捉襟见肘，相比国民党的武器装备，也是天壤之别——虽然那些也是革命很需要的。但是中国共产党从成立的第一天起，就深刻意识到要依靠人民而不是依靠资本、依靠帝国主义。直到后来成立自己的军队，也是一支依靠人民的军队而不是雇佣制的部队。

因此，创业要认识到创业第一资源是什么，并需要牢牢把握住。

1. 创业的本质是为社会创造价值，那么用户的需求、用户的体验、用户的获得感就是创业要实现的目标，归根结底，创业是要依靠用户、依靠人民。

2. 很多的创业项目即使当初起步是依靠了技术或资金，但是如果长时间脱离了目标用户，最后都是自己的一出独角戏，无人愿意来追随。

3. 创业团队内部也会有很多意见不一致的时候，对于应该听谁的，也许有人觉得是听最大的股东的，这种想法显然是不对的，归根结底还是得听用户的。

毛泽东说:"人民,只有人民,才是创造世界历史的动力。"人心向背不仅决定一个政党、一个政权的前途命运,也决定着国家发展的方向和力量。中国共产党是为了实现民族独立、人民解放而登上历史舞台的,是一个立志为中国人民谋幸福、为中华民族谋复兴的马克思主义政党。

跟党学创业,我们也要树立以人民为中心的立场和价值观,这样我们的创业才不会偏离轨道,更不会做出有损人民的事情;若长久保持下去,定会逐渐形成牢固的用户基础,为创业的各个方面提供无形的帮助和动力!

思考训练

请完成以下思考训练题目:
1. 中国共产党是如何抓住人民群众的"真"需求、勘破"伪"需求的?
2. 中国共产党的调研紧靠哪些方面?有哪些具体的方法?
3. 如何从唯物辩证法的角度进行竞争分析?
4. 如何处理"敌"与"友"的关系?选择竞争还是合作?抑或是还有其他方案?
5. 市场空隙有什么特点?寻找"蓝海市场"的关键是什么?

第六章
CHAPTER SIX

集中力量办大事

集资源：团结一切可以团结的力量

本章导读

团结就是力量。创业同样需要汇集各方力量、盘点身边资源，为己所用。创业活动的显著特点之一是在资源高度约束的情况下开展活动，如何高效整合和配置资源是成就伟业的必备条件。多数创业者在创业过程中，都会面临"缺乏资源"的问题，这就需要创业者通过积极争取更多资源，并充分利用、发挥资源杠杆的撬动作用，实现事业的突破。

中国共产党的一个很大的优势就是"集中力量办大事"，能够"团结一切可以团结的力量"。党在马克思主义的具体实践中一直保持着团结实践与理论创新的积极性和自觉性，在不同历史时期对于什么是团结、如何团结、团结的目的进行了持续的探索，在对中国国情的把握中开创了丰富的团结形式，并表现为一种历史性的持续创新。

那么，中国共产党在发展的早期，是如何克服资源不足的困难的呢？为了争取民族独立、人民解放，中国共产党是怎样团结全国人民的呢？从京汉铁路工人大罢工失败后决定联合孙中山领导的中国国民党，到后来国共合作失败广泛团结群众，再到建立民主统一战线、爱国统一战线，召开政治协商会议……在这条艰苦的"创业"路上是如何团结一切可以团结的力量取得胜利的呢？下面让我们带着这些疑问一起走进本章的内容。

第一节 创业资源

学习目标

1. 了解早期我党为克服资源匮乏而采取的举措。
2. 学习创业者如何整合身边的资源；提高创业者筛选有效资源的能力。
3. 以在逆境中获取资源为目标，锻炼创业者识人善任的能力；学会将身边资源优势扩大，积极与人沟通，完成创业目标。

一、团结一切可以团结的力量去"抗日"

> **创业知识小课堂** 重要伙伴
>
> 重要伙伴是商业画布九个构造块之一,用来描述让商业模式有效运转所需的供应商与合作伙伴的网络。重要伙伴带来良好的合作关系能够优化资源和业务的配置、降低风险和不确定性、获取之前未能拥有的特定资源与业务,使得创业组织能够走得更长更稳。
>
> 中国共产党在发展的道路上,离不开重要伙伴的发展与相互扶持。尤其是面对全面侵华战争之时,在中华民族生死存亡的关头,仅仅依靠中国共产党单独的力量是不能渡过难关的,只有团结一切可以团结的力量,才能够抵御到来的危机。但是当时的中国国情复杂,人口众多,党是如何精准识别自己的重要伙伴并且成功构建合作关系的呢?

1937 年是中华民族近代史上极其黑暗、极其沉重的一年。这一年,日本军国主义发动了全面侵华战争,无数中国人民流离失所,大好河山惨遭践踏,中华民族危在旦夕。在民族危亡的关键时刻,中国共产党对当时的形势做出了判断,积极整合外部资源,"团结一切可以团结的力量,凝聚起抗日民族统一战线的磅礴力量"。要实现资源的整合,还需要有共同的利益或利益共同点。为尽快建立抗日民族统一战线,中国共产党同国民党就实现双方的共同利益、实行国共合作抗日进行了多次谈判。9 月 22 日,国民党通讯社发表《中共中央为公布国共合作宣言》。23 日,蒋介石发表实际承认共产党合法地位的谈话,标志着以国共合作为基础的抗日民族统一战线正式形成。

共同利益的实现需要共赢的利益机制做保证,在抗日根据地的政权建设中,就有一种政策制度体现了中国共产党在整合资源中的智慧——"三三制"。"三三制"是中国共产党在抗日民主根据地发展和巩固抗日民族统一战线的一项重要原则。1940 年 3 月,中共中央在《关于抗日根据地的政权问题的指示》中明确规定:在抗日民族统一战线时期,政权建设中的人员分配,应该是"共产党占三分之一,非党派左派进步分子占三分之一,不左不右的中间分子占三分之一"。[①]

[①] 毛泽东:《毛泽东选集》(第二卷),北京,人民出版社,1991 年,第 2 版,第 742 页。

在中央的推行和推动下,"三三制"逐步在抗日根据地推广开来。"三三制"从制度上为党外人士进入政权并占有一定比例提供了保障,对进一步巩固和扩大抗日民族统一战线,争取和团结各阶级、阶层、党派和团体参与抗战,最终夺取抗日战争的彻底胜利,具有重要的历史意义。在抗战过程中,众多开明绅士与知识分子、民主进步人士为抗日战争的胜利做出了突出贡献。中国共产党集中力量在敌后发动抗日游击战争、建设抗日民主根据地和领导沦陷区人民开展多种形式的反日斗争的同时,也在国民党统治区(习惯上称"大后方")开展了大量卓有成效的工作。

1944年10月30日,毛泽东在陕甘宁边区文教工作者会议上所作的讲演中指出:"我们必须告诉群众,自己起来同自己的文盲、迷信和不卫生的习惯作斗争。为了进行这个斗争,不能不有广泛的统一战线。""统一战线的原则有两个:第一个是团结,第二个是批评、教育和改造。在统一战线中,投降主义是错误的,对别人采取排斥和鄙弃态度的宗派主义是错误的。我们的任务是联合一切可用的旧知识分子、旧艺人、旧医生,而帮助、感化和改造他们。为了改造,先要团结。只要我们做得恰当,他们是会欢迎我们的帮助的。"①

在党领导下,南方各省逐步恢复和发展遭受严重破坏的党组织。党特别重视争取和团结中间势力,同民主党派、无党派人士、国民党民主人士、地方实力派、民族工商界人士、知识分子等广泛接触,使他们了解共产党的主张,并逐步取得他们的信任,巩固扩大了抗日民族统一战线,推动了国民党统治区抗日民主运动的发展。

创 业 启 迪

1. **创业因时而变,思维要与时俱进。** 当外界环境发生巨大变动、自己的站位和外界整体的大格局也有所更新的时候,原来不曾作为资源的,甚至是对手,都可以朝着更大的方向转变为"资源"进行合作。国共第一次合作在"四一二"反革命政变中彻底破裂,但是在民族大义面前,中国共产党和国民党选择第二次合作,暂时收起来曾经的伤痛,形成抗日民族

---

② 毛泽东:《毛泽东选集》(第三卷),北京,人民出版社,1991年,第2版,第1011—1012页。

统一战线，这是为了团结更多的中国人，吸收更多的有利于抗战的人员。最终历史向我们表明，这一决策是卓有成效的。

2. **在创业组织整合更多资源的时候，要牢牢把握住自己的主导地位，同时也要对新资源进行合理分配运用，否则整合就失去了意义。** 正如党在"三三制"中明确了各个加入成分的比例，以保证决策正确；对于加入进来的人们进行团结及批评教育改造，而不是加进来就成为甩手掌柜。一定要有"权责利"划分的制度保障，确定好各方都做什么贡献、负责什么部分、有着怎样的决策权、会得到什么样的收获等。商场如战场，合理的制度保障能帮助新进资源发挥出更大价值，也能避免掉入很多创业陷阱。

二、扩大"朋友圈"——政治协商的力量

创业知识小课堂 合伙人

合伙人是指投资组成合伙企业，参与合伙经营的组织和个人，是合伙企业的主体。这里引申为一个组织在不同发展阶段所需要的重要人才。创业刚开始时，需要创业合伙人独当一面；在开拓业务时需要业务合伙人；组织进一步扩大，到了成熟阶段，需要战略合伙人等。

中国共产党带领中国人民脱离了战争苦海之后，紧接着面临如何建立新中国、如何治理这个国家的新难题。过去的经验给中国共产党带来了更加清晰的认知：独木难成林。要想让新中国长久地走下去，一定需要新的"合伙人"。那么这"合伙人"应该从何找起，什么样的"合伙人"才适合中国共产党呢？

1948年,在解放战争取得节节胜利、中国革命进入新高潮的形势下,中共中央于4月30日发布纪念"五一"劳动节口号,郑 🔊 让我们一起穿越时空:
第一届政协那些激动人心的场面
(来源:电影《建国大业》)

重提出:"各民主党派、各人民团体、各社会贤达迅速召开政治协商会议,讨论并实现召集人民代表大会,成立民主联合政府。"①这一号召迅速得到了各民主党派和民主人士的热烈响应。随后,中共中央自8月起,开始邀请并护送各民主党派和民主人士北上解放区,并就筹备召开首届全国政协问题同他们进行了广泛的协商与讨论。

1949年3月,中共七届二中全会批准了新的政治协商会议及成立民主联合政府的建议。在新旧更迭之际,有不少党派、团体派人到北平与共产党联系,或者致电、致书,要求参加新政协。同时,也有不少个人提交了书面申请。这固然是个好现象,说明共产党得人心。同时也对共产党人提出了两个问题:如何在特定历史情况下争取中间派,如何对申请参加新政协的组织进行甄别与选择。

政协筹备会常委会指定由第一小组承担考察、选择工作。常委会提出总的指导思想:既要严格分清敌我,拒绝国民党反动政府系统下的一切反动党派和反动分子,又要广泛团结民主党派和民主人士,尽可能多地容纳各方面的团体和代表人物,使一切为革命做出贡献的团体和代表人物都能得到适当安排,最大限度地团结一切可以团结的力量。②

经过识别与选择,许多民主党派很快被确定为参加新政协的单位。如中国国民党革命委员会、中国民主同盟、中国民主建国会、中国民主促进会、中国农工民主党、中国致公党。对于被认定为不属于民主党派的,政协筹备会常委会也通过吸纳组织中的首脑人物或暂时在其他方面安排工作、以后安排政协职务,以期尽可能整合各界资源,将其转化为建设新中国的有生力量。

1949年9月21日晚,中国人民政治协商会议第一届全体会议在中南海怀仁堂隆重开幕。"政协会一开,给了我耳目全新的感觉。"社会学家费孝通这样记录中国人民政治协商会议第一届全体会议的情景。费孝通正是作为662位代表之一参会,他回忆:"踏进会场,就看见很多人,穿制服的,穿工装的,穿短衫的,穿旗袍的,穿西服的,穿长袍的,还有一位戴瓜帽的——这许多一望而知不同的人物,会在一个会场里一起讨论问题,在我说是生平第一次。"③

---

① 中共中央发布《纪念"五一"劳动节口号》,载《人民日报》,1949年4月30日,第1版。
② 中共中央党史研究室:《中国共产党简史》,北京,中共党史出版社,2001年,第138–140页。
③ 俞海萍:中国民主政治揭开新一页,载《光明日报》,2021年2月19日,第5版。

当晚，怀仁堂门前，彩色气球上悬着墨绿色的飘带，门两侧彩旗迎风招展，会场之内玻璃灯、水银灯交相辉映，使整个会堂显得庄严瑰丽，光彩夺目。在这次会议上，通过了《中国人民政治协商会议共同纲领》《中国人民政治协商会议组织法》《中华人民共和国中央人民政府组织法》这三个为新中国的诞生奠基的历史性文件。会议还通过了关于国旗、国歌、国都、纪年等项决议，会议选举了中国人民政治协商会议第一届全国委员会委员。中国人民政治协商会议在当时还不具备召开普选的全国人民代表大会的条件下，肩负起执行全国人民代表大会职权的重任，完成了建立新中国的历史使命，揭开了新中国历史的第一页。在此后的70多年时间里，人民政协高举爱国主义旗帜、社会主义旗帜，牢牢把握团结和民主两大主题，在与时代同发展、与祖国共奋进的道路上留下了不可磨灭的印记。新时代，人民政协制度更为成熟。从加强理论学习，到树立"一线思维"，履职能力不断提升；从双周协商座谈会，到远程协商会，协商议题更加精准；从网络议政，到考察调研，履职方式不断创新；从"委员讲堂"到"履职App"，履职平台不断完善……中国共产党领导的多党合作和政治协商制度作为我国的一项基本政治制度，在整合人才与智力资源，协商、商讨、集思广益，实现社会主义民主方面发挥了重要作用。

创 业 启 迪

无论是早期的党的抗日民族统一战线，还是新中国政治协商制度的确立，都很好地诠释了党在创业过程中如何创造性地整合外部资源，给我们很多启发。

1. **认清谁是真正的朋友**。每个人、每个团队都会有自己的目标，整合资源之前需要思考潜在合作者的目标是什么。如果和我们的目标违背，试着想想更大的目标，或许有可能通过新的资源整合来达成更大的目标。共同目标与个人目标的交集越多，越容易成为合作伙伴，越容易成为潜在资源。如前面讲到政协筹备会常委会经过考察后提出的指导思想既能有原则地分清敌我，又能实现广泛的团结。

2. **构建共赢和维持信任长期合作的机制**。当我们找到利益相同的伙伴时，还需要建立双赢或共赢的机制，中国共产党从不倡导零和博弈，而是追求美美与共，合作时也要让对方从中得到增量，从而建立彼此长期信任和稳固的合作关系。如政协筹备会常委会提出"使一切为革命做出贡献的团体和代表人物都能得到适当安排，最大限度地团结一切可以团结的力量"。① 为革命做出贡献的团体和代表人物可以得到充分的尊重与价值实现，同时通过协商制度获得了参与国事政事讨论的机会，真正实现了共赢。

三、整合文艺资源——延安文艺座谈会

创业知识小课堂　艺术的价值

艺术是一种文化现象，日常生活进行娱乐游戏的特殊方式如文字、绘画雕塑、建筑、音乐、舞蹈、戏剧、电影等任何可以表达美的行为或事物，皆属艺术。艺术的价值有三，具体如下。

1. 艺术的认识价值。艺术作品里通过艺术家对社会生活的真实描绘或真实体验的抒发使人们可以从中了解一定时代的社会风貌、人文习俗以及政治、经济、历史、道德等各个方面的状况，从而开阔眼界，增长知识，丰富人的社会经验，加深人们对于历史和社会的某些本质规律的认识。

2. 艺术的审美价值。艺术家通过艺术及其艺术作品，能促进审美主体在审美活动中获得丰富的美感享受与满足。

3. 艺术的经济价值。艺术以其综合性价值服务于社会与人民大众，人们在消费艺术品时须支付费用，并由此而产生经济效益。

---

① 叶介甫：1949 年新政协代表名单是如何产生的，http://www.dangjian.cn/djw2016sy/djw2016dsgs/201903/t20190306_5027681.shtml，访问日期：2023 年 11 月 5 日。

> 中国共产党在组建队伍的同时，还提出需要一支有文化的军队，指文艺工作者，也就是能尽最大可能发挥艺术的认识价值、兼顾审美价值的队伍。

1942年5月2日午后，毛泽东做题为"引言"的讲话："我们要战胜敌人，首先要依靠手里拿枪的军队，但是仅仅有这种军队是不够的，我们还要有文化的军队。这是团结自己、战胜敌人必不可少的一支军队。"[①]这支军队就是文艺工作者。那么，在革命斗争的这个年代，为何文艺工作被如此看重？中国共产党又是如何整合好文艺资源的？

延安文艺座谈会可以说是中国共产党对文艺工作者的一次思想大统一和大整合。今天，我们一提"老延安""老鲁艺"，就会肃然起敬。因为他们是经过延安革命熔炉锻炼出的一代"特种钢"制成的特殊人才。可当年，延安的文化人，尤其是从事文艺创作和文学评论的作家、评论家，并不都是"红一色"的，甚至可以说是"形形色色"的。来自国统区的一些文人的孤芳自赏、自命不凡与某些隔阂和纷争，引发的诸种矛盾，导致了不团结现象与思想混乱问题的出现。[②]当时的延安文艺界存在着"暴露黑暗"，存在着五大问题：脱离实际、脱离群众、对马列主义与文艺创作之间的关系认识不清楚、小资产阶级的自我表现、文艺工作者之间不团结等。这五个问题长期存在，且越来越严重。

1941年7月8日，中华全国文艺界抗敌协会延安分会（简称"文抗"）驻会作家萧军给毛泽东写信，希望约见谈话，反映一些文艺界的情况。7月18日，萧军应约到杨家岭与毛泽东谈话。从下午1点到晚上8点半，谈话持续7个多小时。内容涉及延安文艺界的种种情况，以及站在一个文艺家的角度于共产党的方针政策的理解和意见。在与萧军和一些文艺家的交往过程中，毛泽东逐渐感觉到了问题的严重性。毛泽东通过亲自个别约见谈话与写信征求意见等形式，与延安文艺界代表进行沟通联络，掌握有关延安文艺界的情况。他掌握的情况越多，越感到问题严重，越觉得有必要把大家召集到一起进行沟通，面对面好好地谈谈，澄清是非，统一思想，明确任务，振奋精神，放下包袱，轻装上阵。

1942年5月2日下午，延安文艺界代表人物丁玲、艾青、刘白羽、萧军等120

---

① 毛泽东：《毛泽东选集》（第三卷），北京，人民出版社，1991年，第2版，第847页。
② 忽培元：延安文艺座谈会的前前后后，载《光明日报》，2012年7月2日，第5版。

多名文艺家代表齐聚中共中央办公楼。在大会上大家发言持续不断,气氛十分热烈。5月23日的第三次会议中,朱德总司令发了言。他现身说法,认为一个人参加革命,思想就要有转变。他动情地说:"岂但转变,我说就是投降。"朱老总讲得很激动,"就拿我来说,也一样。我是个从旧军人出身的人,我原来不是无产阶级,因为无产阶级代表的是真理,我就投降了无产阶级。我投降无产阶级,并不是想来当总司令。我只是替无产阶级打仗、拼命、做事。后来仗打多了,事情做久了,大家就推我做总司令。"①朱德用浅显通俗的大白话道破了文艺界整风的实质,把讨论推向了高潮。他点明了会议的主题:就是要实现知识分子和文学艺术家由资产阶级或小资产阶级,向无产阶级工农兵大众的根本转变。②

5月28日,毛泽东在中央高级学习组报告中谈到延安文艺界问题时又说:"抗日根据地吸引了一大批文学家、艺术家,这是一种很好的现象,绝对不是坏现象。""我们党正面地肯定地说应该欢迎大批的知识分子,只要是抗日的就应该吸收……解决文学家、艺术家、文艺工作者和我们党的结合问题,和工人农民结合的问题,和军队结合的问题。要结合,就必须克服资产阶级、小资产阶级思想的影响,转变到无产阶级思想,这样才能够在思想上与无产阶级、与工农大众相结合,如果这个问题不解决,总是要格格不入的。"③同时,提到在具体方式方法上,不能用粗暴的态度。

这次文艺座谈会,为党和延安文艺界人士搭建了沟通的平台,确立了解放区文艺工作的方针,推动了解放区文艺工作的发展,激励了文艺工作者创作出了如《白毛女》《小二黑结婚》等一系列优秀文艺作品;争取到了更多文艺工作者的认同与支持,还扩大了党在国统区、沦陷区进步文艺工作者中的影响。

创 业 启 迪

创业就是资源战,不仅要注重直接的人力资源的整合,还要注重文艺资源的整合。如何整合文艺资源呢?

---

① 忽培元:延安文艺座谈会的前前后后,载《光明日报》,2012年7月2日,第5版。
② 同上。
③ 同上。

1. "通过有效沟通建立信任"是前提。人才的整合、思想的统一,不能靠武力压制、强制执行。为了解延安不同文艺工作者的想法,毛泽东通过亲自个别约见谈话与写信征求意见等形式,与延安文艺界代表进行沟通联络,正是这多次深入沟通建立起了彼此的信任,也为后期争取人才资源打下良好基础。在创业过程中,"人才战"是经常的事情,想要聚集人才,真诚深入地交流、建立信任是大前提。

2. "统一思想"是关键。思想是"客观存在反映在人的意识中经过思维活动而产生的结果"。不同于西方的行为、心理管理,中国共产党更重视思想统一,而思想恰恰是人才资源的"根"。因此,在争取创业人才资源的过程中,基于前期的沟通了解,寻求统一思想价值,是促成资源有效整合的关键。

第二节　创业融资

学习目标

1. 了解我党在成立初期为革命筹集经费的艰辛历史,理解独立自主的必要性;理解改革开放和引进外资对国家经济建设的重要性,深化理解中国与国际的关系。

2. 学习创业者获得融资的基本方法;提高创业者分析产业、获得融资的能力。

3. 以获得融资支持为目标,锻炼创业者短时间内实现创业启动资金筹集的能力、处理资本和决策权之间关系的能力;学会将金融与产业结合,启动创业。

四、囊中羞涩,第一笔钱怎么来

> **创业知识小课堂** 天使投资
>
> 天使投资是权益资本投资的一种形式,属于风险投资的一种,指具有一定净财富的人士对具有巨大发展潜力的高风险的初创企业进行早期的直接投资,属于自发而又分散的民间投资方式。这些进行投资的人士被称为"投资天使"。用于投资的资本称为"天使资本"。
>
> 创业可以从一个想法开始,但行动就需要资金的支持。有的创业起点比较高,"含着金汤匙出生";大部分的创业都是从边缘开始的,"一穷二白"——中国共产党便是如此。那么,维持一个党运转的庞大资金究竟从何而来呢?

建党初期,当时党的主要工作是研究和宣传马克思主义、到工人中去进行宣传和组织工作、进行关于建党问题的讨论和实际组织工作。当时的活动经费,主要来自创始团队的自身投入。相当一部分党员,包括创始人陈独秀、李大钊,都需要通过做兼职教书、做编辑的薪水和文章稿费积攒资金来支持党的活动。但随着党的社会活动、刊物书籍不断增多,需要的资金越来越多,现有资金来源严重影响了党的发展。那么,党的早期创业者如何破解这个难题呢?

此时,他们选择了"找朋友融资"。共产国际(第三国际)成为党的"天使投资人"。在中国共产党员的积极努力下,他们迎来了一位来华的红色使者,共产国际派出的代表——维经斯基。他为上海党组织提供了经费援助,解决了党初期建设的应急之需。不过当时的援助只能解决临时问题,很难维持后续的资金需求。

据统计,从1921年10月起至1922年6月止,党的经费约94%来自共产国际,共收入国际协款16655元(约为现在的50万元)。后来,维经斯基一离开,资金问题再次凸显,各种宣传工作,特别是用于对工人进行启蒙教育的工作不得不停止。[①]其

[①] 中央党史和文献研究院:《中国共产党简史》,北京,人民出版社、中共党史出版社,2021年,第11–13页。

中一位党员南下广州时向陈独秀汇报工作，连区区 15 余元路费都拿不出来，只能从私人手里借钱。

早期的中国共产党缺少稳定、充足的自有资金，并且融资能力不强。为何这么说？其实，那时并不是苏联和共产国际不太支持中国革命，而是不太支持尚在摇篮中的中国共产党。在国内，中国共产党有一位强大的，规模和体量都远胜自己的竞争对手——国民党，就连苏联和共产国际作为投资人都更青睐他们。与国民党接受的援助比较起来，共产党所得的少许启动资金相去甚远，并且随着时间的推移，国民党获得越来越多的资金援助。如何解决创业初期的启动资金问题，成为中国共产党的一大难题。

创 业 启 迪

每个梦想都有实现的巨大价值，但落到实地，每个创业者都不得不面对相同的难题——启动资金哪里来？

1. 创始人或创始团队自己投入。 所有创业的启动，都必须自有资金。任何团队的创始人都不可能一分钱都不投入。如果连创始人自己都不舍得投入资金，又如何能让旁人相信你对这个项目的未来有信心？中国共产党成立初期可谓一穷二白，即便如此，几位创始人还有其他的同志也要通过自己的劳动付出换取资金，投入共产主义事业中。不过，启动资金仅仅只能支持短暂的一段时间，他们很快就发现，资金是紧缺的，需要更多的资金。

2. 寻找你的"4F"。 为了进一步增加启动资金，可以寻找"4F"，即朋友（friend）、家人（family）、"傻瓜"（fool）和基金（fund）。"傻瓜"并非真正的傻人，而是那些有可能相信你的梦想并无条件支持你成就梦想的陌生人，创业者应对其心存感恩，因为能真金白银支持你实现梦想的人少之又少。在现代商业社会中，很多天使投资基金、行业基金都会投资早期项目，还有一些产业比赛、地方政策也是创业启动资金的获取方式。

但正如前文所讲，任何创业团队在任何发展阶段都会需要资金，对比那些已经具有规模的创业团队，发展早期的创业团队在融资时会有明显的劣势，所以在那个年代，苏联和共产国际也就相对更愿意向国民党"投资"，但毕竟天使投资只能解决一时之需，创业长期发展必须实现自身供血，我党在创业初期凭借少量的融资省吃俭用、将好钢用在刀刃上，自力更生、艰苦奋斗，终渡过了重重难关，继续创业。

五、拿到融资就是好事吗

> **创业知识小课堂　融资风险**
>
> 创业资金是创业起步的必需品，很多人创业第一步的小目标就是先拿到融资。那么，融资意味着什么？创业者会得到什么，失去什么呢？
>
> 最直接得到的就是资金，可以进行周转、配置人力物力资源，同时也得到了投资方认可、提升了自身影响力，但风险在于股权性的融资可能导致创始人逐渐失去对项目的决策控制权，而债权性融资存在因经营不善导致无法还债的风险。此外，融资后也可能面临全新的竞争，如果没有利用好本次融资，可能导致他人对自己能力评价降低，今后发展难度增大。
>
> 融资风险是每个组织在融资时都会遇到的，组织需要想办法避免或减小。如果说党在早期拿到共产国际的经费支持是一次"融资"，那么这背后就有很多的故事值得我们深思。

共产党在建党初期条件艰苦，甚至连路费都没有着落，当时大部分资金都来源于共产国际的援助。尽管如此，共产党人对接受外援十分谨慎。

陈独秀甚至强烈反对接受共产国际的经济支援。共产党人天生就有独立自主的强烈意识。但若不能自主解决稳定可靠的经济来源，道理再好，"独立"也是一句空话。共产国际代表马林来华不久，表示共产党隶属共产国际，共产国际可以给予经济援助，但必须先交出工作计划和预算，而且由共产国际支配。①陈独秀特别提出中共目前不需要经济支援，必要时再请求援助。正因如此，双方多次交谈皆是"尬聊"。

要生存还是要尊严？要不要向共产国际汇报工作并接受其经费受其领导，这是1921年7月中国共产党成立后要解决的第一个难题，也是中共中央出现的第一次争吵。但经费问题毕竟是极其现实的问题，很快，陈独秀也无法无报酬地为党服务了。他以革命为职业，大部分时间埋头于党务，便失去了固定职业和固定收入，经济上很不宽裕。

窘迫的陈独秀开始经常出入亚东图书馆，那里有一位他的同乡出版了他的《独秀文存》，有他一部分版费。好在老板汪孟邹心中有数，每当他坐的时间长了，便要问一句："拿一点儿钱吧？"陈独秀便点点头，拿一点儿钱，再坐一会儿，就走了。即便如此，陈独秀也不肯松口同意接受共产国际的援助。②

陈独秀正是希望中国人保持对共产党的所有权，实现独立自主，才绝不轻易接受外资，因此他与以马林为代表的共产国际产生了强烈分歧。在陈独秀被捕之后，事情有了转机。

陈独秀曾被法租界当局逮捕，马林为了营救，花了很多钱，费了很多力，最终顺利结案。这次遭遇留给陈独秀的印象极深。他切身感悟到：不光是开展活动、发展组织需要钱，就是从监狱里和敌人枪口下营救自己同志的性命，也离不开一定数量的经费。此后陈独秀便与马林达成了接受共产国际经费援助的共识。

建立党、巩固党、发展党，需要理想，需要主义，也需要经费。富有理想的中国共产党人，在长时间争论后也承认了这个现实。不过，陈独秀虽然选择接受共产国际的援助，但毕竟只是为了解决燃眉之急。事实上共产国际给共产党的援助也十分有限。随着1925年以后党员人数大幅度增长，共产国际所提供的费用已经远远跟不上这一增长速度了。全党人均支出由最初的平均40元（约为现在的1200元）下降到1927年的4元（约为现在的120元）。③

---

① 金一南：《苦难辉煌》，北京，作家出版社，2015年，第28页。
② 蔡和森：蔡和森关于中国共产党的组织和党内生活向共产国际的报告，载《中央档案馆丛刊》，1987年第3期，第3页。
③ 金一南：《苦难辉煌》，北京，华艺出版社，2009年，第35页。

创 业 启 迪

陈独秀担心拿到共产国际的援助资金以后就要受制于共产国际的想法，不能"独立"干革命，这就是"融资"决策、控制权会受到一些因素的影响。

创业时，创业者对控制权的把控是需要谨慎对待的。创业者对控制权的态度会影响到融资渠道的选择和融资的进程。一般来说，出资的比例和股权比例、控制权是成正比的，出资多的人话语权一般较大，而引进新的资金势必要拿出股权，也就要拿出对项目的控制权。创始团队之间的股权比例、创始团队和融资股权比例是一个创业组织的根，根不稳则地动山摇，埋下隐患。一些创业者不愿意将自己费尽心血所创立的部分所有权与投资者共同拥有，希望保持对组织的控制权。

因此，创业者在融资时，应综合考虑以下几点。

1. 创业所处阶段。创业融资具有阶段性特征，不同阶段资金需求量和风险程度存在差异，不同的融资渠道的资金提供量和风险程度也不同。例如，种子期和启动期多依靠自我融资与亲朋好友支持，以及外部投资者的"天使资本"，成长期多通过股权融资，成熟期多通过债权融资以及上市融资。

2. 创业项目特征。风险高、预期收益不确定的项目难以融资，一般依靠个人资金和亲朋好友支持；风险低、预期收益易预测的项目，一般依靠债务融资；风险高、预期收益也高的项目一般依靠股权融资。

3. 融资成本与对控制权的态度。融资不是白白拿钱，而是需要拿股权来换，同时会减少创始者对项目的控制权。但一般有未来的项目股权是非常有价值的资产，融资时可以考虑配置债券融资的方式。

总之，天上不会掉馅饼，融资也是需要付出不少代价的，创业者应辩证看待。

六、中央红军的"借钱之路"

> **创业知识小课堂** 债权性融资
>
> 风险投资主要是指向初创组织提供资金支持并取得其股份（控制权）的一种融资方式。风险投资中有很多的不确定性，给投资及其回报带来很大的风险。接受风险投资的组织是进行了一种股权性的融资，除此之外融资还有债权性融资。股权性融资具有投资性质，有如下特点：本金不能从被投创业机构抽回，但可以向第三方转让，报酬视创业机构经营情况发生变化，投资者承担的风险相对较高，按比例享有对企业的控制权，说白了就是"共同决策、共同经营、共担风险，成功后共享项目价值"。
>
> 而债权性融资具有借款性质，有如下特点：本金到期可以从被投创业机构收回，报酬为按事先固定金额支付的利息，投资者承担的风险相对较低，没有对创业机构的控制权，说白了就是"借钱，不管创业成功与否都要还钱，但不共享项目价值"。

1935年，在历尽千难万险后，中央红军主力胜利到达陕甘宁边区，与陕北红军会师。如何筹措到粮食和衣被，成为中央红军重点考虑的问题。

7000多人的中央红军只有1000多块大洋。周恩来很着急："这么多人要吃饭，将来还要打仗，从哪里去找钱？"

这时，毛泽东突然想到了几天前见过的红15军军团长徐海东，就写了个借条，让杨自成去找徐海东。

徐海东看到借条后，立即把供给部部长查国桢找来，问他："咱们现在总共还剩多少钱？""还剩7000块大洋。"查国桢答道。"那好，留下2000块，5000块给中央。"徐海东说道。

第二天，红15军团供给部就派人把5000块大洋送到中央红军后勤部，并抽出许多重要物资和大量驳壳枪送去，还命令每个班挑一把最好的机枪送给中央红军，就连最精锐的骑兵团，都直接交给中央指挥。[①]

[①] 南晨：中共的抗战经费从何而来，载《人民周刊》，2017年第22期。

这些钱究竟有多重要呢？若干年后，毛泽东对这件事仍念念不忘，经常提及徐海东对中国革命的贡献，说徐海东是"中国工人阶级的一面旗帜""对中国革命有大功的人！"

这笔钱与早期共产国际的钱有什么不同呢？为何多年以后毛泽东依然如此感激徐海东这笔雪中送炭的款项呢？

创业启迪

共产党向共产国际的融资和这里向徐海东的融资，虽然都有革命的目的，但是从属性来看是有本质不同的。类比创业融资，前者属于"股权融资"，后者属于"债权性融资"。清晰认识二者的区别非常重要。

从资金性质来看，共产国际向中国共产党援助的经费本质上更像是一笔"股权融资"，因为共产国际提供资金的同时，要求共产党提供工作计划和预算，并享有对其的控制权。这也就意味着陈独秀一旦接受了这笔钱，就会一定程度上失去对共产党的控制权。

毛泽东向徐海东借的钱，是债权融资，收到后不会失去控制权、主导权。债权融资对彼此的信任基础要求非常高，可想而知，当初的这笔"借款"是多么宝贵。

七、得民心者得天下，百姓众筹淮海战役

创业知识小课堂　众筹

众筹，即大众筹资或群众筹资，是面向大众招募资金的过程，是初创组织和个人为自己的项目争取资金的一种渠道。众筹一般由发起人、投资人、平台组成，具有低门槛、多样性、依靠大众力量、注重创意等特征。

第六章 集中力量办大事——集资源：团结一切可以团结的力量

> 创业需要许多资源的不断投入，尤其是到了直面竞争对手、白热化竞争的时候，强有力的竞争策略需要配合强大的人力、物力、财力和组织资源等，这些需求都会呈指数型增长。如果此时投入的资源不仅仅是一个组织的内部资源，还将更多的外部资源尤其是用户资源也充分调动投入，将获得无比强大的竞争力。中国共产党在解放战争期间非常有代表性的是淮海战役，被称为"人民用小车推出来的战役"。

1948年9月，解放军济南战役获胜后，国民党军队连连退败，损失了不少据点。为加速推翻国民党统治、解放全中国，解放军乘胜攻坚，迅速对战役做出部署，计划歼灭国民党第7兵团和第9绥靖区，为夺取徐州（国民党的核心根据地）做好准备。

让我们一起穿越时空：
淮海战役背后的"小推车"到底长什么样？
（来源：电影《大决战·淮海战役》）

而国民党也调配军队，加强防守，寻机与解放军进行决战。这便是淮海战役，是解放军牺牲最重、歼敌数量最多、规模最大的一场战役。

这场战役我军投入60万兵力，而对方足有80万人之众。淮海一战后，解放军彻底掌握了内战的主动权，长江以北大局已定，可以全力准备渡江作战。我军是如何在不到3个月的时间里实现以少胜多，在淮海战场上歼灭敌军50余万人的？

按常理讲，战场是军人之间的较量场，然而陈毅这句"淮海战役的胜利，是人民用小车推出来的"着实耐人寻味。事实上，淮海战役胜利的背后，是100多万老百姓的无私奉献与支持，这场战争是属于人民的胜利。

战争的胜利除了靠军队人数、战斗力、装备、战略之外，后勤保障也是至关重要的环节。然而当时的解放军补给非常落后，没有铁路、公路运输物资。当地群众了解这件事后，集结两万多民工和铁路工人，在路轨全掩埋进厚厚的积雪里的情况下，不畏严寒、顶风冒雪，不分昼夜、加班加点，使铁路完全通车，将后方的军需物资运送到前线。

当地百姓中的男人出征去前方，很多人甚至把儿子送去战场。妇女们则昼夜碾米磨面、赶制军鞋军衣。城镇广大职工开展劳动竞赛，加紧生产军需物资。可以说，支援前线是百姓们的头等大事，一心为着支前、一切服从前线，要人有人、要粮有粮。

跟随军队出发的有 20 多万人，其余的 520 多万人负责收集和运送各种物资到战场。他们筹集到运往前线的担架有 20.6 万副、各种车辆 88 万辆、牲畜 76.7 万头、船只 8539 艘、汽车 257 辆，并向前线送去了 1460 多万斤弹药和 9.6 亿斤粮食。据说在战役的第三阶段，参战兵力和后方民工的比例达到 1∶9，即所谓的每位战士身后都有 9 个民工在支援保卫作战。[①]

创 业 启 迪

众筹最初是艰难奋斗的艺术家们为创作筹措资金的一个手段，现已演变成初创企业和个人为自己的项目争取资金的一个渠道。众筹网站使任何有创意的人都能够向几乎完全陌生的人筹集资金，消除了从传统投资者和机构融资的许多障碍。虽然"众筹"是近些年才产生的新概念，但是由大众筹资这样的一种方式，却在人们的社会活动中早已出现。中国共产党为什么能够"众筹"成功？其中一个很重要的原因就是民心！俗话说"得民心者得天下"，共产党军队赢得淮海战役，来自当地百姓的援助不可或缺。

1. **众筹的成功，依靠良好的形象宣传**。国民党军队在国统区不注重对农民的保护，横征暴敛拉夫抓丁，早就不得人心；相比他们的腐败和脱离群众，共产党的理念和行为更为人民考虑，因此得到人民的支持。共产党通过宣传土地政策，大力改革，农民自己有了土地，心里也彻底踏实了。

2. **众筹的成功，更要依靠日积月累的信誉**。创业融资不只是技术问题，还是社会问题，不可能一蹴而就，这个过程需要建立个人信任、积累人脉资源。投资人在投资创业项目时，很大程度是看人和团队，而不是项目本身，像中国共产党这样"全心全意为人民服务"的"团队"，必然会得到广大支持。创业项目在融资前需要做好长期的积累，中国共产党的所作所为被每一位群众看在眼里，常年"不拿群众一针一线"，坚持"为人民服务"，因此共产党真正需要"融资"时就获得了全民不计回报的支持。

[①] 傅高义：《邓小平时代》，北京，生活·读书·新知三联书店，2012 年，第 51 页。

所以应该保持什么样的创业初心？应该如何创造价值？这种创业精神值得广大创业者深思。

八、改革开放巧用外资

> **创业知识小课堂 战略投资**
>
> 战略投资是指对组织未来产生长期影响的资本支出，具有规模大、周期长、基于组织发展的长期目标、分阶段等特征，影响着组织前途和命运的投资。战略投资对创业全局有重大影响。企业战略性投资泛指直接影响企业竞争地位、经营成败及中、长期战略目标实现的重大投资活动。
>
> 创业后期融资并没有比前期融资更容易。融资时刻受到利益相关方的审视，当然也包括自己内部人士的质疑。那么，如何才能做到在创业达到一定规模后，灵活运用资金来促进事业发展呢？我们来看共产党在改革开放时期对外资的运用。

早期共产党筹钱可以说主要是求生存和立足，而新中国成立后，不仅要生存和立足，更要发展。共产党从国民党手中接过的是一个"烂摊子"，国民经济亟待恢复。那么共产党是如何缩小与发达国家的差距，使国家经济得到快速发展的呢？其中很重要的一步就是打开国门，吸引投资。

有一位老人，曾被给予"中国开放的操盘者""改革开放的开拓者""经济特区CEO"的高度评价。他既是毛泽东时代的副总理，也是邓小平时代的副总理。我国改革开放的第一笔外资贷款也是他引进的，他就是——谷牧。

让我们一起穿越时空：
谷牧的出国之旅，见到了什么
（来源：纪录片《谷牧》）

1978年，百废待兴的中国小心翼翼地向外打开了大门，谷牧带团去西欧五国考察访问。通过与西方国家的交谈，谷牧了解到这些国家资金过剩，技术要找市场，产品要找销路，都很想同中国拉关系、做生意。当时邓小平也大力赞成："引进这件事反正要做，重要的是争取时间。可以借点钱，出点利息，这不要紧，早投产一年半载，就都赚回来了，下个大决心，不要怕欠账。"①在谷牧的大力推动下，1979年7月，《中华人民共和国中外合资经营企业法》颁布施行，外商在中国大陆投资办企业从此开始。一开始全国才批准6个合资项目，还是餐馆、养猪场、照相馆等小项目，投资金额才810万美元，但这是今后燎原的星火种子。②

除了海外的合资企业之外，谷牧也接受了一笔政府贷款，还发生了一段有意思的插曲。当时，谷牧接到了日本对华友好人士传来的信息，说日本政府有一笔向发展中国家贷放的"海外协力基金"，利率极低、搁置时限长、本息偿还期长，中国可以争取使用。③

经过几轮协商，谷牧决定前去访问日本。日本前首相说："你们早就应该来了，我们已经等候一段时间。"那次访日，谷牧促成了合计500亿日元的第一笔贷款协议，年利率3%，还款期30年，打破了"不用西方国家政府贷款"的思想禁区，我国迈开了使用国外贷款的第一步。④

谷牧首次访问日本之前，其母亲很不解："你去那个地方干啥？"因为当年侵华日军不仅在我们家乡烧杀掳掠，还差点要了谷牧的命，甚至谷牧的右胸还留下了日本人的弹孔。所以其母亲后来在电视里看到谷牧签约场面，拿拐棍敲着地板说："汉奸，汉奸。"⑤

中国发展该不该用外资？外资的进入会如何影响我国发展？我们该如何看待、如何巧用外资？这些都成为当时重要的问题。而后的事实证明，巧用外资，是十分正确的选择。

创 业 启 迪

创业要因时而变，实事求是。改革开放后的外资问题就是新阶段出现的一个实际问题。

---

① 中国发展门户网：改革开放第一笔外资引进始末，http://cn.chinagate.cn/economics/2010-08/26/content_20798527_2.htm，访问日期：2024年1月1日。
② 傅高义：《邓小平时代》，北京，生活·读书·新知三联书店，2012年，第389页。
③ 谷牧：《谷牧回忆录》（第3版），北京，中央文献出版社，2009年，第371–380页。
④ 同上。
⑤ 刘念远、刘会远：谷牧：曾被母亲骂"汉奸"，载党政论坛（干部文摘），2011年，第10–11页。

前文提到陈独秀面对共产国际的援助，多次犹豫迟疑，为的是保留对中国共产党的话语权。那在改革开放期间，我国积极引进西方国家的外资，甚至和过去的"老仇人"日本借入第一笔贷款，这是为什么呢？

过去我们接受共产国际的援助是被动的，为的只是保证共产党的日常开销，而获取共产国际资金的代价就是丧失部分控制权。接受别人的资助，还是走自己的革命道路？这是一个两难的选择。而改革开放过程中的外资利用却是完全不同的概念，我国也需要国外资金的投入和国外先进技术的支持，通过合资企业的兴办和国际贷款，既能解决我国发展起步资金困难的问题，又能通过国外技术直接带动我国产业升级和技术进步；相比国外成熟的市场体系，我国国内市场基本空缺，开发潜力大，如果再能给国外企业一定的优惠政策，对国外企业而言是重大发展机会，是一场"双赢"局面。

任何时候都要牢记"实事求是"，基于当时的真实情况，进行多方合作的利弊分析，是创业者应掌握的基本能力，如此做出的决策才能更加精准，才能更加巧妙地运用各方资源，提高自己为社会创造价值的能力。

思考训练

请完成以下思考训练题目：
1. 中国共产党是如何做好资源整合中的逻辑梳理与制度保障的？
2. 除资金外其他资源的筹备是否必须与资金募集同步进行？当你的创业项目处于资金短缺时，将如何调配其他资源？
3. 如何团结一些看起来遥不可及的，或是与自己有矛盾，甚至敌对的人？
4. 在创业的不同阶段，创业者拿到资金该如何分配？
5. 创业者在什么时候适合拿融资？应寻求什么性质的资金？

第七章 永葆青春不变质——

谋发展：创业者永远在路上

本章导读

"创业路上碰到的最大敌人是谁?"当我们静下来扪心自问时,就会发现无论是一个人或是一个组织在成长路上碰到的最大敌人永远是"自己"。只有时刻自我净化、时刻自我革命才能让自己永葆青春。

习近平总书记指出:"中国共产党立志于中华民族千秋伟业,百年恰是风华正茂"。① 中国共产党的创业之路险象丛生,遇到的敌人对手无不强大,但中国共产党始终以一种青春昂扬的状态,不忘初心、牢记使命,立足千秋伟业,持续推进伟大的社会革命和自我革命,引领着中国社会的前进方向,这其中的秘诀是什么呢?

中国共产党是一个具有自我修复和革新功能的伟大的马克思主义政党。初心和使命是成长壮大的不竭能量,理论创新是青春永驻的活力基因,从严治党是自我修复和革命的内在功能机制。当这三者有机协同、充分发力时,这个政党的生命能量和创新红利是永续不竭的。从生死关头的"八七会议",到新中国成立前夜的"进京赶考",再到挺起民族脊梁的"两弹一星"等等,中国共产党不忘初心、牢记使命,不断提高驾驭风险本领,有力应对、处置、化解了各种风险挑战,带领人民群众在实现中华民族伟大复兴的历史进程中努力奋斗。

第一节 识别风险,做好防范

学习目标

1. 了解中国共产党在不同历史时期所遇到的困难与风险;学习中国共产党遇到风险后的避险方式。
2. 学习创业中识别风险的基本方法;学习系统性思维的重要性。
3. 学会识别并规避潜在的创业风险;学会用系统性思维评估创业过程中的各类风险。

---

① 百年恰是风华正茂——致敬中国共产党成立100周年,载《人民日报》,2021年7月1日,第3版。

一、看清"主要矛盾",抓住创业痛点

> **创业知识小课堂** 价值创造需抓住痛点
>
> 创业往往需要集中精力解决主要矛盾,而如何集中手中有限的资源和精力完成重点环节的突破,是创业者需要面对的巨大挑战。无论是初创型团队还是已经积累一定经验的创业组织,往往都面临着寻找稀缺资源、吸引优秀人才、拓展重点市场等多种问题,如果其中任何一个问题解决不好,可能都会带来各种大大小小的风险和隐患。面对这么多问题一般有两种解决方式:一是全面撒网,但这样往往会分散资源且削弱力量,导致对产生重大风险点的核心问题投入不够,创业走向失败;二是从痛点入手逐个击破,依次解决在创业过程中遇到的问题,且利于企业的后续发展与建设。因此,对于创业企业来说,抓住痛点是非常重要的,只有在创业过程中看清"核心问题",抓住"主要矛盾",集中力量出重拳,才能打赢创业过程中的关键之战。

中国共产党在不同历史时期都坚持一切从实际出发,对国情形势做出了科学而深刻的判断,准确抓住了每个阶段的主要矛盾,并在此基础上制定了正确的方针政策,团结带领中国人民朝着实现中华民族伟大复兴的目标不断胜利前进。那么,中国共产党在不同历史阶段是如何认识社会主要矛盾的呢?

(一)新民主主义革命时期党对社会主要矛盾的定位

中国共产党成立后,中国社会面临着各种错综复杂的社会矛盾。1840年以来中国开始陷入内忧外患的黑暗境地,帝国主义国家在中国瓜分势力范围,封建地主阶级残酷压榨农民,资产阶级与帝国主义相互勾结,同时又与封建地主阶级盘根错节,共同压榨劳苦大众,山河破碎,民不聊生。在这种严峻形势下,如何正确认识和把握中国社会的主要矛盾并依此制定出符合实际的政策措施成为非常重要且关键的问题。中国共产党以马克思主义为指导,对中国国情尤其是社会主要矛盾进行了深刻的认识和总结。以毛泽东同志为代表的中国共产党人经过长期探索得出结论:"帝国主义和中华民族的矛盾,封建主义和人民大众的矛盾,这些就是近代中国社会的主要矛盾。""而帝国主义和中华民族的矛盾,乃是各种矛盾中的最主要的矛盾。"① 正是基于对当时主要矛盾的正确认识,我们党才科学制定了新民主主义革命不同时期的路线方针和政策,团结带领全国人民经过艰苦卓绝的不懈奋战,最终推翻了压在中国人民头上的三座大山,取得了新民主主义革命的伟大胜利。

(二) 社会主义革命和建设时期党对社会主要矛盾的定位

新中国成立后,我国开启了社会主义革命和建设的新征程。准确研判新中国的社会主要矛盾,并据此确定革命和建设的方向,制定解决矛盾和问题的战略与政策,是党面临的一项紧迫任务。最早对新中国成立后我国社会主要矛盾进行概括的是1948年9月8日至13日党中央在西柏坡召开的中央政治局扩大会议,即中央政治局"九月会议"。毛泽东在这次会上发表的重要讲话中指出:"资产阶级民主革命完成之后,中国内部的主要矛盾就是无产阶级和资产阶级之间的矛盾,外部就是同帝国主义的矛盾。"② 这是我们党的领导人对新中国成立后我国社会主要矛盾进行的论述。

1953年,我国开始进行社会主义改造,一直到1956年年底社会主义改造完成。从中华人民共和国成立,到社会主义改造基本完成,这是一个过渡时期,即"中国革命在全国胜利,并且解决了土地问题以后,中国还存在着两种基本的矛盾。第一种是国内的,即工人阶级和资产阶级的矛盾。第二种是国外的,即中国和帝国主义国家的矛盾③。"以此为依据,我们党制定了"过渡时期"的总路线,即在一个相当长的时期内,逐步实现国家的社会主义工业化,并逐步实现国家对农业、对手工业和对资本主义工商业的社会主义改造。

随着社会主义改造胜利完成,中国社会实现了从新民主主义社会到社会主义社会的转变。1956年9月15日至27日,中国共产党第八次全国代表大会在北京举行。中共八大正确分析了社会主义改造基本完成以后中国阶级关系和国内主要矛盾的变化,明确提出,我国社会主义改造基本完成以后,"我们国内的主要矛盾,已经是人民对于建立先进的工业国的要求同落后的农业国的现实之间的矛盾,已经是人民对于经济文化迅速发展的需要同当前经济文化不能满足人民需要的状况之间的矛盾。这一矛盾的实质,在我国社会主义制度已经建立的情况下,也就是先进的社会主义制度

---

① 毛泽东:《毛泽东选集》(第二卷),北京,人民出版社,1991年,第2版,第631页。
② 毛泽东:《毛泽东文集》(第五卷),北京,人民出版社,1996年,第145–146页。
③ 毛泽东:《毛泽东选集》(第四卷),北京,人民出版社,1991年,第2版,第1433页。

同落后的社会生产力之间的矛盾。"①解决这个矛盾的办法是发展社会生产力，实行大规模的经济建设，党的八大第一次对社会主义建设时期我国社会主要矛盾做出了系统概括。

1957年2月27日，毛泽东在最高国务会议第十一次（扩大）会议上发表了《关于正确处理人民内部矛盾的问题》的重要讲话，这篇讲话经修改补充后在当年6月19日的《人民日报》上发表。在这篇重要讲话中毛泽东系统论述了马克思主义矛盾学说，指出社会主义社会的基本矛盾仍然是生产力和生产关系、经济基础和上层建筑之间的矛盾，同时社会主义社会还存在两类不同的社会矛盾，即敌我矛盾和人民内部矛盾，这是性质完全不同的两类矛盾，前者的性质是对抗性的，所以要采取强制的、专政的方法来解决，而后者的性质是非对抗性的，所以只能用民主的、教育的方法来解决。②毛泽东还提出要把正确处理人民内部矛盾作为国家政治生活的主题。总的来看，我们党在这个时期对社会主要矛盾的认识是正确的、符合实际的。后来由于党内出现了一些"左"的倾向，从而使党对社会主要矛盾的认识发生偏差，1957年10月9日，中共八届三中全会提出了"无产阶级和资产阶级的矛盾，社会主义道路和资本主义道路的矛盾""是当前我国社会的主要矛盾"的论断；1958年5月召开的中共八大二次会议提出在社会主义社会建成以前，无产阶级同资产阶级的斗争、社会主义道路同资本主义道路的斗争，始终是我国内部的主要矛盾。党对社会主义时期主要矛盾认识的失误导致了后来我们党和国家一系列重大政策和决策的失误。

（三）改革开放和社会主义现代化建设时期党对社会主要矛盾的定位

在不断探索中，我们党运用辩证唯物主义认识论分析国情，拨乱反正，对社会主要矛盾进行科学的认识和把握。1978年召开的中共十一届三中全会，我们党做出把工作重心转移到经济建设上来的战略决策，否定"以阶级斗争为纲"的理论和实践，开启了我国改革开放和社会主义现代化建设的新时期。在1979年3月30日党的理论工作务虚会上，邓小平就社会主义社会基本矛盾和主要矛盾进行了重要论述，他指出："至于什么是目前时期的主要矛盾，也就是目前时期全党和全国人民所必须解决的主要问题或中心任务，由于三中全会决定把工作重点转移到社会主义现代化建设方面来，实际上已经解决了。我们的生产力发展水平很低，远远不能满足人民和

---

① 中共中央文献研究室：《建国以来重要文献选编》（第9册），北京，中央文献出版社，1994年，第341页。
② 毛泽东：关于正确处理人民内部矛盾的问题，载《人民日报》，1957年6月19日。

国家的需要，这就是我们目前时期的主要矛盾，解决这个主要矛盾就是我们的中心任务。"①

正是在上述阐释的基础上，1981年6月27日召开的党的十一届六中全会通过的《关于建国以来党的若干历史问题的决议》，充分肯定了党的八大时的提法并对我国社会主要矛盾做出规范表述："在社会主义改造基本完成以后，我国所要解决的主要矛盾，是人民日益增长的物质文化需要同落后的社会生产之间的矛盾。"党和国家工作的重点逐步转移到以经济建设为中心的社会主义现代化建设上来，大大发展社会生产力，并在这个基础上逐步改善人民的物质文化生活，同时这也成为党在改革开放和社会主义现代化进程中制定各项路线、方针和政策的重要依据。

（四）中国特色社会主义进入新时代党对社会主要矛盾的定位

党的十八大以来，以习近平同志为主要代表的中国共产党人，创立了习近平新时代中国特色社会主义思想，推动中华民族迎来了从站起来、富起来到强起来的伟大飞跃。习近平总书记以马克思主义矛盾理论为依据，紧密结合新时代中国具体实际，对社会主要矛盾做出新的重大判断，推进了马克思主义矛盾理论的创新。②经过长期努力，中国特色社会主义进入了新时代，这是我国发展新的历史方位。中国特色社会主义进入新时代标志着我国社会主要矛盾也发生了新变化。党的十九大对新时代我国社会主要矛盾做出了新概括，即："中国特色社会主义进入新时代，我国社会主要矛盾已经转化为人民日益增长的美好生活需要和不平衡不充分的发展之间的矛盾。"③关于我国社会主要矛盾发生变化的原因，党的十九大报告指出我国稳定解决了十几亿人的温饱问题，总体上实现小康，不久将全面建成小康社会，人民美好生活需要日益广泛，不仅对物质文化生活提出了更高要求，而且在民主、法治、公平、正义、安全、环境等方面的要求日益增长。同时，我国社会生产力水平总体上显著提高，社会生产能力在很多方面进入世界前列，更加突出的问题是发展不平衡不充分，这已经成为满足人民日益增长的美好生活需要的主要制约因素。

我国社会主要矛盾变化是关系中国特色社会主义建设全局的历史性变化，这一变化要求我们必须在继续推动发展的基础上着力解决好发展的不平衡不充分问题，更好

---

① 邓小平：《邓小平文选》（第二卷），北京，人民出版社，1994年，第182页。
② 韩艳红：中国共产党百年来把握社会主要矛盾的三重逻辑，载《马克思主义研究》，2021年第12期，第45-54页。
③ 习近平：《决胜全面建成小康社会 夺取新时代中国特色社会主义伟大胜利——在中国共产党第十九次全国代表大会上的报告》，北京，人民出版社，2017年，第11页。

满足人民在经济、政治、文化、社会、生态等方面日益增长的需要。当然，我们也必须同时看到："我国社会主要矛盾的变化，没有改变我们对我国社会主义所处历史阶段的判断，我国仍处于并将长期处于社会主义初级阶段的基本国情没有变，我国是世界最大发展中国家的国际地位没有变。"①

总之，中国共产党对我国社会主要矛盾的认识是随着时代发展和我国国情的具体变化而不断与时俱进的，党对我国社会主要矛盾认识不断深化的过程，标志着我们党对人类社会发展规律、对社会主义建设规律的认识达到了一个新境界，是马克思主义矛盾学说的新发展，也是马克思主义中国化的新发展。

创 业 启 迪

回顾百年党史，我们能够深切感受到中国共产党无论在任何时期都能深刻把握社会主要矛盾并据此"运筹帷幄、决胜千里"，带领人民在进行革命、建设、改革发展的进程中取得伟大胜利，其中的一些经验等对于我们创业来说也是行之有效甚至帮助极大的。

1. **正视矛盾、分析矛盾才能看到主要矛盾**。辩证唯物主义告诉我们，矛盾的发展变化是社会前进的动力，其中主要矛盾起着领导和决定作用，并规定、影响着其他矛盾的存在和发展。矛盾无处不在，我们不能无视和回避其存在，必须勇敢清醒地面对矛盾，承担起我们的使命与责任，以实事求是的态度去多分析和总结问题。100多年来，中国共产党不仅始终胸怀大局、未雨绸缪，更是犀利地找准和灵活地驾驭了各个历史时期的主要矛盾，并使嘉兴南湖上的一叶扁舟转变为得以乘风破浪的巍巍巨轮。因此，创业过程中我们也必须紧贴实际进行分析和总结，正视自身问题，抓住痛点。如我们在创业过程中进行一些战略抉择的时候，需要牢牢围绕实际需求和痛点进行切入，抓住主要矛盾，从而寻求最优方案解决问题。又如，我们也会在创业过程中会面临产品问题、市场问题、人才问题等众多问题，同样需要立足于实际需要，认真分析并集中力量找出主要矛盾即主

---

① 习近平：《决胜全面建成小康社会　夺取新时代中国特色社会主义伟大胜利——在中国共产党第十九次全国代表大会上的报告》，北京，人民出版社，2017年，第12页。

要问题，以此作为解决复杂问题的突破口和重点，进而实现掌控全局和事半功倍的目的。

2. **在解决主要矛盾的同时，也要抓住非主要矛盾**。在事物的矛盾体中，非主要矛盾虽然受主要矛盾的支配和影响，但它不是消极被动的因素，是可以制约和影响主要矛盾的，且在一定条件下主要矛盾和次要矛盾、矛盾的主要方面和次要方面是会相互转化的。因此我们在创业的过程当中，既要看到主要矛盾和矛盾的主要方面、坚持抓重点，又要看到次要矛盾和矛盾的次要方面，学会全面地看问题，做到主次分明，合理协调解决。

二、及时"纠错"，定期"复盘"

> **创业知识小课堂** 迭代、优化与复盘
>
> 创业很多时候是没有前人经验可借鉴的，因此陷入错误的旋涡中也是不可避免的。然而有的团队在挫折中越陷越深最终销声匿迹，而有的团队却能及时纠正错误并规避更大风险从而起死回生。有效降低风险与错误的概率甚至做到规避，是需要创业团队在创业过程中不断调整并完成迭代与优化的。
>
> 迭代是一种不断重复反馈过程的活动，目的是能够更进一步地接近或者实现所需目标或结果。创业团队通过创业机会迭代可以实现可持续发展，通过产品迭代可以实现竞争力的增强，通过创业团队内部的迭代可以完成团队的优化与整合。
>
> 复盘，棋类术语，普遍用于围棋、象棋、国际象棋等棋类活动中，在围棋中也称"复局"。下棋的高手都有复盘的习惯。复盘就是每次对局结束以后，双方棋手把刚才的对局重复一遍，这样可以有效地加深对这盘对弈的印象，也可以找出双方攻守的漏洞，是提高自己水平的好方法。复盘就是系统性地进行反思、迭代和优化的过程。复盘更在意整个

> 过程的重复，再代入角色扮演，再思考。"复盘"一词已经超越了棋术范畴，走进人们的日常工作生活。
>
> 因此，在创业过程中，迭代不只是枯燥的重复，创业者或创业团队要做好各方面的迭代与优化，积极跟进各种信息，并及时进行反思与复盘，在一次次的调整与进步中积累下走向创业成功的基石。

中国共产党在百年历史中也经历了各种生死攸关的艰难险阻，中国共产党总是能及时地总结教训、积累经验，有效化解了各类重大风险，在一场场历史性考试中经受住考验，其中的奥秘值得学习。

1930年，在国民党各派军事势力混战大规模爆发、革命运动明显走向复兴时，受多方因素影响的李立三等人认为革命形势已在全国成熟。同年6月11日召开的中共中央政治局会议上，李立三起草的《目前政治任务的决议》（即《新的革命高潮与一省或几省首先胜利》）被通过了。至此，李立三"左"倾冒险错误在中共中央取得了统治地位。

《目前政治任务的决议》对革命形势做了错误估计，主要表现在以下三个方面。一是对形势做了根本错误的估计，认为"总的形势，都表明中国新的革命高潮已经逼近到我们的前面了"，并"有极大的可能转变成为全国革命的胜利"。二是主张要大干，举行全国性的武装暴动。三是坚持"城市中心论"的错误观点，反对以农村包围城市，机械地搬用俄国十月革命的经验，认为只要在产业区域或政治中心突然爆发一个伟大的工人斗争，就可以立即通过武装起义实现一省或几省的首先胜利，建立全国性的革命政权，进而夺取全国所有省区的胜利。四是认为一省或数省首先胜利，就是向社会主义革命转变的开始。因为对革命形势所作错误估量，李立三"左"倾冒险错误使党和革命事业遭到严重的损失：一是使得农村根据地缩小，红军在进攻大城市时也遭到很大损失；二是国民党统治区内，许多地方的党组织因急于组织暴动而暴露了原本就很有限的力量，使得先后11个省的省委机关遭到破坏，武汉、南京等城市的党组织几乎全部瓦解；三是使得许多共产党员、共青团员和革命群众等也因此遭受到敌人的捕杀。[①]

但是中国共产党迅速认识到错误并抓住了问题的关键，及时根据事情的实际情况进行调整与反思。周恩来与瞿秋白从苏联回国，贯彻共产国际政治书记处七月扩大

---

① 金冲及：中国共产党在革命时期三次"左"倾错误的比较研究，载《党的文献》，2000年第2期，第65–81页。

会议的决议,纠正李立三等的错误。会议接受了共产国际七八月间关于中国问题的一系列决议,通过了《关于政治状况和党的总任务议决案》《对于中央政治局报告的决议》等;改选了中央政治局,将毛泽东重新选为中央政治局候补委员,把朱德等选入中央委员会。同时,中国共产党领导人根据实际情况进行反思总结,立足于实际进行方针政策的调整,正如周恩来在会上做《传达国际决议的报告》指出:"今天尚没有全中国客观革命形势,也就是在今天尚不是全国的直接武装暴动的形势"[①],并批评李立三等对革命形势发展的速度和革命力量的现状做了过高的估量。会后李立三离开了中央领导岗位,城市暴动计划取消,党、团、工会的组织重新恢复。总的来说,"立三路线"中的主要错误基本在实际工作中逐渐得到纠正与解决,整体工作逐步回到正轨。

创 业 启 迪

创业是一项极其复杂的系统工程,涉及人的管理、产品销售、财务管理、税务融资、法律纠纷处理等很多环节,一次成功的人少之又少,因此我们在整个创业过程中需要反复总结经验和吸取教训,以此完成迭代与优化。从某种程度上讲,创业过程中试错是常态。但是我们不能在错误、失误等中"跌倒",而是要在经历过错误之后获得成长与进步,及时弥补不足,找出问题,我们从中国共产党的纠错经验中也可以受到很好的启发。

1. 要定期"复盘"总结经验,明确方向。创业管理中经常用"复盘"这个词,是指对创业过程的还原、分析以及路径思考,反思过程中自己的不足和总结经验,以此优化自己在创业过程中的选择与方案。比如,中国共产党定期召开党代会,正是通过对过去"复盘",以此认识到自己的不足,并积极总结与调整,以更好地朝目标奋斗。在创业过程中,创业者们更是要做到定期复盘,不断根据实际情况调整方向与优化选择。

[①] 中央档案馆编:《中共中央文件选集》(第六册),北京,中共中央党校出版社,1989年,第366页。

2. 要建立行之有效的"纠错"机制。"纠错"不能够仅仅停留在理论层面，还需要将理论运用到实践中去并建立行之有效的机制，只有这样才可以长期有效地减少犯错和长期陷入"错误"并被错误"拖垮"的概率。中国共产党在不断发现问题、纠正错误的过程中，形成的批评与自我批评、会议纠错制度、巡查制度、主题教育等经验，对创业者或者创业团队来讲都是非常好的借鉴。

三、永怀"赶考"之心，以应风险之考

创业知识小课堂 创业风险与风险控制

创业时风险和利益往往是相互关联的，在巨大的利益诱惑面前，创业者往往会忽视其伴随的风险，最终导致失败。因此，如何在利益与风险之间进行取舍，是创业者需要慎重考虑和决策的。

在创业过程中，创业者面临着各种风险和危机，流行与时尚的转变、政治与社会事件等都会影响到创业企业的运营与发展。从根本上说是因为企业是一定环境中生存的有机体，市场环境的状况都会影响到创业企业的生存基础与活动舞台。在威胁企业生存发展的危机或者风险因素中，火灾、交通事故等可以通过保险制度规避，但与事业发展相关的大部分风险是无法通过保险制度规避的，而是与发展和成长相伴随的。如消费重心的转移、新技术与新行业的出现等，以及企业内部也存在着腐化、忘记初心等风险。

应对这些风险，创业者要心怀"赶考"精神，不忘初心，戒骄戒躁。应对来自竞争的风险，需要丰富自身有关竞争的知识与经验，强化自己的资源优势与能力，掌握有关对手的情报信息，以便针对竞争对手的战略和可能出现的情况采取相应对策。应对由于环境变化带来的风险，创业者需要预见性地把握本行业发展变化的趋势，及时捕捉相关的情报信息，对自己的企业进行调整与完善，以应对风险之考。

作为革命领袖，毛泽东有着非凡的洞察力和战略远见，曾敏锐地识别到资本主义的利诱和组织内部的自满，给全党及时上了警钟，提醒全党要防止骄傲自满的情绪，警惕资产阶级糖衣炮弹的进攻，同时为执政党的建设提出新的课题和任务，使得全党广大干部在全国革命胜利以后，继续保持清醒的头脑，继续保持艰苦奋斗的优良传统作风。

让我们一起穿越时空：
当大家都兴高采烈时，毛泽东反而担心起来——他在担心什么呢？

（来源：电影《决胜时刻》）

1949年，中共中央和人民解放军总部离开西柏坡向北平进发的那一天，毛泽东与周恩来曾进行过一段著名的对话。

这一天毛泽东显得精神焕发，非常高兴。据他身边的工作人员回忆：头一天晚上，毛泽东批阅完最后一批文件以后，在窗前眺望并一支一支地抽起烟来，直到23日凌晨三四点才上床睡觉。等第二天毛泽东醒后，周恩来迎上去问：“没有休息好吧？应该多休息一会儿才好，长途行军是很累的。”

毛泽东说：“今天是进京的日子，不睡觉也高兴呀。今天是进京'赶考'嘛！进京'赶考'去，精神不好怎么行呀？”

周恩来接着说：“我们应该都能考试及格，不要退回来。”

毛泽东答道：“退回来就失败了。我们绝不当李自成，我们都希望考个好成绩。”①

毛泽东和周恩来真的是去北平考试了吗？显然不是，他们去北平为的是一件关乎全国人民的大事——成立新中国。在新中国成立前夕，毛泽东把入驻北平、成立新中国喻为"进京赶考"，这是为什么呢？

当时，中国共产党历经28年的革命即将取得胜利，一路走来属实不易。但在中国共产党成为执政党前夕，党面临的新挑战与风险之一是党内一部分思想准备不足的党员干部，甚至认为革命已经结束，从而滋生了一些官僚主义、骄傲自满等思想。

在中国历史上，因为骄傲自满、腐化变质导致失败的例子实在太多了。在艰苦的生活过去之后，党内很可能产生不求进步以及贪图享乐、不愿再过艰苦生活的情绪。胜利容易使人骄傲自满，而骄傲又会使人忘乎所以，不思进取，贪图享乐。因此毛泽东指出，在夺取全国政权这个伟大的胜利面前，能不能保持清醒的头脑，能不能跳出

---

① 阎长林：《警卫毛泽东纪事》，长春，吉林人民出版社，1992年，第379—390页。

"成功—骄傲—腐化—失败"的历史周期率,是对全党及每一个党员干部的重要考验,因此他提出:"务必使同志们继续地保持谦虚、谨慎、不骄、不躁的作风,务必使同志们继续地保持艰苦奋斗地作风。"①

此外,国内外的敌对势力都不愿意看到中国共产党的胜利、人民民主政权的诞生。随着东方的社会主义世界的日渐壮大,以美国为首的资本主义国家慢慢明白以武力直接消灭社会主义体系是很难办到了,所以他们想出一个长期计划即思想渗透,让中国养成"享乐"等恶劣思想,也就是毛泽东所说的"糖衣炮弹",从而达到腐蚀中国的目的。他们打来的炮弹是外层包了"糖衣"的,尝起来是甜的,等我们"沉溺"在里面,这个炸弹就会爆炸并造成不可估计的伤害,从而达到他们征服中国的目的,这对好不容易可以喘一口气的党员干部可以说是致命的武器。

在革命胜利后,敌我斗争的领域主要由军事战场转向思想战场。幸运的是,毛泽东清醒地预见到了这种情况,并告诫全党:"可能有这样一些共产党人,他们是不曾被拿枪的敌人征服过的,他们在这些敌人面前不愧英雄的称号;但是经不起人们用糖衣裹着的炮弹的攻击,他们在糖弹面前要打败仗。我们必须预防这种情况。"②

毛泽东所提倡的"赶考"精神,是永远保持谦虚、谨慎、不骄、不躁的作风和艰苦奋斗作风的精神,是清正廉洁、克己奉公的精神,是不畏困难、锐意进取的精神。中国共产党以"赶考"精神带领中华民族实现伟大复兴,以"赶考"精神为中国人民谋幸福,在百年来不同历史时期所交出的时代答卷,彰显了中国共产党对初心的坚守和历史担当,是中国共产党发展史中的宝贵财富,且"赶考永远在路上"。

创 业 启 迪

> 创业过程中的风险多种多样,可能来自管理者能力不足,可能来自内部员工的懈怠懒散,可能来自内部舞弊,也可能来自缺乏社会责任……对于创业者而言,应当对未来的风险进行全面识别,对风险的忽视,可能导致团队的破产及消亡。作为创业者,我们也要永怀"赶考"之心,创业才会越走越远,越走越稳。

---

① 毛泽东:《毛泽东选集》(第四卷),北京,人民出版社,1991年,第2版,第1439页。
② 同上,第1438页。

1. **警惕"舒适区"**。"舒适区"是一个让我们感到舒适的习惯性行为模式和心理状态,又称心理舒适区。在这个区域内,我们会感到舒适、放松、有安全感,而这往往是能力大于挑战的结果,且人们固有的习惯、观念、行为方式、思维方式和心理定式都会使得人们不自觉地停留在舒适区。但这种"舒适"是一种不可持续的假象,因为每当我们持续感觉到"舒适"时,必将故步自封,甚至退步。美国心理学家诺尔·迪奇(Noel Tichy)的研究把人的知识和技能分为层层嵌套的三个圆形区域,最内一层是"舒适区",是已经熟练掌握的各种技能;最外一层是"恐慌区",是暂时不管如何努力都基本不可能学会的技能;二者中间则是"学习区",只有在"学习区"里不断练习与成长,一个人才可能进步。当初毛泽东主动提出"两个务必"以及"不做李自成",就是警惕舒适区并及时应对风险挑战的表现。创业是一个持续接触新鲜事物、持续进步的过程,也是一个需要时刻应对风险挑战的过程,如果在舒适区里"躺平",我们恐怕离创业失败就不远了。①

2. **学会"系统思考"与风险控制**。当意识到自己应该走出舒适区时,应该怎么做?这是个更难的问题,因为盲目"走出舒适区"可能会适得其反。我们进入舒适区可能是方向错误,可能是偏离初心,也可能是团队管理问题,等等。因此我们在没有找到限制增长的关键因素前,先不要贸然行动,需要系统思考,小成本试错,探索走出舒适区的路径。正如毛泽东主席提出"夺取全国胜利是万里长征走完的第一步",就是基于系统思考后得出的结论。胜利后,能否继续保持革命政党的本色、保持为人民服务的宗旨、经受住执政的考验、巩固执政地位,这是全国胜利后的重点发力方向。同时创业者也要学会风险控制,及时把握市场环境与竞争带来的风险,并因地制宜地采取相对应的措施与方案,并且在这个过程中,创业者也需要关注到企业自身内部与创业者等人员的内部风险,要坚守初心,不断创新。

创业取得阶段性胜利并非难事,而持续地创造价值不容易做到。我们需要在系统思考后,走出舒适区,系统化地干预动作并制定恰当的战略目标,才能使创业团队不断创造价值、创造辉煌。

---

① 朱洪园、樊江涛:"进京赶考"由此出发,载《中国青年报》,2021年2月3日,第3版。

四、重温经典窑洞对，跳出"历史周期率"

> **创业知识小课堂** 企业生命周期

在创业过程中，根据被投资创业企业发展阶段，可以将其分为种子期、初创期和成熟期等，如图 7-1 所示。其中，种子期指尚处于酝酿和萌芽阶段的企业，这时候企业仅有原型产品或概念等，销售收入比较少或者没有。初创期指企业的产品等方面已经初具规模，营收加速增长。成熟期指企业营收稳定增长，各方面模式经营较为成熟，在所处行业具有较强的竞争与生存能力。但是在这个过程中，经营不好的企业也会走向衰退，因此创业者或创业团队也要随时根据环境变化进行调整和优化，同时在创业过程和产品设计过程紧紧贴合顾客需求，并做好各方面的监督机制。

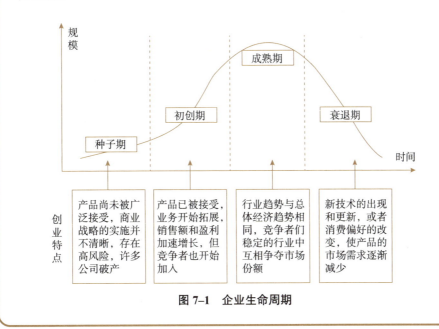

图 7-1 企业生命周期

1945 年 7 月初，黄炎培、章伯钧、傅斯年等 6 人以个人身份组成国民参政员访问团赴延安。黄炎培是当时著名的教育家、爱国民主人士，也是中国民主建国会的创始人，他在《延安归来》这本书里写下了他在延安的所见所闻。这 5 天的延安之行，对当时年近古稀的黄炎培来说收获颇丰且感触颇多,并让他对中国的光明前途有了新的信心和希望。

在黄炎培访问延安之行期间,毛泽东和他有过一段对话,这便是后来著名的"窑洞对"。毛泽东问黄炎培这几天感想如何,黄炎培引用《左传》《中庸》等典章,提出了"历史周期率"之问:"我生六十多年,耳闻的不说,所亲眼看到的,真所谓'其兴也勃焉,其亡也忽焉',一人,一家,一团体,一地方,乃至一国,不少单位都没能跳出这周期率的支配力。大凡初时聚精会神,没有一事不用心,没有一人不卖力,也许那时艰难困苦,只有从万死中觅取一生。继而环境渐渐好转了,精神也就渐渐放下了。有的因为历时长久,自然地惰性发作,由少数演为多数,到风气养成,虽有大力,无法扭转,并且无法补救。也有为了区域一步步扩大了,它的扩大,有的出于自然发展,有的为功业欲所驱使,强求发展,到干部人才渐见竭蹶、艰于应付的时候,环境倒越加复杂起来了,控制力不免趋于薄弱了。一部历史,'政怠宦成'的也有,'人亡政息'的也有,'求荣取辱'的也有。总之没有能跳出这周期率。中共诸君从过去到现在,我略略了解的了。就是希望找出一条新路,来跳出这周期率的支配。"针对上面这个问题,毛泽东坚定地答道:"我们已经找到新路,我们能跳出这周期率。这条新路,就是民主。只有让人民来监督政府,政府才不敢松懈。只有人人起来负责,才不会人亡政息。"即面对"历史周期率",中国共产党在长期的革命实践中总结出来的,一是靠民主,二是靠人民监督政府。①

"历史周期率"之问,深刻影响着我们党执政的方针政策。正如毛泽东在《论联合政府》一文中所提出的:"我们共产党人区别于其他任何政党的又一个显著标志,就是和最广大的人民群众取得最密切的联系。全心全意地为人民服务,一刻也不脱离群众;一切从人民的利益出发,而不是从个人或小集团的利益出发;向人民负责和向党的领导机关负责的一致性,这就是我们的出发点。"②除此之外,中国共产党能够抓住最核心的本质,一是党一直坚持一切从实际出发,能够根据实际情况制定相关的奋斗目标和规划;二是党进一步深化政治体制改革,加强反腐倡廉工作的建设,即"两手抓,两手都要硬,一手抓教育和惩治,一手抓制度和体制创新建设";三是建立完善的监督机制,让权力在阳光下运行,如党的十八届三中全会提出:"让人民监督权力。"③

---

① 黄炎培:《延安归来》,重庆,重庆国讯书店,1945年,第64—65页。
② 毛泽东:《毛泽东选集》(第三卷),北京,人民出版社,1991年,第2版,第1094页。
③ 中国共产党第十八届中央委员会第三次全体会议公报,载《人民日报》,2013年11月13日,第1版。

"窑洞对"没有过去时，只有进行时。在不断深化改革的今天，跳出历史周期率，仍然面临着新的挑战。新时代的党中央继承了老一辈革命家开创的事业与精神，积极带领全党接受"四大考验"，以"刮骨疗毒、壮士断腕"的意志反腐倡廉，努力保持中国共产党人的先进性，保持与人民群众的血肉联系，并积极致力于建设中国特色社会主义，实现中华民族伟大复兴，推动构建人类命运共同体。①

创 业 启 迪

党的二十大报告提出了目前我们面临的困难和问题：发展不平衡不充分问题仍然突出，推进高质量发展还有许多卡点瓶颈，科技创新能力还不强；确保粮食、能源、产业链供应链可靠安全和防范金融风险还须解决许多重大问题；重点领域改革还有不少硬骨头要啃；意识形态领域存在不少挑战；城乡区域发展和收入分配差距仍然较大；群众在就业、教育、医疗、托育、养老、住房等方面面临不少难题；生态环境保护任务依然艰巨；一些党员、干部缺乏担当精神，斗争本领不强，实干精神不足，形式主义、官僚主义现象仍较突出；铲除腐败滋生土壤任务依然艰巨；等等。②对这些问题，我们已经采取一系列措施加以解决，今后必须加大工作力度。全面地规避风险，我们需要怎么做？

1. **要有长远的目标与计划，加强对新情况的研究。**打破"周期率"是一个长期的历史进程，不可能一次完成，也不可能一劳永逸。时代在前进，实践无止境。对于我们党来说，只有研究新情况，解决新问题，一心一意谋发展，聚精会神搞建设，才能交出让人民满意的答卷。对于创业者来说，更是要具备忧患意识和全局观念，面对可能遇到的风险和挑战，要拥有良好的心态，及时做出判断并制定相应的对策。同时要能根据实际情况制定长远的目标与计划，且在将理论应用到实践的过程当中不断调整目标与计划。

---

① 周溯源：走出历史周期律的新路探索——以毛泽东回答"黄炎培之问"为主线，载《毛泽东邓小平理论研究》，2020年第5期，第49–66、109页。
② 习近平：高举中国特色社会主义伟大旗帜　为全面建设社会主义现代化国家而团结奋斗——在中国共产党第二十次全国代表大会上的报告，载《人民日报》，2022年10月26日。

2. **建立行之有效的监督机制**。中国共产党从成立之初就高度重视监督工作,在发展过程中逐步建立了完善的监督机制,并不断创新和推进监督全覆盖,使得"有权必有责,用权受监督"。因此创业者或创业团队在创业过程当中也要做好相关的监督工作,并在中国共产党的领导之下建立属于自己企业且行之有效的监督机制,为创业成功提供可靠的保障。

3. **要敢于善于自我革命**。我们党的伟大不在于不犯错误,而在于从不讳疾忌医,敢于直面问题,勇于自我革命。我们党历经百年沧桑依然风华正茂,其奥秘就在于具有自我净化、自我完善、自我革新、自我提高的强大能力。实践证明,只要始终做到坚持真理、修正错误,我们党就能永葆先进性和纯洁性,永远立于不败之地。创业组织在发展到一定阶段的时候,就需要有自我革命的意识,不能有躺平的思想、不主动服务的懒惰、不积极进取的斗志。

第二节 控制风险,永葆青春

学习目标

1. 了解中国共产党百年历程中的初心。
2. 学习不忘初心、牢记使命的重要性。
3. 学会在困难面前坚定信念;学会在各种诱惑与挫折中坚守初心。

五、不断自我革命，一直"走在路上"

> **创业知识小课堂** 价值观
>
> 我们常说"创业没有成功的一天，只有一天的成功"，意思是说在创业路上的创业者或者创业团队必须时刻保持警醒。不少创业者能够洞察行业的变革趋势，也有不少创业者拥有优秀的团队和较强竞争力的产品团等，但最终能够将事业做成功、做长久的却寥寥无几。不少创业失败者在回忆时都提到导致失败往往不是其他因素，而是内部原因。因此组织文化对于一个创业团队来说具有非常重要的意义，尤其是蕴含在组织文化中的价值观。
>
> 就一个组织而言，价值观是组织文化的核心与基石，是组织基本概念与最高目标和宗旨的集中反映及体现，是组织内部衡量事物重要与否和优劣与否的根本标准。价值观需要有一脉相承的稳定，需要有正确的政治取向，需要成为全体组织成员的共识，但也需要随着时代的变化与发展进行调整与优化。一个良好的创业团队与组织应该具有"自我革命"的勇气与信心，并要一直走在这条路上。

金冲及在《决战》一书中详细描述了辽沈、淮海、平津三大战役的战略流程，讲述的是解放战争的三大战役。在书中国共两党开展了艰巨而复杂的斗争，但是国共两党之间却呈现出鲜明的对比，共产党这边纪律严明、信仰坚定、团结一心、与群众密切联系，而国民党这边却呈现出信念缺失、派系林立、纪律败坏、腐败盛行、官兵对立的画面。不禁让人反思，真正让国民党最后走向兵败如山倒局面的其实是自己。[1]

1948年，蒋介石曾在一次讲演中说道："老实说，在古今中外任何革命党都没有像我们今天这样颓唐腐败；也没有像我们今天这样的没有精神，没有纪律，更没有是非标准，这样的党早就应该被消灭、被淘汰了。"[2] 为什么曾经人们视为可以拯救中国的希望之党沦落到这般田地？问题就出在自己身上。早在1927年国共第一次合作破

---

[1] 金冲及：《决战——毛泽东、蒋介石是如何应对三大战役的》，北京，生活·读书·新知三联书店，2012年。
[2] 周敬青：中国共产党独特而强大的组织优势，http://www.qstheory.cn/dukan/hqwg/2019-11/11/c_1125217515. htm，访问日期：2024年1月4日。

裂后，国民党的作风就开始败坏了。一位观察力敏锐的外国人乔治·索凯尔斯基曾在1928年就指出："奢侈和豪华"已成为国民党官员特有的生活方式。在抗战胜利以后，人们曾经也把希望寄托在国民党身上，沦陷区人民渴望国民党中央派人前去接收之后能够过上好日子。但是终究事与愿违，国民党接收大员不仅没有一切从人民群众的实际需要出发，反而是贪婪地搜刮民财，巧取豪夺，把原沦陷区搞得乌烟瘴气，怨声载道。民众失望地讥称那些接收大员是"五子登科"，即只知道掠夺金子、房子、车子、票子、女子；"三迷成风"，即财迷、色迷、官迷成风；"三洋开泰"，即捧西洋、爱东洋、要现洋。当时，北平流传着这样的民谣："盼中央，望中央，中央来了更遭殃""想老蒋，盼老蒋，老蒋来了米面涨"。① 国民党在败退台湾之后，蒋介石总结了失败的原因，他认为，国民党"并不是被'共匪'打倒的，实在是我们自己打倒了自己！"

反观共产党，毛泽东一直坚持，决定战争的因素是人不是物，"力量对比不但是军力和经济力的对比，而且是人力和人心的对比"②，而"军力和经济力是要人去掌握的"③，所以共产党一贯把加强党的建设视为党的生命。正如司徒雷登在总结国民党失掉大陆的原因时，也曾经如此说："共产党之所以成功，在很大程度上是由于其成员对它的事业抱有无私的献身精神。"④ 可悲的是国民党缺乏这种精神。

可见，创业路上我们最大的敌人往往是自己。如何能保持团队思想统一，持续发展呢？中国共产党给了很好的答案，即始终高度重视自身建设，高度重视自我净化，永保自身的纯洁性和先进性。如果说在革命时期，中国共产党有着明确的敌人，而到了建设和改革时期，敌人越发趋向暗处的时候，加强自身建设就显得更加重要了。

1. 新中国成立不久的"三反"运动

1950年，新中国刚成立不久，我国物价好不容易较为稳定，但由于过去通货膨胀的问题，发生了商品滞销、工厂关门、商店歇业、职工失业等问题。为了解决这些问题，快速恢复国民经济，我国采取了一系列政治经济措施，包括私营工业的加工订货和产品的统购包销、适当提高工人的工资和福利待遇、按照"以销定产"的方式进行计划生产。⑤

---

① 谢春涛：为什么能建立新中国，载《光明日报》，2011年5月4日，第9版。
② 王喆：决定的因素是人不是物，载《解放军报》，2018年5月9日，第7版。
③ 毛泽东：《毛泽东选集》（第二卷），北京，人民出版社，1991年，第2版，第469页。
④ 选择：凝聚在信仰的旗帜下——写在中国共产党成立90周年（上），载《中国青年报》，2011年6月29日，第5版。
⑤ 徐泽琪：价值观与廉政文化：深入推进反腐败斗争的思想支撑——"新时代共产党人价值观与廉政文化建设"会议综述，载《廉政文化研究》，2020年第1期，第6页。

这些措施执行后，我国工商业得到迅速发展。但腐败问题也随之而来，一些不法分子以行贿、偷税漏税、盗骗国家财产、偷工减料、盗窃国家经济情报等手段牟取暴利。如石家庄市委副书记刘青山和天津地委书记张子善合谋，克扣补助粮款、倒卖钢材、吸食毒品、非法经营，贪污共达 3.78 亿元（旧币），给国家造成重大损失，也严重影响了党员干部在老百姓心中的形象，给党的事业发展带来巨大风险。

于是，党立刻开展反贪污、反浪费、反官僚主义的运动，也就是"三反运动"。以"严肃与宽大相结合、改造与惩治相结合"为方针，规定了对贪污分子的处理办法。在运动中，各地揭露了一批严重的贪污盗窃案件，并先后召开了坦白检举大会或公审大会，对于严重犯罪分子依法严惩。

2. **逐渐明确的"制度反腐"**

反腐工作一以贯之，反腐败斗争事关党和国家生死存亡，党始终坚持把反腐败斗争摆在极为重要的位置。

改革开放之后，我国的经济活力被大大激发，我们走上了经济飞速发展的快车道，但问题和风险也随之而来，腐败出现日益严重的趋势。邓小平立刻指出，"要想解决腐败问题，必须坚决改革现行制度中的弊端，否则过去出现的一些严重问题今后就有可能重新出现"。①邓小平的发言指出了制度反腐的重要性，虽然还处于"摸着石头过河"的探索阶段，但也是从这个时候开始，我国逐渐认清了反腐工作的基本规律——制度反腐。

随后党的十三届四中全会贯彻了邓小平制度反腐的思想，不断推进反腐败工作的制度化、法治化和程序化。之后，党的十五大明确地提出建设社会主义法治国家的宏大目标，这个时期党对反腐倡廉制度建设给予了前所未有的重视，逐渐认识到反腐败工作不能仅仅依靠事后的打击，而必须要依靠制度从源头上预防和防范腐败的发生与蔓延。

党的十六大召开后，反腐建设进入了一个可持续发展的快车道。对"反腐"的认识从中央倡导变为全社会共识，反腐倡廉的目标由单一制度向配套化的制度体系转变，制度建设的重心由侧重惩治向注重惩防并举转变，对反腐也从被动应急向主动应对转变，甚至建立了相应的反腐机构，这也表明中国已经走上科学化制度反腐的道路。②

---

① 余宇莹：浅析互联网企业内部腐败的防控措施，载《投资与创业》，2019 年第 2 期，第 2 页。
② 郑桂梅：认清反腐败形势加强廉政风险防控，载《企业党建》，2015 年第 8 期，第 14 页。

3. 从"星火燎原""进京赶考"到夺取反腐败斗争"压倒性胜利"

党的十八大以来，以习近平同志为核心的党中央以强烈的历史责任感、深沉的使命忧患意识和顽强的意志品质，大力推进党风廉政建设和反腐败斗争，在这场"输不起的斗争"中向党和人民交出了一份优异的答卷。我国不断完善党和国家监督体系，把党内监督与国家机关监督统一起来，把纪律检查与国家监察统一起来，把依规治党与依法治国统一起来，走出一条自我革命、拒腐防变的新路。

查处腐败大案要案毫不手软，形成强大震慑效应；探索实践监督执纪"四种形态"，有效遏制腐败蔓延势头；锲而不舍落实中央八项规定精神，以党风带动政风民风好转；狠抓国际追逃追赃，让腐败分子无藏身之地；推动正风反腐向基层延伸，着力解决群众身边的腐败问题……正风、肃纪、惩贪，"打虎""拍蝇""猎狐"，一系列反腐重拳让中国共产党赢得了广大人民的高度认同和坚定支持。人民群众在党风政风不断转变中得到了实实在在的利益，我们党也在一次次革命中焕发出生命力。坚持自我革命是我们党在百年奋斗中总结出的一条历史经验。《中共中央关于党的百年奋斗重大成就和历史经验的决议》明确指出，自我革命是党永葆青春活力的强大支撑。党坚守着自己的初心与使命，不断增强勇于自我革命的政治自觉，在成长、历练中书写了一个百年大党"自我革命"的崭新篇章。①

创 业 启 迪

创业过程中，加强组织内部文化建设是保持组织先进性和纯洁性非常重要的一环，也是创业保持生命力的基础。对于一个创业团队来讲，如何让团队每个成员都能保持清醒的头脑，保持奋斗的意志，保持服务用户的心，需要科学开展组织内部管理和监督，让每个成员都能够遵守团队利益、服从大局安排。有些创业团队由于对内部风险重视不够，出现思想、作风、纪律甚至腐败等问题时处理不到位，影响了良好创业风气的形成，同时也影响了一个创业团队的持续性发展，使得创业最终走向失败。因此，当团队自身内部出现问题或风险的时候，我们要及时治理，绝不能讳疾忌医，要像中国共产党对待反腐问题一样，敢于向自我开刀，敢于向痛点问题出狠手。

---

① 中共中央关于党的百年奋斗重大成就和历史经验的决议，载《光明日报》，2021年11月17日，第1版。

1. **充分认识组织文化建设的重要性**。很多创业者或者创业团队在创业过程中，往往会忽视掉组织文化建设，或认为组织文化可以被口号等内容简单地一概而论，或没有随着时代的变化及时对组织文化进行调整，因此大多数走向了失败的结局。组织文化在创业组织建设与发展中扮演着非常重要的角色，尤其对于扎根并不稳定的创业组织来讲，组织文化建设的好坏不仅影响创业组织的长久发展，甚至与创业是否成功息息相关。良好的组织文化可以建构起底蕴深厚、内容丰富且广泛认同的价值观体系，而这不仅可以进一步增强组织内部的凝聚力，也具有较强的内部激励作用，且在良好的组织文化基础上形成的行为规范在一定程度上具有行为约束与调控等功能，在这种氛围熏陶中成长与建设的创业组织会拥有自己非常鲜明的优势与鲜活的生命力。因此，一个良好的创业者或团队需要充分认识到组织文化建设的重要性。

2. **加强和完善组织内部治理体系建设**。通过党的反腐败经验我们也可以学习到党在治理内部风险时，首先是严厉打击，出现腐败问题一定要严惩不纵容；其次是注意防微杜渐，腐败的出现意味着团队已经遭遇了损失，注重预防和从萌芽处入手都可以尽可能降低创业团队的损失与创业失败的风险；最后是形成惩治、监管、制约、预防并存的内部治理体系即全面化的制度体系。一个组织良好的内部治理体系，必然离不开监督。在党组织内部，就如同政府官员与人民群众之间的关系，党组织在"反腐路上"就清晰意识到了人民的监督作用，有力地抵制了资产阶级腐朽思想对革命队伍的腐蚀，并在社会上树立了廉洁朴素的社会风尚。因此对于创业团队而言，除了要有好的产品、好的外部环境外，创业组织内部的治理体系也很重要，要建立成熟的制度，还要有专业的人与部门进行体系的完善，这样不仅利于创业团队早日发现自己的问题，还利于团队进行自我革命以及长久持续地发展。只有组织内部治理得当、不忘初心且时刻保持自我革命的勇气与信念，团队才能取得民心、保持活力并最后走向成功的高峰。

六、与时俱进，打造学习型组织

> **创业知识小课堂** 永葆学习本色
>
> 孟郊曾写道："人学始知道，不学非自然。"创业是一项艰苦卓绝的知识竞赛，比拼的不仅是各类知识的广度，更是专业知识的深度。正所谓不重学则殆，不好学则退，不善学必衰。
>
> 面对当今世界百年未有之大变局，创业者要想乘风破浪、勇立潮头，须做到以下几点。
>
> 1. 要"重学"，重视吸收各类学科知识的思想精华，重视学习不断涌现的新兴技术，只有重视学习，才能在风云变幻的商业市场上厘清思绪、找准方向；
>
> 2. 要"好学"，想要精准识变、科学应变、积极求变，就要化被动为主动，自为地学习创业过程中所需要的一切知识，要用一颗始终热爱学习、想要学习的心去不断完善丰富创业版图的知识结构；
>
> 3. 要"善学"，创业者既要向书本学习，也要在实践中学习，既要在成功中学习方式方法，也要在失败中学习经验教训，既要知道该学什么，也要掌握方式方法，只有"善学"，才能事半功倍、无往不胜！

习近平总书记在党的二十大报告中强调："组织实施党的创新理论学习教育计划，建设马克思主义学习型政党。"[1]中国共产党筚路蓝缕地走过的百年征程也就是不断结合中国实际、深入学习马克思主义，不断推进马克思主义中国化、时代化、大众化的过程。中国共产党是一个伟大的马克思主义学习型政党，广大党员干部既重视学习，更积极好学、机智善学。

近代以来，无数仁人志士为了探索救亡图存的真理而抛头颅、洒热血。在建党之前，李大钊对社会主义充满了信心，他不仅深入研读了马克思主义的许多经典著作，而且学以致用，结合马克思主义理论对当时中国社会问题进行了深入分析，提出了要

---

[1] 习近平：《高举中国特色社会主义伟大旗帜 为全面建设社会主义现代化国家而团结奋斗——在中国共产党第二十次全国代表大会上的报告》，北京，人民出版社，2022年，第65页。

将马克思主义同中国实际问题相结合的伟大构想，指明了马克思主义要走与中国实际相结合的道路。

中国共产党自成立之日起，就接过了历史的交接棒，以马克思主义研学者的姿态走进历史舞台的中央。每位党员的首要任务就是精研细读马克思主义的经典著作，不断用科学理论武装自己的头脑。彼时，全国各地研究马克思主义的学会如雨后春笋般在中国大地上涌现，并提出要"设立党校养成指导人才"[1]，大量翻译马克思主义经典著作并用以指导中国革命斗争的实践。在艰苦卓绝的革命斗争实践中，以毛泽东同志为代表的中国共产党人不断汲取知识。毛泽东同志曾明确指出："马克思主义的'本本'是要学的，但是必须同我国的实际情况相结合。"[2]延安整风运动是中国共产党重视学习、主动学习、善于学习的突出体现，毛泽东同志在《改造我们的学习》等许多文章中积极倡导要将马克思主义同中国具体实际相结合，善于运用马克思主义的立场、观点和方法深度剖析中国革命的现实问题；中国共产党的高级领导干部也是重学、好学、善学的典范，毛泽东同志曾说，开展学习运动的直接原因，就是"领导工作、改善工作与建设大党""如果我们党有一百个至两百个系统地而不是零碎地、实际地而不是空洞地学会了马克思列宁主义的同志，就会大大地提高我们党的战斗力"[3]"全党干部都应当学习和研究马列主义的理论及其在中国的具体运用"，要加强"在工作中学习"和"工作以外的学习"。[4]

随着解放战争进入尾声，如何接管全国各大城市成为中国共产党必须深思熟虑的崭新课题，毛泽东同志高瞻远瞩，提出必须用极大的努力去学习生产的技术和管理生产的方法，同时在七大上向各位与会代表提出要认真研读5本马列主义的书，此后又将必读书目增加到12本。他说"严重的经济建设任务摆在我们面前"[5]，这是我们遇到的新任务，必须向一切内行的人们学习，拜他们为师，好好地学习，真诚地学习，来不得半点虚假。正是凭借着不断学习的优良品质，中国共产党才能取得新民主主义革命的胜利。

在过渡时期和全面建设社会主义时期，中国共产党人将马克思主义与中国传统文化结合，开展了一系列增强全党理论水平的学习活动。如在1951年3月正式实施

---

[1] 张健、齐付清：中国共产党成立初期的党史学习教育及其经验启示，载《光明日报》，2022年1月19日，第11版。
[2] 毛泽东：《毛泽东选集》（第一卷），北京，人民出版社，1991年，第2版，第111–112页。
[3] 毛泽东：《毛泽东选集》（第二卷），北京，人民出版社，1991年，第2版，第533页。
[4] 中央档案馆：《中共中央文件选集》，北京，中共中央党校出版社，1989年，第277–278页。
[5] 毛泽东：《毛泽东选集》（第四卷），北京，人民出版社，1991年，第2版，第1480页。

的《关于加强理论教育的决定（草案）》就使得中国共产党在建设学习型政党的过程中迈出了一大步，配合党中央编辑出版的《马克思恩格斯全集》《列宁全集》《毛泽东选集》等经典的学习资料，极大地推动了各级领导干部深入学习领会马克思主义，中国共产党的理论水平又进一步得到了提升，加速了全党系统学习马克思主义的历史进程。三大改造完成后，面对着即将到来的社会主义大规模建设，毛泽东同志审时度势，积极号召全党要"钻社会主义工业化，钻社会主义改造，钻近代化的国防，并且开始要钻原子能的时代了"。[①] 与此同时，毛泽东同志还广泛动员各级领导干部要"向外国学习"，要学习一切民族和国家的长处，要积极利用人类文明建设的一切成果来建设中国的社会主义。在《论十大关系》中，毛泽东同志提出要"以苏为鉴"，绝不能盲目地照搬照抄别国的社会主义建设道路，在实际工作中要纠正以往的错误，走符合中国国情的社会主义建设新道路，这些关于学习的一系列思想为我国社会主义的建设事业奠定了坚实的理论和实践基础。

改革开放以后，以邓小平同志为核心的党中央重新建立起党的学习制度，首先破除了错误的"两个凡是"思想，用完整、全面的毛泽东思想武装全党，开启了中国共产党改革开放的新时代。邓小平同志明确指出，中国特色社会主义事业是前所未有的伟大事业，全体党员同志必须要善于学习，要立足于中国新时代的特殊国情，将马克思主义中国化继续向前推进，同时要充分结合人类文明的优秀成果不断丰富我们自身的建设和发展，要坚定中国自身立场、坚定社会主义制度，不能邯郸学步、盲目地崇尚西方国家。这一时期党逐步建立起了完整稳定的学习体系，要求各级领导干部要重新学习马克思主义经典著作，不断锤炼自身理论修养。江泽民同志强调，学风问题也是党风问题，是一个关系党的事业兴衰成败的重大政治问题。他还精辟地指出："学风端正，事业兴旺；学风不正，事业受损。"[②] 这是他对党的历史经验特别是干部队伍学习经验的深刻总结。进入21世纪，以胡锦涛为总书记的中国共产党将马克思主义理论的学习变得常态化、制度化，建立起了明确的长效学习制度和学习机制，不断强化领导带头学习的引领性学习模式；在党的十七届四中全会上，建设马克思主义学习型政党的目标首次提出，进一步彰显了中国共产党马克思主义政党的初心和本色，极大地增强了全党的凝聚力和向心力。

党的十八大以来，以习近平同志为核心的党中央着眼于世界百年未有之大变局和中华民族伟大复兴战略全局，提出"马克思主义是我们做好一切工作的看家本

[①] 中共中央文献研究室：《建国以来毛泽东文稿》，北京，中央文献出版社，1987年，第71—72页。
[②] 江泽民：《论党的建设》，北京，中央文献出版社，2001年，第299页。

领""共产党人要把读马克思主义经典、悟马克思主义原理当作一种生活习惯"。[①] 全体共产党员在学习党史、新中国史、改革开放史、社会主义发展史的过程中不断增强对于马克思主义的信仰、对中国特色社会主义的信念、对实现中华民族伟大复兴的信心。历史就像一面镜子，知史才能爱党爱国，知史才能不忘初心、砥砺前行，在"两学一做"等学习活动的带动下，中国共产党在百年未有之大变局中依然能够不畏艰险、行稳致远！

创 业 启 迪

建设学习型的创业团队不能仅仅局限于集体阅读、集体交流讨论等单纯的学习培训，而是要强调全体成员必须重视学习、主动学习、善于学习，要让学习成为团队攻坚克难过程中的内在要求，在实践过程中不断建立健全与市场发展相适应的学习方法、学习体制，不断总结更新学习理念；在学习过程中增强全体成员的凝聚力和创新力，让团队成员既能思想统一，又能各司其职、各显神通。

1. 培养先进的学习理念。思想是行动的先导，一个成熟的学习型创业团队必须要将学习作为团队建设的核心要义，注重共同学习、整体提升。首先，树立终身学习理念，面对当今世界百年未有之大变局，创业团队中的每个人都要根据时间和实践的不断变化而不断给自身充电；时代是出卷人，团队的每个人都是答卷人，时代的试卷常答常新，答卷人的知识储备也必须与时俱进，只有这样才能永葆"赶考"的初心不变。其次，培养团队学习理念，创业团队的成员要将个人学习融入团队学习之中，将个人所学所获及时与团队分享交流，在头脑风暴中迸发创业灵感、凝聚团体智慧；创业团队的成员要树立个人学习为团队发展服务的理念，不断加深团队学习内容的深度、拓展学习内容的广度，进一步提高团队整体的竞争能力。最后，培养学习创业化、创业学习化理念。明确学习是为创业服务的，学习是创业过程中的根本遵循，是应对竞争的第一武器；同时也要

---

① 习近平:《在纪念马克思诞辰 200 周年大会上的讲话》，北京，人民出版社，2018 年，第 26 页。

在创业过程中深化学习内容、更新学习理念，不断强化理论务虚、实践务实。

2. 明确创业的奋斗目标。明确的目标能让学习变得有的放矢、事半功倍，就像海岸的灯塔，明确前进方向，能够促进创业团队成员不断吸收消化创业创新的知识，从而不断积蓄创业团队由小到大、由弱到强的能量。目标一定要有长远规划，具有鲜明的导向性和激励性，也要有一定的短期安排，使得奋斗目标能够切实可行，具有现实操作性。学习型创业团队的奋斗目标，就是要能够真正促使团队形成重学、好学、善学的学习风气，增强团队的学习能力、创新意识、执行能力，能够在错综复杂的现实环境中厘清思路、找准方向，让学习型团队成为一个坚定的利益共同体。

3. 建立一套符合团队实际的学习机制。首先，学习机制需要有强烈的激励性。需求永远是学习的第一导向，要结合团队实际采用适当的促进学习机制，让团队成员实现从"要我学"到"我要学"的积极转变。其次，建立严格的学习考核制度。学习效果如何不能只看学了多少内容，更要看实际掌握的程度，因此学习机制必须能够起到考核评测的督导作用。最后，要制定完善的学习交流机制，只有保障团队内部思想交流自由、交流平等，才能在创业过程中形成共识，形成创业团队的集体智慧和整体效能，使得前进的困难得以顺利高效地解决。

七、最大的底气是"人民"

> **创业知识小课堂** 马斯洛需求层次理论
>
> 古语云："得民心者得天下""水能载舟亦能覆舟"。创业亦是如此，只有真正站在服务对象的角度去思考，深入一线了解顾客的不同需求，做到实实在在为顾客服务，才能赢得民心和好口碑，因为好口碑是最好的广告，民心是创业最大的底气。

> 创业者需要深刻理解人的需求。这里常用马斯洛的需求层次理论。它是心理学中的激励理论，包括人类需求的五级模型，通常被描绘成金字塔内的等级。从层次结构的底部向上，需求分别为：生理（食物和衣服）、安全（工作保障）、社交需要（友谊）、尊重和自我实现。这种五阶段模式可分为不足需求和增长需求。前四个级别通常称为缺陷需求（D 需求），而最高级别称为增长需求（B 需求）。1943 年，马斯洛指出，人们需要动力实现某些需要，有些需求优先于其他需求。

中国共产党的"根基在人民、血脉在人民、力量在人民，人民是党执政的最大底气"。[1]可见，中国共产党创造百年辉煌的密码就在"人民"二字之中。

（一）党来自人民、根植于人民

中国人民是勤劳勇敢、自强不息的伟大人民，在列强侵略时顽强斗争，在山河破碎时奋发团结，在一穷二白时发愤图强，在时代发展时与时俱进，苦难考验了中国人民，也锻炼了中国人民。中国共产党产生的阶级基础，是中国工人阶级的成长壮大和工人运动的迅速发展，中国共产党是中国工人阶级的先锋队。中央组织部党内统计数据显示，截至 2022 年 12 月 31 日，中国共产党党员总数为 9804.1 万名，比 2021 年底净增 132.9 万名，增幅为 1.4%。工人（工勤技能人员）664.9 万名，农牧渔民 2603.2 万名，企事业单位、社会组织专业技术人员 1589.8 万名，企事业单位、社会组织管理人员 1126.5 万名，党政机关工作人员 778.4 万名，学生 290.1 万名，其他职业人员 764.5 万名，离退休人员 1986.7 万名。[2]这一系列数据表明中国共产党具有广泛的阶级基础和群众基础，而其在整个发展过程中将群众观点和群众路线深植于思想中、落实到行动上，不断汇聚人民的磅礴之力、非凡之智，也正是因此，党的事业才能取得今天的辉煌成就。

时至今日，中国共产党已执政 70 余年，党之所以能够在无数艰难险阻、风险挑战面前英勇无畏，砥砺前行，离不开广大人民群众的支持与拥护，人民是最取之不尽、用之不竭的力量源泉。在党长期执政条件下，党的最大优势是密切联系群众，最大危险是脱离群众。抗日战争时期，党领导红军爬雪山、过草地，天当房、地当床，吃草

---

[1] 中共中央关于党的百年奋斗重大成就和历史经验的决议，载《人民日报》，2021 年 11 月 17 日，第 1 版。
[2] 中共中央组织部：中国共产党党内统计公报，载《人民日报》，2023 年 7 月 1 日，第 2 版。

根、啃树皮。党在与人民同甘共苦中不断获得人民支持，才得以在全国范围内取得执政地位。

（二）党的地位取决于人民

在新民主主义革命时期，中国共产党就意识到：旧中国的土地制度极不合理，占农村人口总数不到10%的地主、富农占有农村70%~80%的耕地，他们以此残酷地剥削农民。而占农村人口总数90%以上的贫农、雇农和中农，则只占有20%~30%的耕地，他们终年辛勤劳动，却不得温饱，这是旧中国贫穷落后的主要根源之一，因此党一直立足人民重视土地问题的解决。

在第一次国内革命战争时期，党就领导农民开展打倒土豪劣绅和反对重租、重息、重押、重税等斗争。十年内战时期，在革命根据地开展打土豪、分田地的斗争和查田运动，实行土地革命。新中国成立后，党在新解放区占全国人口一多半的农村领导农民完成了土地制度的改革。这是中国几千年来土地制度上一次最重大、最彻底、最大规模的改革，封建土地所有制从此被彻底消灭，农民盼了几辈子的事情终于得以实现，最基本的生存需求得到了满足，党也据此赢得了人民的拥护与爱戴，成为当之无愧的执政党。

毛泽东曾形象地把党和人民群众的关系比喻为种子和土地。共产党人要与群众结合在一起，"在人民中间生根、开花"①。邓小平则强调，一个政党能否获得执政地位，取决于人民"赞成不赞成""答应不答应""高兴不高兴"②。我们党执政，是历史的选择、人民的选择。人民群众把"最后一口粮当军粮，最后一块布做军装，最后一个儿子送战场"③，付出巨大牺牲无怨无悔跟党走，使党在极端困境中发展壮大，在濒临绝境中突出重围，在困顿逆境中毅然奋起，最终中国共产党以执政党的身份建立起中华人民共和国。

回到今天，党的十九大报告指出，中国特色社会主义进入新时代，我国社会主要矛盾已经转化为人民日益增长的美好生活需要和不平衡不充分的发展之间的矛盾。④社会主要矛盾的变化意味着人民群众在新的时代有了新的物质与精神追求，这也对党执政提出了更高的要求。随着党对执政规律认识的深化，更要把执政为民体现在治国

---

① 毛泽东：《毛泽东选集》（第四卷），北京，人民出版社，1991年，第2版，第1162页。
② 习近平：在纪念邓小平同志诞辰110周年座谈会上的讲话，载《人民日报》，2014年8月21日，第2版。
③ 李永胜、赵彩如：人民是党执政兴国的最大底气，载《光明日报》，2021年12月13日，第6版。
④ 习近平：《决胜全面小康社会　夺取新时代中国特色社会主义伟大胜利——在中国共产党第十九次全国代表大会上的报告》，北京，人民出版社。2017年，第11页。

理政理念上，体现在以人民为中心的发展思想上，转化为国家宪法法律、大政方针、施政举措，体现在经济社会发展各个环节上，确保人民群众能够普遍地持续地得到实惠，对未来充满期待，对美好生活无限向往，从而听党话、跟党走。

（三）党依靠人民实现中国梦

古语说："与天下同利者，天下持之；擅天下之利者，天下谋之。"中国共产党在任何时候都把群众利益放在第一位，人民立场是中国共产党的根本政治立场，是我们党作为马克思主义政党区别于其他政党的显著标志。

人民的"小木船"，划出了渡江战役的伟大胜利；人民的"大包干"，拉开了农村改革历史大幕；紧紧依靠人民群众坚决打赢疫情防控阻击战……中国共产党紧紧依靠人民，想在一起、干在一起，夺取了一个又一个胜利。人民是历史的创造者，是真正的英雄。100多年来，中国共产党始终代表最广大人民根本利益，与人民休戚与共、生死相依，没有任何自己特殊的利益，从来不代表任何利益集团、任何权势团体、任何特权阶层的利益。正因此，"小康不小康，关键看老乡"[1]"小康路上一个也不能少"[2]是中国共产党始终坚持的原则；正因此，中国共产党始终坚持群众路线，做到从群众中来，到群众中去；正因此，中国共产党始终坚持反腐倡廉，坚决切除一切损害党群干群关系的"毒瘤"。

江山就是人民、人民就是江山，打江山、守江山，守的是人民的心。[3] 人民群众是历史的创造者，"中国梦"的实现离不开人民群众的辛勤奉献。这就决定了我们干事业必须一切依靠人民群众，一切为了人民群众。群众路线始终是我们党牢牢抓住并充分运用的重要法宝，也是我们党能够始终走在时代前列的重要秘诀，是我们实现中国梦的正确选择。

---

[1] 赵承、霍小光、张旭东、张晓松、赵超、邹伟、刘华、朱基钗、韩洁、林晖：为中国人民谋幸福 为中华民族谋复兴——党的十八大以来以习近平同志为核心的党中央治国理政纪实，载《人民日报》，2022年10月15日，第1版。

[2] 杜尚泽、李建广、王昊男：人民的选择——写在习近平同志全票当选国家主席、中央军委主席之际，载《人民日报》，2023年3月11日，第1版。

[3] 习近平：在庆祝中国共产党成立100周年大会上的讲话，载《人民日报》，2021年7月16日，第1版。

创 业 启 迪

青年兴则国家兴，青年强则国家强。新时代青年大学生创业同样要有远大目标，崇高理想，不能只拘泥于钱财利益，要时刻反思创业为谁服务。这不仅是当代青年个人价值观的体现，也是对创业者实实在在的要求。只有真正满足人民对美好生活需要的产品和服务，才能得到人民的青睐，才能让创业走得更稳更远，也才能让个人价值真正得以体现。

1. **深入人民**。创业要做到从实际出发，坚持实事求是原则，坚决拒绝脱离群众。习近平总书记曾寄语青年创业大学生，要"扎根中国大地了解国情民情，在创新创业中增长智慧才干，在艰苦奋斗中锤炼意志品质"，只有根植于人民的创业之路才更扎实。青年大学生如果做一款产品，不能自己"想需求"，而要实实在在深入用户之中，深入生活之中，切实通过自己的努力来"发现人民需求"，从而通过自己的产品或服务解决问题，也才更能赢得顾客的喜爱。

2. **依靠人民**。创业最好的品牌宣传是用户的口碑，创业者要以服务对象的利益为重，用心做好产品或服务，让顾客放心，让顾客满意。群众的眼睛是雪亮的，产品自身不够优质花再多钱做营销同样无法获得市场。在如今互联网信息如此便捷发达的时代，任何正面评价和负面评价都会快速传播，从前产品看宣传，现在产品看评价，只有产品质量有保证，才能赢得好的评价，口口相传企业才能不断发展壮大。

3. **服务人民**。人民群众数量庞大，需求也各有不同，针对不同人群要设计不同的产品与服务，不同的年龄阶段、地区、经济水平的人，顾客的产品需求也必然多样。青年人追求时尚潮流而老年人追求实惠耐用，北方人对抗寒服装需求大南方则不然，经济水平低的人对产品价格要求低于经济水平高的人，等等。因此，抱着一颗服务人民的心，尽可能全面地考虑人民各类需求，这样的产品还会怕没有人购买吗？

八、最大的财富是"初心使命"

> **创业知识小课堂** 初心使命
>
> 初心,指最初的心意;使命,指出使的人所领受应完成的任务。二者都表达创业者创业的本心本意与责任。所谓愿景,是由组织内成员所制定、同意,大家向往、奔赴的未来方向。愿景不只是一个简单的奋斗目标,而是在组织初心和使命引导下的价值目标,它蕴含着一个组织的价值观和组织成员共同向往的美好前景。百年征程中,无论是成立新中国,实现现代化,还是实现中华民族伟大复兴中国梦,中国共产党的初心都紧紧围绕着国家富强、民族振兴与人民幸福的愿景,彰显着中国共产党人的理想追求与责任担当。

创业的"初心"即可见"定局"。不忘初心,方得始终,初心对于创业者来讲同样至关重要,但是很多人对创业的初心理解并不深入。有的团队把现在做的事情当作初心,有的团队把活下去当作初心,有的团队把能赚到钱当作初心,有的团队把超越某个对手当作初心……但是仔细思考后就会发现,这些更像是过程或是阶段任务,并非创业初心。那么,创业初心是什么?创业初心应该回归本源,即"你要解决什么问题?""你要为你的服务对象创造什么价值?"在当下日趋激烈和变化加速的竞争环境中,一个创业团队想要生存、发展、壮大,要克服无数的困难,跨越无数的鸿沟,只有厘清创业的初心才能明白创业为了什么,才能让创业之路更加行稳致远。

中国共产党之所以历经百年沧桑却仍似少年般朝气蓬勃,秘诀就在不忘"为中国人民谋幸福、为中华民族谋复兴"的初心里。

1948 年辽沈战役,由于连续作战,战士们大多疲惫不堪。义县战役打完后,解放军路过锦州城北郊的一处果园。秋收时节的苹果色泽鲜艳且不断散发阵阵香气,诱得战士们直咽口水。然而从始至终,无论是挂在树上的、收获在家里的,甚至掉在地上的苹果,战士们都"秋毫无犯",没有一个人拿老百姓的苹果吃。

后来,毛泽东也曾多次讲过锦州苹果的故事,在党的八届二中全会上他念念不忘地说道:"在这个问题上,战士们自觉地认为:不吃是很高尚的,吃了是很卑鄙的,因为这是人民的苹果。"①

"人民的苹果",简简单单的五个字,却道出了中国共产党的初心,始终代表人民的利益,为人民谋幸福。这恰恰也是中国共产党保持创业生机的密码。

反思我们自身,创业为了什么,这是最先要想清楚的问题,是为了获取个人利益?还是为了服务社会需求?还是在二者之间找一个平衡点?众所周知,创业之路是充满坎坷和诱惑的,如果没有想清楚创业的初心是什么,就非常容易在市场竞争中迷失和跑偏,有太多的企业为了获取私利,置百姓感受甚至生命健康于不顾,最终失去的是人民的信任和自己的前途,进而消失在创业路上。

习近平总书记在主题教育总结大会上说过:"不忘初心、牢记使命,不是一阵子的事,而是一辈子的事。"②"不忘初心",这四个字的分量为什么这么重?对于创业者来讲,不忘初心又意味着什么?

1. **不忘初心能保持团队的先进性**。党的创业初心是"为中国人民谋幸福,为中华民族谋复兴"。最早期国民党也提过,孙中山先生曾立志让中国成为"世界上顶富强的国家",中国人成为"世界上顶享幸福的人民",从这个角度看,早期中国共产党和国民党都是为人民而奋斗的,都是具有先进思想的政党。尤其是在北伐时期,国民党帮助人民摆脱军阀的黑暗统治与压迫,深受人民爱戴。然而,走着走着,国民党就忘掉了自己的初心,发动内战、惩腐无力、漠视人民,一步一步将自己陷入孤立。1946年陈立夫批判国民党政府"无社会基础,既不代表农民、亦不代表工人,又不代表正常之工商,甚至不代表全体官吏,只代表少数人之利益"③,话语直指国民党痛处,人心向背也最终决定了战争胜负。反观中国共产党,无论是在革命战争时期,还是在和平发展时代,始终坚持人民的主体地位、尊重人民的力量,代表人民的利益,与人民同甘苦、共奋斗。也正因如此,历史选择了共产党,人民也最终选择了共产党。正如习近平总书记所讲"人民就是江山,江山就是人民"。④

可见,丢掉"为人民谋幸福"的初心,就丢掉了党的先进性。我们创业亦是如此,创业其实也是要将为人民服务、为用户服务与创业者个人价值相统一。如果丢掉了为用户创造价值和服务的初心,自然也就丢掉了用户的信赖,也就丢掉了自身发展的先进性。

---

① 毛泽东:《毛泽东文集》(第七卷),北京,人民出版社,1999年,第102页。
② 凌亚明、薛万博:让坚守初心和使命成为一辈子的事,载《党的生活》,2020年,第1期,第42-43页。
③ 汪朝光:关于"官僚资本"的争论与国民党执政的危机——中国国民党六届二中全会再研究之三,载《民国档案》,2008年第2期,第110-111页。
④ 娄勤俭:始终牢记江山就是人民、人民就是江山,载《人民日报》,2021年12月17日,第9版。

2. 不忘初心能保持团队的纯洁性。我们都知道,创业是从 0 到 1 的过程,正因为没有前人经验作为参照,很多时候便需要"摸着石头过河",而这一过程必然是艰难且曲折的。同样,中国共产党的成功也不是一蹴而就的,也走过弯路、犯过错误,如党成立之初,因过度依赖照搬俄国革命经验,以致后来出现了主观主义、右倾机会主义、教条主义等错误。但在意识到路线错误之后,我们党都是自查自省,努力纠错,再次走向正轨。其中关键性的原因就在于党有一个自身建设的锐利武器——批评与自我批评,这也是党能保持思想纯洁的一大法宝。

对于创业者来讲,批评与自我批评非常重要,因为它决定了一个团队或组织能否及时纠错、及时止损。中国有句古话"忠言逆耳",小过错的确容易纠正,但面对性质严重的错误,能否有勇气公开开展自我批评和自我革命则是一场严峻的考验。中国共产党为什么能开展深刻的自我批评与自我革命,时刻保持自身建设和思想的纯洁性呢?原因就是他们的初心不改。

百年来,这种以刀刃向内解决自身突出问题的优良传统,一直延续至今从未间断。党的十八大以来,以习近平同志为核心的党中央坚持以零容忍态度惩治腐败,坚定不移推进党风廉政建设和反腐败斗争。反腐倡廉既是我们党自我革命的重要体现,是党保持纯洁性的内在要求,也是党在新的历史条件下永葆活力的客观需要。因为腐败直接影响到风气的不正、民心的涣散和执政根基的动摇,只有持续不断地反腐倡廉、自我革命、守正创新,让党员为人民服务,让权力在阳光下运行,才能让党永远立于不败之地。

创 业 启 迪

在"大众创业、万众创新"的号召下,全民进入了一个新的创业时代,现在的创业者生逢其时,环境和形势大好,坚守创业初心,比找到创业机会、整合创业资源更重要。不少团队在创业之初,都有自己的初心,但随着团队规模和实力的做大开始安于现状、不思进取,这样丢失的不单是创造力,还有为之坚守的初心,最终难以让事业持久。因此,创业不仅需要智慧和能力,更需要执着的精神,需要不屈的信仰,而这些都来源于创业初心。当我们看到中国共产党波澜壮阔的创业百年,也不妨问自己几个问题。

1. **初心是什么?** 创业是一个自我修炼的过程，创业者的初心从一个愿景和目标出发，通过实践不断变成现实，最后抵达真正的初心。你的初心是什么？初心，决定了创业的方向，也决定了团队中每个人的责任与角色。

2. **愿景是什么?** 很多团队的愿景是做出最突出的成绩，成为龙头企业。而那是口号，是目标，但不是愿景。愿景（Vision）是我们能预见的未来，是美好的前景，是更高层次的追求。愿景应该是"让世界再无病痛"，或者"用技术改善生活"等等。你的愿景是什么？在这个愿景里，团队的分工又是如何？

3. **路径和方法是什么?** 从初心、愿景，到最终的实现，过程有无数条可能的路径。创业者需要和大家一起明确初心和愿景，确定具体的实践路径。这一过程是困难的，要求创业者在初心不变的前提下，随时调整自己的创业过程；要求创业者有宽广的胸怀、有大格局，能够探索适合团队的发展目标，做到目标一致，思路统一。

正如中国共产党百年历史始终如一地肩负起了实现民族独立、人民解放和国家富强、人民幸福两大任务，作为新时代创业青年，我们同样要牢记习近平总书记的嘱托："一切向前走，都不能忘记走过的路；走得再远、走到再光辉的未来，也不能忘记走过的过去，不能忘记为什么出发。"[1]

创业没有成功的一天，只有一天的成功，只有不忘初心，才能始终前行。"不忘初心，方得始终"这不只是激励中国共产党人砥砺奋进的根本动力，也是推动所有创业者和团队探索不止、与时俱进的力量源泉。

---

[1] 习近平：在复兴之路上坚定前行——《复兴文库》序言，载《人民日报》，2022年9月27日，第1版。

思考训练

请完成以下思考训练题目:

1. 在创业路上,中国共产党可能会遇到什么风险?如何规避或解决这些风险?风险后如何经受住舆论的考验?
2. 中国共产党是如何厘清主要矛盾的?创业过程中要注意哪些方面的"复盘"与"纠错"?
3. 什么是"赶考"之心?其对于我们创业有什么启发?
4. 面对未知的风险,你和团队最大的底气是什么?
5. 你的创业初心是什么?你希望为社会创造什么价值?
6. 请你结合全书所学,根据自己的过往经历,在图空白处填上关键信息,绘制出属于自己的人生"年轮图"。

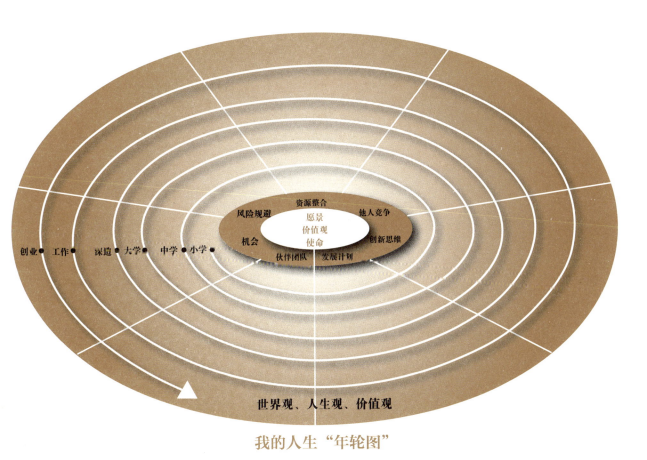

我的人生"年轮图"

后记

历史是最好的教科书。百年党史蕴含着丰富的精神瑰宝和智慧启迪，学党史是一门"必修课"，更是一门"大学问"。

纵观华夏五千年，东西南北中，最有规模、最有执行力、最有创新活力的组织非百年长青大党——中国共产党莫属！以中国共产党的管理为基础的红色管理，具有马克思主义的立场和系统观点，吸收了中华五千年的优秀传统文化基因，并且在国内外的斗争实践中不断创新发展。

党的百年发展史，恰是一部恢宏的创业史！

党的领导人、前辈、先烈们，恰是伟大的创业者！

党的百年奋斗故事和经验，蕴含着无穷的创业智慧。

面对如此宏大而又令人兴奋的主题，北京科技大学"思创融合"工作室稳扎稳打，步步为营，持续躬耕。工作室成立两年来，以"党是伟大的创业组织"为视角，以"党的百年发展奋斗史"为元素，以"厘清创业逻辑＋聚焦核心知识＋融入党史故事"为思路，创新打造了"跟党学创业"公选课及相关教材、活动，用"新理念、新形式、新话语体系"诠释百年党史里具有创新创业精神的人与事，归纳出创新创业过程中的应有信念、应循规律、应备素质。

依托该课程构建起来的思创融合课程育人体系，涵盖"研究、教学、宣传、巡讲、实践"五位一体，是学校课程思政的一次理论和实践双重创新，犹如一场思想交辉的盛宴，培养有更深情怀、更广视野、更大格局、更高质量的创新创业人才。"跟党学创业"公选课，共8节课16学时，面向全校有创新创业实践意愿的学生开课，累计覆盖学生1000余人，由创新创业学院、马克思主义学院、经济管理学院的5名教授、3名副教授和4名讲师联合授课，用精彩生动的案例和理论，给同学们带来全新的课程体验和思想碰撞。后又举办"'跟党学创业'知识竞赛""课程思政案例大赛"等多样化的活动，始终引导新时代青年在干事创业过程中树立正确价值观，从中国共产党的百年发展史中汲取奋斗智慧和力量，实现了"党史学习"与"创新创业教育"的一次双向奔赴。

"跟党学创业"课程彻底转变课程构造，融合党史学习、创业管理、心理学等内容，形成了建构"课程思政"的"北科模式"。全面推进课程思政建设，就是要寓价值观引导于专业知识传授和能力培养之中，帮助学生塑造正确的世界观、人生观、价值观。"跟党学创业"是创新创业的课程思政化的一次生动、有意义的探索。

"跟党学创业"现已完成 4 项省部级以上课题立项，发表和录用相关论文 7 篇。其中论文《新时代高校"课程思政"改革的探索与实践》发表在《中国高等教育》，《融入党史元素的"思创融合"课程化探索——以北京科技大学为例》发表在《思想教育研究》，均为北大核心、CSSCI 期刊。

2022 年 3 月，本课题获评"北京教育系统青少年党史学习教育创新案例"。2022 年 11 月，本课程获评北京市教育委员会评选的北京高校就业创业金课。2024 年，工作室入选教育部 2024 年度高校思想政治工作质量提升综合改革与精品建设项目"高校辅导员名师工作室"。

本课程受到众多主流媒体关注，"学习强国"、中国教育电视台、党史学习教育官网、北京卫视、新京报等多家媒体平台对此进行了报道。《大学生》两次对本课程进行系列报道。全国数十所高校申请转载课程内容。工作室也受邀到北京师范大学、上海对外经贸大学、燕山大学等京内外多所高校分享授课。课题组先后在 2021 年十九届全国高校青年德育工作者论坛、全国专创融合推动应用型大学高质量发展论坛、北京高校就业创业课程思政建设培训班做专题经验介绍。

课程不仅发挥了第一课堂的育人功能，还将课程效果延伸到第二课堂，北京科技大学学生深入农村和生产一线开展社会实践，将"跟党学创业"课堂中所学的知识和精神化作实际行动，让课程价值不断延伸。

课程"理论深，案例活，话语新"，学生直呼课程"很过瘾""超预期""深受启发"。课后学生组建的"孟子居""国潮文化"等创新创业实践项目在"互联网+""挑战杯"等大学生创新创业大赛中摘金夺银，很好地将所学理论落地与实践。更有多名同学说"跟党学创业"坚定了自己的入党初心。学生组建"孟子居"公益电商创业团队大力探索直播助农、科技助农渠道；"铜仁看点"创业团队带领家乡村民致富，登上《人民日报》；"甘露"教育实践团为乡村儿童进行党史学习教育、云课堂，增强教育的带入性、趣味性、深刻性，实践活动也得到了地方主流媒体的报道；"京韵泰蓝"实践团设计了 4 种课程，与 17 个支教团合作，通过线上的方式在全国 11 个省（区、市）宣讲景泰蓝文化……学生将课程所学的"创新创业为了人民"的立场、"围绕价值观开展业务"的核心思维等，融入社会实践团队管理和业务开展中，真真切切地从行动中获得真体验，从真体验中领悟"跟党学创业"的真力量。

为进一步在全国拓展课程的受众范围、满足更多师生对课程的需求、继续提升课程质量，2023 年 12 月 23 日，北京科技大学联合多所高校，在广西师范大学成功举办以"培根铸魂守初心、双创育人担使命"为主题的"跟着中国共产党学创业"专题教育研讨会。会议还倡议建立"'跟党学创业'思创融合育人共同体"，大力推进"跟着中国共产党学创业"跨地跨校跨界的深入合作，支持更多学校建设"思创融合"、开设"跟党学创业"相关课程，建立教育生态体系、搭建经验交流与资源共享平台，推动"跟党学创业"再上新台阶，为培养更多有"红色基因"的拔尖创新创业人才贡献力量。

习近平总书记在党的二十大报告中强调，必须坚持科技是第一生产力、人才是第一资源、创新是第一动力，深入实施科教兴国战略、人才强国战略、创新驱动发展战略。新时代，新变化，新征程，"跟党学创业"课题组同样也要紧跟潮流，守正创新、踔厉奋发，用党的光荣传统和优良作风坚定信念、凝聚力量，用党的实践创造和历史经验启迪智慧、砥砺品格。

本教材组师生原创歌曲《探索路上》，作为"跟党学创业"课程的主题 MV，致敬伟大的中国共产党！

北京科技大学
"思创融合"工作室
"跟党学创业"课题组
2024 年 3 月